Fala, **crioulo**

Organização Haroldo Costa

Fala, crioulo
O QUE É SER NEGRO NO BRASIL

Edição revista e ampliada

EDITORA RECORD
RIO DE JANEIRO • SÃO PAULO
2009

CIP-Brasil. Catalogação-na-fonte
Sindicato Nacional dos Editores de Livros, RJ

C87f
3.ed. rev.

Costa, Haroldo, 1930-
Fala, crioulo / Haroldo Costa (org.). – 3.ed. revista e ampliada: Record, 2009.

ISBN 978-85-01-08325-8

1. Negros – Brasil. 2. Negros – Condições sociais. I. Título.

09-2636

CDD: 305.896
CDU: 316.356.4

Copyright © Haroldo Costa, 2009

Capa: Rodrigo Rodrigues

Texto revisado segundo o Novo Acordo Ortográfico da Língua Portuguesa.

Direitos exclusivos desta edição reservados pela
EDITORA RECORD LTDA.
Rua Argentina 171, Rio de Janeiro, RJ – 20921-380 – Tel.: 2585-2000

Impresso no Brasil

ISBN 978-85-01-08325-8

PEDIDOS PELO REEMBOLSO POSTAL
Caixa Postal 23.052 – Rio de Janeiro, RJ – 20922-970

Mais uma vez, aos que não completaram a travessia,
e aos que plantaram a semente do seu ser e do seu saber.

Quero agradecer a todos os que abriram seu coração e falaram sem reserva ou precaução. Sem eles este livro não existiria e não teríamos o retrato falado de uma parcela importante da nossa nacionalidade.

Sumário

A força da história — 11

120 Anos Depois — 15

Vera Lucia Couto dos Santos — 21
Joel Rufino dos Santos — 28
Lygia Santos — 32
Emanoel Araújo — 37
José Pompilio da Hora — 44
Juvenal de Holanda Vasconcelos (Naná) — 50
Zezé Motta — 56
Nilo Gomes de Mattos — 61
Nilcemar Nogueira — 67
Luiz de Freitas — 73
Abdias Nascimento — 81
Sebastiana Arruda — 87
Paulo César Lima — 94
Marcelo Paixão — 101
Edméia Machado Brum Vasconcelos — 108
Nei Braz Lopes — 113

Mãe Torodi	119
Domício Proença Filho	125
Milton Gonçalves	131
Aniceto Menezes e Silva Junior	141
Iléa Ferraz	148
Januário Garcia Filho	154
Edson Arantes do Nascimento (Pelé)	162
Helena Theodoro	170
Manoel Dionísio	177
Raimundo Souza Dantas	182
Arlindo Cruz	192
Glória Anselmo	198
Edson Santos	204
Frei David	210
José Vicente	218
Maria de Lurdes Coelho Prats	225
Deoscoredes Maximiliano dos Santos (Mestre Didi)	229
Zózimo Bubul	238
Ivanir dos Santos	243
Muniz Sodré	250
Da Gama	257
Eliane Batista	263
Antonio Pitanga	269
Deusdeth Gomes do Nascimento	277
Júlio Tavares	283
Filó	290
Humberto Adami Santos Junior	297
Paulo Cerqueira	302
Giba Giba	307
Luis Antonio Feliciano Marcondes (Neguinho da Beija-Flor)	312
José Junior	319
Martinho da Vila	324
Um livro brasileiro	331

Durante a escravidão, chamava-se de *novo* ou *boçal* o negro recém-chegado da África, aturdido com o tipo de sociedade que encontrava aqui, incapaz de exprimir-se senão na sua língua natal e ainda distinguível pelas marcas tribais que trazia no rosto.

Desse estágio inicial, o negro africano passava a *ladino*, após acostumar-se ao português, ao trabalho nas fazendas ou nas minas, ao serviço doméstico, à disciplina da escravidão e às artimanhas dos seus pares, com quem convivia, para evitar punições e desmandos e garantir-se proteção ou segurança.

Era *crioulo* o negro nascido no Brasil.

Edson Carneiro, *Ladinos e crioulos*

A força da história

Cada africano embarcado à força para as Américas trazia consigo a sua história pessoal e a de seu povo. Da vida de alguns deles — poucos, pouquíssimos — sabemos o que nos disseram nos livros que escreveram ou ditaram — e lembro-me de Olaudah Equiano e Mahommah Gardo Baquaqua — ou o que contaram verbalmente a contemporâneos — e penso, para não sair do Brasil, nos cinco hauçás que conversaram sobre a geografia da África com José Bonifácio de Andrada e Silva e nos escravos que esboçaram o essencial de suas biografias para o cônsul Francis de Castenau. De muitos mais temos, no Brasil, notícias aos pedaços, recolhidas das certidões de casamento e de batismo nas igrejas católicas, dos registros da polícia, dos autos de processos judiciários, das páginas dos jornais, das crônicas locais e das tradições familiares.

Da história de seus povos, da história que ficou na África, não sabemos tudo o que desejaríamos, mas já sabemos muito. Pelo menos daqueles que se organizaram em reinos, como os do Benim, do Congo e do Monomotapa, e em cidades-Estados, como Ifé, Oió, Quíloa e Pate, bem como dos que se tornaram cabeças de impérios como os do Mali, Songai, Lunda e Etiópia. Até mesmo a história de povos sem poder centralizado, como os ibos, está sendo escrita. O que não se conseguiu nem se conseguirá refazer é o percurso de determinados grupos que foram dizimados pelas guerras e pelas razias para capturar escravos e cujos nomes, embora constem de relatos europeus do século XVII, cem anos depois desapareceram completamente — até mesmo da memória dos que lhes teriam sido vizinhos.

Alguns dos membros desses grupos que se extinguiram na África chegaram possivelmente ao Brasil, mas aqui não guardaram as denominações pátrias. Seriam poucos e passaram facilmente a ser incluídos entre angolas, cabindas, benguelas, galinhas, minas, nagôs, moçambiques e outras denominações adotadas pelos senhores e assumidas, para ampliar o espaço de solidariedade, pelos escravos e libertos, ainda quando continuassem a se considerar parte de suas aldeias e ijebus, mahis, angicos ou macuas. Reconheciam-se, ademais, no exílio nas Américas, por uma terceira identidade, a de africanos, e por uma quarta, ainda mais abrangente, a de negros. Será como negros que os africanos continuarão no Brasil a história de seus antepassados. E não só os africanos, mas também os seus descendentes, os crioulos, palavra a que deve ser devolvida a sua antiga e bela acepção de filho da terra.

Os que desciam dos navios negreiros vinham quase nus, mas traziam dentro de si, ainda que de modo fragmentário e incompleto — ninguém maneja senão uma pequena parcela da sua cultura —, as crenças, os valores, as estruturas sociais, os modos de vida, as técnicas e os conhecimentos que seus ancestrais haviam desenvolvido, acolhido, adaptado e refeito. Não chegaram como imigrantes e, sim, reduzidos pela violência, como mão de obra cativa. Mas, como mão de obra cativa, de pronto transmitiram aos seus senhores as lições da rica experiência africana no cultivo de plantas tropicais, por exemplo, e na pecuária extensiva, e na mineração do ouro, e na metalurgia do ferro. Por meio deles, como declarou certa vez, no Parlamento brasileiro, Bernardo Pereira de Vasconcelos, a África civilizava a América.

A condição a que haviam sido submetidos não lhes permitia continuar ou repetir no outro lado do oceano a África de cada um — as muitas Áfricas. Exceto, algumas vezes, quando recompunham a vida na liberdade dos quilombos. Na servidão, cabia-lhes copiar os usos e costumes dos donos. Aprenderam a construir igrejas, a esculpir santos e altares de talha, a tocar violão, a cortar e costurar blusas com mangas bufantes e saias rodadas — e em tudo isso se tornaram mestres. Não havia para eles lugar no foro nem nas cadeiras de palhinha das salas de visitas; apossaram-se do espaço que lhes deixaram no quintal, na cozinha, na copa, nos quartos das crianças e nas esquinas das ruas. E foram acrescentando sabores africanos à mesa dos donos, e novas assombrações e sonhos à imaginação dos meninos, e novas ervas à medicina caseira, e novos instrumentos e novos ritmos aos amantes da música, e novas palavras, adoçando o idioma que foram obrigados a aprender. Basta lembrar que vários verbos de uso diário no português do Brasil, como fungar, cochichar, xingar e zangar, derivam do quimbundo, são de origem africana. A nossa vida privada está impregnada de África.

Os africanos e seus descendentes crioulos e mestiços não podiam continuar neste lado do Atlântico a história das suas Áfricas. Tornaram-se personagens essenciais de uma outra: a do Brasil. Esta história, porém, como já disse várias vezes, não principia com a chegada de Cabral a Porto Seguro. É muito mais antiga. Para compreender o que realmente somos, temos de desfiá-la desde, pelo menos, as migrações ameríndias, Afonso Henriques em Portugal e, na África, Nok e a expansão dos bantos.

A história de Portugal, ou melhor, da Europa, esteve sempre conosco. Convivemos desde a infância com a do Egito, e aprendemos cedo a conhecer a daquela larga faixa que se estende do mais ocidental dos canais do delta do Nilo até as praias atlânticas do Marrocos, tendo, ao norte, as águas do mar Mediterrâneo e, ao sul, as areias e os chãos de pedra do Saara. O que não nos ensinavam era o passado dos povos que viviam ao sul do grande deserto. E não nos ensinavam porque esses povos eram considerados sem história. Mas tinham história, e uma história que podia ser contada.

Após a Segunda Guerra Mundial, multiplicaram-se os livros sobre o passado de diferentes regiões africanas, e a história da África passou a ter relevo nas universidades dos Estados Unidos, da França, da Grã-Bretanha e de outros países europeus. É bem verdade que relatos históricos sobre várias nações e reinos africanos datavam de antes, como, para me reduzir a três obras conhecidas, a *História da Etiópia*, do padre Pêro Pais, que é do início do século XVII, a *História do Daomé*, de Archibald Dalzel, de 1793, e a *História dos iorubás*, do reverendo Samuel Johnson, que, embora só publicada em 1921, foi escrita em 1897. Esses livros, porém, eram lidos nas salas de estudo de antropologia social, etnografia e geografia humana. Dos três autores citados, só o último era africano.

Não foi, porém, o primeiro. Havia muito, naquelas regiões que conheciam a escrita — a Etiópia, as estepes e savanas logo ao sul do Saara e os litorais do oceano Índico —, se registrava o passado do mesmo modo que desde Heródoto se escreve história. Dou como exemplos apenas quatro relatos: a *Crônica de Quíloa*, que data do início do Quinhentos, a *História de Minás* (um rei etíope), do fim do mesmo século, e, da metade do seguinte, o *Tarikh al Fattash* (ou *Crônica do buscador*), e o *Tarikh as Sudan* (ou *Crônica do Sudão*). Das duas últimas conhecemos os autores, Ibn al-Mukhtar e Al-Sadi. Em outras partes do continente, os *griots*, *dielis* ou trovadores transmitiam de geração em geração as listas de reis e os acontecimentos do passado.

Os negros não eram povos sem memória, como julgavam os europeus e queriam os escravocratas. E eram fazedores de história. De uma história que, a partir do século XVI, acompanha e marca a brasileira. Se não se pode compreender a evolução do Brasil sem considerar as mudanças na política portuguesa e o que se passava na corte de Lisboa, o que se desenrolava na África, principalmente na África Atlântica, também influía na vida brasileira. A história da África ajuda a explicar-nos e a explicar por que os nossos antepassados africanos, trazidos à força para o Brasil, foram capazes, apesar das humilhações e restrições da vontade a que estavam sujeitos, de exercer neste lado do oceano um importante papel civilizador.

A saga dos africanos no Brasil e das primeiras gerações de crioulos tem sido bem contada, porém com mais ênfase sobre os sofrimentos, a insubmissão e a resistência do que sobre o que aqui ensinaram e criaram. Disto, contudo, não nos esquecemos, porque, como somos feitos de corpo, alma e história, por trás de nossa voz — como se dá neste livro de Haroldo Costa — ouve-se a deles.

Alberto da Costa e Silva

120 Anos Depois

Na primeira edição deste livro,* que é de 1982, escrevi uma introdução com o título de "Por quê? Para quê?" Estávamos emergindo das trevas do AI-5, que estagnou a discussão de vários assuntos do país, particularmente a da tão proclamada "democracia racial", cuja negação era considerada altamente subversiva e desagregadora pelo generalato mandante. Calcada nos resquícios autoritários, muita gente fazia as duas perguntas. Criou-se no Brasil pós-abolicionista o conceito de que os negros deveriam se contentar com as possibilidades que lhes eram oferecidas. Ou seja, como está, está bom.

O retorno à normalidade democrática fez com que várias correntes reivindicatórias surgissem em diversas cidades brasileiras: era o Movimento Negro, díspar e fragmentado, mas consciente do que os novos tempos exigiam. A assunção de ser negro, afro-brasileiro, afrodescendente, não importa a definição, foi se tornando um fato comum entre os mais jovens e os mais velhos. Deixou de ser modismo, limitado às trancinhas e ao vestuário, e passou a ser atitude. Atitude diante da vida, das demandas da sociedade, do orgulho da ancestralidade, com corte religioso ou

---

*Os depoimentos das páginas 21, 32, 44, 50, 61, 73, 87, 94, 108, 113, 131, 141, 154, 162, 182, 210, 225, 229 fizeram parte da 1ª edição.

não, e do desenvolvimento do sentimento de autoestima, base indispensável para a construção do cidadão pleno.

Cento e vinte anos se passaram desde a abolição, lapso de tempo quase irrelevante na vida de um país, e mesmo assim as consequências do decreto da princesa abriram um grande fosso nas expectativas e esperanças dos libertos. Creio não ser correto nem historicamente justificável minimizar o 13 de Maio, fruto de uma conjugação de forças populares, políticas e intelectuais que reuniu figuras como Joaquim Nabuco, Luis Gama, autointitulado *Orfeu de carapinha*, José do Patrocínio — *o tigre da abolição* —, Castro Alves, André Rebouças — esse mesmo, que dá nome ao túnel que une as zonas norte e sul do Rio de Janeiro —, Teodoro Sampaio (filho de escrava, que fundou a Escola Politécnica da Universidade de São Paulo), Quintino Bocaiúva, entre tantos outros brancos, negros e mestiços, todos engajados na árdua luta pela extinção do regime escravista, que durante quase quatro séculos caçou, espoliou, submeteu às maiores injúrias físicas e morais, tentou raspar a identidade de pelo menos 4 milhões de africanos pertencentes a diversas etnias e regiões, atravessando o Atlântico em verdadeiros "campos de concentração flutuantes", na definição do professor Robert Farris Thompson.

Quantas vidas se perderam ao longo da travessia, quantas famílias foram repartidas nos leilões macabros, quantos foram dizimados pelos castigos inclementes, quantos estupros foram perpetrados — seria exagero falar em holocausto?

E, não obstante este quadro terrível, os que lograram sobreviver deram o máximo de sua força física para cimentar a economia agrícola do país, o melhor do seu refinamento para a criação da arte brasileira nos seus vários caminhos e formas e a sua espiritualidade para moldar o que mais tarde estaria estampado em nosso perfil mais evidente.

É conveniente relembrar o que disse Pablo Picasso, referindo-se à indelével contribuição negra à transformação estética que indicou os caminhos da arte moderna no século XX:

Minhas maiores emoções artísticas emergiram quando a beleza sublime das esculturas de artistas anônimos africanos me foram reveladas. Aqueles trabalhos de arte religiosa, fervorosa, e, ao mesmo tempo, de uma lógica rigorosa, são os mais belos produzidos pela imaginação humana.

Os estilhaços da diáspora negra disseminaram novos padrões.

Em muitos dos entrevistados da edição anterior, constata-se a decepção pelo pouco que foi avançado no campo das conquistas econômicas e sociais. Nota-se o desencanto de uns e a esperança de outros tantos. A mesma esperança herdada dos antepassados, nutriente de suas próprias existências, buscando a liberdade e o direito de ser.

A pós-abolição revelou-se perversa e inconsistente para milhares de pessoas que se viram diante do que mais esperavam mas que não tinham instrumentos para usufruí-la inteiramente. Começa aí a se desenhar uma realidade composta de preconceitos, subserviência atávica, incerteza existencial, despreparo e disputa com novos imigrantes. E isso continua por décadas.

Os resquícios da escravidão se mantêm nos dois lados. Nas costas e no chicote. O preconceito racial passa a ser um eufemismo que remete ao passado, mas que atua de maneira solerte e dissimulada, negando-se enquanto afirma-se. Uma cultura de inferioridade desenvolve-se em relação ao negro, que vê ressaltados aspectos estereotipados de sua personalidade, enquanto seu potencial não encontra campo fértil para desenvolvimento.

Passados 120 anos de abolição tardia — nunca é demais lembrar que o Brasil foi o último país a decretá-la —, a quantas andamos? Os novos entrevistados nos darão um panorama que vai permitir uma avaliação concreta. Assim como na outra vez, procuramos depoimentos de pessoas de diversas profissões e diferentes níveis de status social. O que é ser negro no Brasil? É a pergunta que ainda se impõe.

O vocábulo crioulo entra propositadamente como definição e como condição. Assim eram designados os negros nascidos no Brasil a partir da chegada dos navios negreiros, como aconteceu nos países americanos de colonização espanhola, onde *criollo* é o descendente de espanhóis. A palavra foi satanizada durante muito tempo, presa a um contexto depreciativo que foi incorporado ao imaginário da população negra. E na verdade isso não procede. O seu significado é positivo. Por extensão e igualdade, crioulos seriam também os filhos dos portugueses.

Recordando o que Jean-Paul Sartre escreveu no seu livro *Reflexões sobre o racismo*: "Um judeu, branco entre brancos, pode negar que seja judeu, declarar-se homem entre homens. O negro não pode negar que seja negro ou reclamar para si esta abstrata humanidade incolor: ele é preto." Logo, é bom se fazer ouvir.

Há coisas específicas a serem ditas com objetividade e clareza, sem rancor nem complexo de inferioridade, mal que, infelizmente, persegue muitos negros, vítimas ainda do que já foi chamado de "escravidão psicológica", em parte explicada pela perversa identificação com tudo que não presta: fome negra, peste negra, câmbio negro, ovelha negra. E aí, creio, estão as respostas para Por quê? Para quê?

Há uma questão a ser resolvida que implica diretamente o equacionamento da visão que a sociedade brasileira tem da questão dos descendentes daqueles desembarcados dos navios negreiros. Pode-se observar que o enfoque prioritário é sobre o estado em que eles, nós, ainda nos encontramos, ou seja, sempre presentes com extrema visibilidade nos subempregos, na informalidade profissional, na população dos presídios, nos abrigos e na mendicância. Gordos números estatísticos que inculcam o panorama da pobreza.

Quando se fala sobre cotas no ensino universitário, na propaganda ou no serviço público, aí é um deus nos acuda. Paternalismo, incitação a um racismo às avessas, privilégio danoso — é o mínimo que se ouve ou se lê. Poucos lembram que a primeira universidade para negros nos Estados Unidos foi fundada em 1801 por Booker T. Washington na cidade de Tuksgee, Alabama, e no Brasil a que acolhe majoritariamente estudantes negros foi fundada em 2003, em São Paulo. E aí?

A educação é a maior aliada dos negros e dos pobres, contingentes que se cruzam historicamente. O nosso país só alcançará seu verdadeiro estágio de nação quando a integração socioeconômica, pela educação, se tornar efetiva.

Nomes importantes em nossa história, que construíram novas etapas de excelência, foram negros que conseguiram, às duras penas, atingir o patamar mais alto. Assim foi o padre José Maurício Nunes Garcia, que deslumbrou a corte de D. João VI e causou inveja a vários compositores europeus. Pode-se dizer que ele fundou a música brasileira. Trajetória não diferente teve Antônio Lisboa, o Aleijadinho, o inventor do barroco brasileiro. Mestre Valentim, que com suas esculturas e seu senso estético contribuiu para que o nosso Rio de Janeiro se tornasse ainda mais lindo, eis aí o Passeio Público. Machado de Assis é a maior referência literária do Brasil no mundo. João Cândido, o líder da Revolta da Chibata, que terminou com o infame castigo que a Marinha brasileira infligia aos seus marujos. Alfredo da Rocha Viana Filho, Pixinguinha, sem contestação o patriarca da moderna música popular brasileira. E os exemplos poderiam continuar a ser citados, alguns serão encontrados nas próximas páginas. Não são muitos, se considerarmos o total da população do país, mas ajudaram a desenhar o nosso perfil de povo, e mais, são integrantes da elite brasileira, se considerarmos também como elite o saber e não o poder.

Não há mais tempo a perder. Algumas gerações sucumbiram, não se realizaram, aumentaram a taxa de frustração. É justo que isto continue?

Vera Lucia Couto dos Santos
Ex-miss Brasil

"Essa crioula é metida a branca..."

Sai daí, crioula! Teu lugar é na cozinha! Não se manca não?
Enquanto todas as candidatas faziam o desfile de conjunto, aquela mulher na ponta da passarela, possessa, gritava desesperada. A zoeira no Maracanãzinho lotado era infernal. Faixas, serpentinas, charangas, apitos, buzinas, tinha de tudo, mas os meus ouvidos só registravam a voz daquela mulher que ia por entre as mesas, me acompanhando e repetindo que nem uma matraca:

— Sai daí, crioula! Teu lugar é na cozinha!

Não foi fácil convencer meu pai a me deixar participar do concurso de Miss Renascença naquele ano de 1964. Quatro anos antes eu fui ao salão Dinah Cabeleireiros me pentear para a minha festa de 15 anos, onde a própria Dinah me atendeu e não cansou de fazer elogios:

— Ah! Que mulata mais bonitinha, bem que podia desfilar no Renascença.

Naquela época o Renascença estava com força total, era um dos clubes mais badalados do Rio de Janeiro, tido como celeiro das mulatas mais bonitas do Brasil, e a Dinah era a coordenadora dos concursos. Minha mãe desconversou, disse que eu era muito menina ainda, etc., e ficou por isso mesmo. Anos mais tarde, veio um novo convite para que eu participasse do desfile da Rainha da Primavera como representante do Renascença. Aí então nos tornamos sócios do clube e eu desfilei. Todo ano me convidavam para o concurso de Miss Renascença, eu falava com papai e ele não deixava. Miss Suéter, Rainha da Primavera, desfile de saia, desfile de modas, de tudo eu participava, mas falava em negócio de miss, papai brecava na hora. Devo dizer, a bem da verdade, que meu pai nunca foi de me coibir ou negar coisas, absolutamente. Nem ele nem minha mãe. Pedreiro, que mais tarde tornou-se construtor pela força do seu próprio trabalho e talento, ele foi sempre tolerante e compreensivo, dentro do seu temperamento calmo e reservado, até a sua morte. Minha mãe, por sua vez, sempre foi mais extrovertida e explosiva. Enfermeira por vocação e amor, estava sempre pronta para atender a um amigo ou a um vizinho, apenas pela alegria de exercer a sua profissão. Amava profundamente meu pai, tanto que morreu um ano depois dele porque não tinha mais alegria na vida; deixou-se morrer. De amor.

Só quando eu fiz 19 anos, e depois de muita insistência, foi que papai permitiu que eu participasse do Miss Renascença, e acho que ele deixou porque não acreditava muito que eu pudesse ganhar. A minha principal competidora era a Esmeralda Barros, que tinha uma enorme presença, um corpo belíssimo e grande traquejo de palco porque já tinha trabalhado em shows e afins. Mas eu terminei ganhando. E acho que foi muito mais na passarela do que em termos de plástica, beleza e tudo mais, sabe? Porque a Esmeralda tinha uma plástica respeitável, acontece que ela entrou na base do "já ganhei", "eu sou a boa mesmo", "não tem pra mais ninguém", e o público notou isso, o júri também e eu acho que foi ali que ela perdeu. Eu fui vestida pelo Hugo Rocha, que inclusive me deu umas dicas de passarela que me ajudaram muito. Vencedora do Miss Renascença, entrei no concurso de Miss Guanabara naquela de ir para cumprir a obrigação, mas, na verdade, sem nenhuma esperança. Pô, eu tinha visto o que aconteceu com a Aizita Nascimento e a Dirce Machado, duas excelentes candidatas do Renascença, mulatas lindíssimas, bem preparadas e que não conseguiram absolutamente nada além de uma notoriedade que muito as ajudou depois. Baseada nisto, não alimentava grandes ilusões. Nem pequenas, tanto que já havia combinado com minha mãe e o pessoal lá de casa para no dia seguinte, isto é, no domingo, irmos todos para Teresópolis, porque eu estava cansada daquele corre-corre de escolhe maiô, discute vestido, prova roupa, desmancha aqui, aperta ali, eu já estava cheia e queria mesmo era me mandar para longe. E, além do mais, algum júri teria a ousadia de dar o título de Miss Guanabara, no ano do Quarto Centenário, a uma crioula?

Eu estava tomando um copo d'água para me refrescar, depois da última etapa do desfile, quando uma das concorrentes chegou perto de mim e me sussurrou no ouvido:

— Verinha, você é a Miss Guanabara!

Eu encostei numa mesa e comecei a tremer, me deu um medo terrível. Comecei a rezar pedindo a Deus que fosse mentira. Me deu aquele pavor, gelei. É a primeira vez que eu estou contando isso, só agora estou me sentindo com coragem, mas naquele momento me lembrei da menina que fui na escola Sagrado Coração de Maria, no Méier, uma escola de freiras, onde no recreio eu ficava sempre posta de lado, sem perceber por que, pensando que o recreio era curto demais para dar tempo de eu brincar com as outras crianças. Lembrei-me da escola Dois de Dezembro, onde eu era uma das alunas que iam com o uniforme mais bem cuidado, saia bem pregueada e blusa sempre na goma, e onde uma vez na fila para comprar livros eu ouvi:

— Essa crioula é metida a branca, compra tudo do bom e do melhor.

E eu fingi que não ouvi. Mas agora não podia fingir, não. Tinha que ouvir: eu era a primeira negra a representar o estado da Guanabara no concurso de miss.

Aí eu vi que não tinha jeito mesmo e comecei a raciocinar: depois de ganhar o Miss Renascença eu estava representando um clube que na época era muito importante no concurso, dentro do contexto geral a participação do Renascença era muito importante. Daí, do fato de representar um clube, de repente eu passei a representar todos os clubes da Guanabara e agora passaria a representar um estado inteiro. Quer dizer, foi um crescer de coisas, de responsabilidades... Foi quando eu realmente me conscientizei e disse:

— Então, dane-se. Quem gostar, gostou, quem não gostou, gostasse.

Era um encargo muito grande que até então não tinha sido dado a ninguém da minha cor. Desta vez eu não temeria nenhuma concorrente, nem entraria só por entrar, eu tinha que partir para a briga sem conformismo ou acomodação. Tinha que partir para ganhar. A expectativa era muito grande, durante toda a semana o assunto não saiu dos jornais e não havia quem não falasse sobre isso, em todas as rodas. Nos ensaios eu fazia sempre o pivô, que é uma volta completa que a pessoa que está desfilando dá em torno de si mesma. Aí, a dona Maria Augusta, da Socila, que era a coordenadora do concurso, que ensaiava as misses, chegou para mim e disse que eu não podia fazer o pivô, sob pena de ser desclassificada. Outras pessoas vieram e me disseram:

— Não entra nessa, Vera. Essa é a tua arma secreta, não deixa de fazer o pivô.

Na verdade, quando no desfile para Miss Guanabara eu dei o que o pessoal chamava de "voltinha", foi um delírio. O povo nas arquibancadas aplaudia e insistia pedindo mais. Posso dizer tranquilamente que foi o que me consagrou, era um quê diferente meu, uma espécie de marca registrada. O nome técnico é pivô, mas o povo pedia mesmo era a "voltinha". No dia do concurso, eu estava fazendo a última prova do vestido no ateliê do Hugo Rocha quando recebi um telefonema de uma pessoa, voz feminina, que me disse:

— Olha, eu estou ligando pra você porque te aprecio muito e quero dar um conselho de amiga. Acho que você deveria desistir do concurso porque existe um grupo de senhoras da sociedade que compraram mesas especialmente pra vaiar você.

A voz não se identificou e mais não disse. Era parte, sem dúvida, de uma guerra de nervos, não sei se de alguma admiradora de outra concorrente ou se de alguém inconformada por ser eu, negra, a representante do estado da Guanabara. Correu também o boato de que a comissão organizadora teria retirado o nome de Evandro Castro Lima do júri, porque ele tinha se manifestado a meu favor publicamente, assim como disseram que haviam colocado a jornalista Pomona Politis porque ela declaradamente não gostava de preto. Essas notícias chegavam a mim e era como se um ciclone tivesse me pegado, eu perdia o chão, ficava completamente baratinada, sabendo que tinha que manter a calma, mas sem saber como.

Quando a orquestra tocou a marcha de abertura e todas as candidatas entraram para a passarela, um frio correu pela minha espinha, eu pisei firme, mas não senti o chão. As torcidas todas misturadas gritavam coisas que eu nem distinguia. Vez por outra ouvia:

— Guanabara! Guanabara! Guanabara!

Também ouvi muito:

— Paraná! Paraná! Paraná!

E depois eu soube que um forte grupo gritava:

— Guaraná! Guaraná! Guaraná!

Era o pessoal que queria que os primeiros lugares ficassem com a Guanabara e o Paraná.

O que eu sei mesmo é que, no meio daquele tumulto infernal, onde o sorriso tinha que ser mantido a todo custo, eu ouvi claro e cristalino:

— Sai daí, crioula! Teu lugar é na cozinha! Não se manca não?

Era uma mulher na ponta da passarela, que tinha a forma de uma ferradura, gritando histérica, inteiramente possessa. E ia por entre as mesas, repetindo, praticamente sem parar, a mesma coisa. As senhoras nas mesas que o telefonema tinha anunciado não estavam lá, mas aquela mulher valia por quase todo o Maracanãzinho. Pelo menos para mim.

Quando voltei ao camarim, tremia da cabeça aos pés, e notei que não era só eu. O nervosismo era geral. Então pensei comigo mesma:

— Quer saber de uma coisa? Eu não vou olhar para o lado em que aquela mulher estiver, vou entrar olhando pro outro lado.

Dito e feito. Quando entrei no desfile em traje de gala, onde cada concorrente se apresentava individualmente, me enchi de moral e fui em frente. Enquanto desfilava, tudo o que eu ouvia era um grande zumbido, e aí me lembrei quando uma vez fui com uma colega minha e o namorado dela a um baile na sede do Botafogo e quando chegamos na porta foi aquele papo pra cá, papo pra lá, e eu não consegui entrar. A minha amiga era sócia do clube e o porteiro disse que eu não podia entrar por que não tinha convite, em cima da hora não dava para quebrar o galho etc. etc. Engoli aquela de não ter convite e fomos para Copacabana, o rapaz lembrou que tinha um baile no Olímpico. Quando chegamos lá não deu nem para o pessoal que estava comigo disfarçar, o cara da porta foi taxativo:

— Essa aí não entra!

A frase zumbiu no meu ouvido, foi aquele choque. Eu era uma adolescente e só estava querendo fazer o programa que outros da minha idade estavam fazendo — dançar.

E dancei... Numa só tarde fui barrada duas vezes. Na hora fiquei chateada, com raiva mesmo, mas só vim a perceber a extensão daquilo algum tempo depois, provavelmente naquele instante em que eu estava desfilando para milhares e milhares de pessoas, tentando não ouvir a mulher que continuava gritando para mim que o meu lugar era na cozinha. Eu vinha olhando para o outro lado e me desliguei de tal forma que não avancei pela passarela que ia dar exatamente onde estava o júri. Passei direto. De repente eu notei que a torcida do Renascença gritava:

— Volta! Volta!

E eu não entendia o que estava acontecendo. Umas mesas mais perto do ponto onde eu estava bradavam de pé:

— Volta, Vera, pelo amor de Deus. Volta, volta!

Eu continuava sem perceber o que estava havendo. A esta altura, um senhor de cabelos grisalhos, de cor clara, adiantou-se e gritou quase em frente a mim:

— Volta, minha filha. Não faz uma desgraça dessa.

E botou a mão na cabeça. Foi como se eu tivesse acordado: dei uma rápida olhada para trás e vi que tinha passado da banca do júri. Dei mais alguns passos à frente e pensei rapidinho:

— Estou proibida, mas eu vou fazer. Vai ser a minha salvação.

Fiz o pivô e voltei. Aí foi uma loucura. O público aplaudia, gritava, nunca vou esquecer. Quando voltei de maiô, já estava inteiramente solta, liberta, fiz tudo o que eu sabia e mais um pouco. Cada pivô que eu fazia o pessoal gritava: Olé! Difícil descrever a sensação que eu sentia. A partir daí já achei normal ficar entre as finalistas e quando fui proclamada em segundo lugar, senti o gosto da vitória. Era a Miss Brasil número 2, aquela que iria representar o país no concurso de Miss Internacional Beautiful, que era realizado em Long Beach, na Califórnia.

Joel Rufino dos Santos
Escritor e professor de literatura brasileira

> "... outro fato inesperado e importante: descobri que era negro."

Meu pai, Antonio Rufino dos Santos, era embarcadiço do Lloyd Brasileiro, companhia de navegação que teve grande importância na navegação marítima brasileira, ajudando a integrar o país com seus serviços de carga e passageiros. Embarcadiço era um nome genérico de quem trabalhava a bordo.

Quando voltava de suas longas viagens, ele reunia a família para contar as peripécias (nem todas) e as novidades que encontrava nas cidades onde aportava. Éramos quatro irmãos e mamãe, Felicidade Glória dos Santos, a beber avidamente as histórias que o "velho" contava, com o sabor de um experimentado cronista. O seu salário permitia que estudássemos em escolas particulares. Fui aluno do Instituto Arruda Câmara e do Ginásio Cavalcanti (entra burro e sai elefante, como diziam os próprios estudantes). Ambos os colégios eram no subúrbio de Cavalcanti, o que fazia com que tivessem muitos alunos negros. Daí o fato de nunca ter me chamado a atenção o fato de eu ser negro. Não era uma condição especial, tinha muitos à minha volta e com o mesmo padrão de vida.

A partir de certo momento eu estudava e trabalhava. Meu primeiro emprego foi de *office boy*, depois fui propagandista de laboratório e auxiliar de topógrafo. Passei no vestibular para a Faculdade de Filosofia e tive minha primeira experiência na política estudantil. Estávamos nos primeiros anos da década de 1960 e os embates ideológicos eram frequentes. Meu pai exercia uma ostensiva militância política no Partido Comunista do Brasil e era membro atuante do Sindicato dos Portuários, referências que eu tinha de forma direta.

Com a vitória do golpe militar de 1964, fui expulso da faculdade pelo então diretor Eremildo Viana Filho, que se apossou também da rádio MEC e, como medida inicial, proibiu a programação de compositores como Rimsky-Korsakow, Prokofieff, Tchaikowsky, Mussorgsky e outros "esquerdistas". Passei a trabalhar como assistente do professor Nelson Werneck Sodré, no Instituto Superior de Estudos Brasileiros (ISEB), que desempenhou um grande papel naqueles dias tumultuados e para mim resultou num rico aprendizado.

Neste mesmo ano casei-me com Tereza, minha colega de faculdade, filha de espanhóis, que eram contra o casamento, e nasceu Nelson, nosso primeiro filho. E minha vida passava a ter novo sentido.

Com a promulgação do famigerado Ato Institucional número 5, o chamado golpe dentro do golpe, a caça às bruxas tomou conta do país. Prisões, fugas, perseguições, exílio, passaram a ser fatos e palavras que se incorporaram à realidade brasileira. Sobrou para mim também. Inicialmente pedi exílio na Bolívia e, depois, fui para o Chile, onde me reuni a Fernando Henrique Cardoso, Francisco Weffort, José Serra, Paulo Alberto Monteiro de Barros (mais tarde Artur da Távola), Thiago de Mello e muitos marinheiros brasileiros. Por consenso fui nomeado tesoureiro da caixa de ajuda aos exilados pobres, que eram muitos. Era uma trabalheira danada, tinha que harmonizar vários conflitos e administrar desconfianças.

Além da nova e indesejada condição de exilado, outro fato inesperado e importante aconteceu comigo: descobri que era negro. Quando andava pelas ruas era assediado por homens, mulheres e crianças que pediam para passar a mão no meu rosto ou nos meus braços, para ver se largavam tinta. Realmente aí senti que era diferente.

Quando voltei ao Brasil fui para São Paulo e entrei para a Aliança Libertadora Nacional (ALN), onde tinha a tarefa de facilitar a saída de militantes do país, e, para subsistir, dava aula em cursinho de vestibular. Não demorou e tive que enfrentar os aparelhos de repressão. Estava na mira da Operação Bandeirantes, DOI-COD e fiquei três dias preso no Carandiru, de triste memória. Quando fui condenado a quatro anos de reclusão, transferiram-me para o presídio do Hipódromo. Lá passei a ser a ligação entre o comando constituído por presos políticos e os presos comuns, o que também não foi fácil. Tinha um preso, cujo apelido era Pelezinho, que não entendia como eu, sendo negro, estava com os que ele chamava de terroristas e que acreditava ter algumas regalias, e não com ele e os outros, negros e mulatos, que eram o povão. Sempre que me encontrava tinha sempre uma reivindicação a fazer:

— Ô neguinho, vai lá e fala pros homens que é pra ver se essa boia melhora...

Eu era o mensageiro, uma espécie de Exu de ocasião, para equacionar as demandas. No grupo de torturadores tinha um negro, o único, chamava-se Cidão, o que era mais um detalhe para compor o quadro de mal-estar geral.

Foi nesta época que escrevi *Quando eu voltei, tinha uma surpresa*, uma série de cartas para meu filho Nelson, que foi para mim um verdadeiro confessionário e o único elo que eu tinha com a vida lá fora, meu filho que estava crescendo.

Nelson, não deixe de me escrever.
Dê um abraço bem forte em nossos amigos — Alexandre, Aquiles, Dudu e os outros (e Luciana e Ariel) cujos nomes agora não lembro.
Não esqueça que seu pai pensa muito em você. E quer ser muito seu amigo. Breve, dentro de pouco tempo, estarei junto com você. Me conte tudo o que você está pensando. Você está triste? Está alegre? Ou mais ou menos? Acho que você está um pouquinho triste. E um pouquinho alegre. Está triste porque seu pai está longe. Mas deve estar alegre porque ele gosta muito de você — e está bem de saúde.
Dê lembranças à sua mãe, à sua avó e ao seu avô; nos primos, no tio Arthur — diga que eu mandei parabéns pelo filho que ele teve.
Dê o seguinte recado à sua mãe: que ela fique bastante tempo com você, na sua casa.
Venha me visitar, se puder.
Mil abraços e beijos do teu pai.
Joel
12 de junho de 1973

Depois de cumprir dois anos saí na condicional. Voltei para o Rio e passei a frequentar o Movimento Negro e o Centro de Estudos Afro-brasileiros, da universidade Candido Mendes, dirigido pelo professor José Maria Nunes Pereira. Mergulhei também no Instituto Superior de Estudos de Religião. Em 1982 obtive o título de professor-adjunto por notório saber e alta qualificação. Na realidade comecei a tomar uma posição definida em relação à realidade do negro em nosso país. Alguns registros de atitudes que antes passavam quase despercebidas passaram a configurar um quadro novo. Certa vez levei Tereza de carro a uma loja na rua Correia Dutra, eu estava dirigindo e quando chegamos ela entrou e eu fiquei aguardando. O guardador veio falar comigo certo de que eu era o "motorista da madame".

Na editora Abril fiz concurso para tradutor de livros infantis, passei mas não me chamavam nunca. Um certo dia o chefe do departamento pessoal resolveu abrir logo o jogo e me disse: "O dr. Cláudio não gosta de trabalhar com negro." Ele mesmo me sugeriu ir para a publicidade, onde o salário poderia ser até melhor. Mas um amigo meu, o Raimundo Pereira, me aconselhou a não aceitar, que eu deveria perseguir a minha meta. E foi o que aconteceu.

Algum tempo depois encontrei uma amiga que trabalhava na área dos livros infantis e sugeriu que eu escrevesse um. Deu certo, e escrevi mais de cinquenta livros.

Não tenho nenhuma dúvida de que o meu amadurecimento físico vem acompanhado da percepção ou que fui também adquirindo pela posição do negro no Brasil de ontem e de hoje. Esta sensação se fez presente no estudo que fiz da obra de Lima Barreto, protótipo do escritor carioca e suburbano, negro e sonhador, irônico e alegórico diante da perplexidade que a realidade nos impõe. Quando eu tinha 13 anos de idade meu pai me falou sobre ele e me deu para ler alguns dos seus livros.

Assim foi também quando exerci a presidência da Fundação Palmares, durante o governo Itamar Franco e parte do governo Fernando Henrique Cardoso, organismo que tem como meta aplainar o caminho para uma real inserção do negro nos diversos degraus da sociedade e para a reparação que se constitui no reconhecimento dos remanescentes dos quilombos como forma de resistência física e cultural.

Lygia Santos
Professora e escritora

"A grande herança do meu pai foi a sua retidão de caráter."

Meu casamento não deu certo, não houve o relacionamento que eu pretendia e acabei me separando. Já que tinha acontecido, resolvi voltar a estudar. Naquela ocasião eu estava com 35 anos e muita esperança. Aliás, esperança foi o que nunca me faltou, tenho até hoje e sinto que terei sempre. Eu já era formada pelo Instituto de Educação, tinha sido uma das "vestida de azul e branco", como no samba de David Nasser, adorava ser professora, mas decidi estudar direito. A vida não estava mole não. Para pagar o colégio da minha filha, me manter, enfrentar, enfim, as minhas despesas, eu tinha quatro empregos. Mas, ainda assim, arranjei um horário para estudar. Como eu me casara mal, papai volta e meia falava no assunto. Tinha avisado que não ia dar certo, portanto não ia ajudar coisíssima nenhuma, eu que me arranjasse, fosse vender pipoca, fosse fazer o que eu quisesse, mas fora da casa-e-comida, ele não dava mais nada. Nunca me revoltei por causa desta atitude do velho, compreendi e fui em frente. Meu pai não tinha o terceiro ano primário, mas era uma pessoa de uma vivência muito grande, era muito sagaz, muito inteligente, lia demais e tinha uma visão segura das coisas. Trabalhava no Supremo Tribunal Federal, na 1ª Vara da Fazenda Pública, e sempre viveu do seu modesto ordenado e dos magros dividendos dos direitos autorais. O nome dele era Ernesto dos Santos mas, felizmente, está na história musical do nosso país com o seu apelido: Donga. Apelido, aliás, que os meus amigos incorporaram ao meu nome. Para eles eu sou a Lygia Filha do Donga, o que muito me orgulha.

A música sempre dominou a minha casa e a minha vida. Ainda quando eu era muito menina papai me colocou numa aula de piano, como acontecia com toda menina de classe média da época. Eu estava indo bem, já dedilhava alguns clássicos, mas desisti. Preferi ser uma boa ouvinte a uma má executante. Talvez até essa desistência fosse reflexo do desapontamento que minha mãe tinha sofrido alguns anos antes. Ela tirou o primeiro lugar num concurso de canto no Teatro Municipal, foi aplaudida de pé, saudada como uma das mais lindas vozes já surgidas no Brasil, no registro de soprano lírico. O diploma dela foi assinado pelo maestro Francisco Braga. Imagine que as peças de confronto que ela teve de cantar foram árias do *Navio Fantasma* e da *Aída*. Pois bem, quando montaram mais uma vez a ópera *Aída*, contrataram uma italiana, pintaram de preto, mas não chamaram a minha mãe. Foi uma terrível mágoa que ela carregou pela vida afora. Uma chaga que nunca se fechou e marcou definitivamente a sua existência. Quando ela faleceu, o jornalista Jota Efege escreveu um artigo em que dizia: "Zaira de Oliveira, aquela que seria a nossa Marian Anderson."

Era domingo e véspera da prova de português do vestibular. Sentei-me na soleira da porta e pedi ao meu pai para falar um pouco sobre o parnasianismo. Ele começou a descrever a figura de Olavo Bilac, a quem conhecera pessoalmente; sua personalidade, os lugares que ele frequentava, os títulos de algumas de suas poesias, coisas interessantíssimas. E eu ali ouvindo, bebendo os conhecimentos dele. No dia seguinte, imagine só qual foi o ponto sorteado? Olavo Bilac, o homem e o poeta. Eu tirei 10 em português e passei em sexto lugar. Tinha uma garagem em frente ao local onde a prova foi realizada, eu peguei o telefone e nem podia falar de tanto que eu chorava:

— O senhor é um gênio, é o homem mais sábio do mundo!

Quando eu era pequena ele não se cansava de me dizer:

— Minha filha, existe espaço no mundo para todas as pessoas.

Para nós o espaço existe, só que temos que disputar com muito mais seriedade. Quando estudar você deve ser apenas uma aluna normal, se puder deve ser brilhante. Assim, poderá ter um pouco mais de chance.

E naquele momento ele me tinha ajudado mais uma vez e de maneira definitiva. Muito mais do que se tivesse dado todos os vestidos com que eu sonhei, os patins que ele não pôde comprar, ou as festas a que não me deixou ir, na tentativa de me poupar de alguma desfeita que, infelizmente, mais cedo ou mais tarde eu iria sofrer. A grande herança do meu pai foi a sua retidão de caráter e a sua consciência de homem negro, e eu procuro honrá-lo integralmente porque já faz parte da minha própria estrutura. Acho que o negro deveria se unir, não para praticar uma segregação que não leva a nada, mas para preservar os seus valores culturais, difundi-los, escrever sobre eles, fazer com que as outras pessoas se interessem por eles. Trabalhar em cima da cultura básica da gente, que hoje se pode definir como cultura brasileira, porque sem a menor dúvida o forte da cultura brasileira é a cultura negra. Eu acho que na medida em que se tenha a oportunidade de demonstrar isso, sem agredir ninguém, a gente lavra um tento. O mesmo se dá com as relações preto-branco-preto: é de pequeno que se aprende. Na minha vida de professora sempre trabalhei em escolas da zona norte ou perto de favela, onde o contingente pobre e preto é muito maior, mas nem por isso deixava de haver alguns probleminhas, certamente reflexo da educação de casa. Em época de festa junina, por exemplo, sempre aparecia uns casinhos, mas nas minhas turmas eu tratava de terminar rapidinho. Um menino branquinho chegava e dizia, por exemplo, para uma aluna pretinha, que não a queria como par na quadrilha, e isso acontecia. Tinha uma menina chamada Nilza que era uma bonequinha, pretinha linda estava ali mesmo, mas o garoto que foi destacado para dançar com ela não quis e a pobrezinha ficou no canto, chateada. Aí eu inverti a situação:

— Olha só, não sei o que esses meninos têm nos olhos. Estão com medo de dançar com a menina mais bonita da turma?

Aí foi aquela algazarra: eu, eu, eu! Então eu dizia para um:

— Você não, já tem par.

Ou senão:

— Você é mais baixo do que ela, não vai dar pé.

Enfim, apelava para qualquer outro assunto, mas não mencionava cor. Até que um menino muito bonito também, branquinho, branquinho, foi o par escolhido e tudo terminou bem, começou até uma paquerazinha.

Numa outra escola onde eu trabalhei, a Barão Homem de Mello, onde cheguei até a ser subdiretora, a situação de penúria de alguns alunos era muito grande. Sendo perto da favela do Esqueleto, a pobreza era dominante. Muitos não se aplicavam ao estudo ou não se desenvolviam fisicamente porque eram subalimentados. Na hora da merenda eles comiam sofregamente e mal terminavam, me diziam:

— Tia, essa comida é mendigaria, esse negócio de pratinho não dá. Eu quero pratão. Estou com fome, sabe?

Isso era todo dia e eu não aguentava escutar. Então não tinha outro jeito, no dia da feira, com o dinheiro do meu ordenadinho, eu comprava ovo, tomate, cenoura e mandava fazer para eles. Um dia eu disse: a caixa escolar é para ajudar vocês, mas vocês também têm que se ajudar. Vou querer 1 cruzeiro de cada um para a caixa, 1 cruzeiro não vai fazer falta a ninguém. Todos concordaram e nos dias seguintes os cruzeirinhos foram caindo. Mas teve uma menina que não levou, a Luisa. Então eu disse a ela:

— Ô, Luisa, você diz a sua mãe para amanhã ela vir falar comigo, porque esse cruzeiro ela vai ter que dar. Sabe, ajuda aí no uniforme de vocês, num livrinho, na merenda, também.

No dia seguinte eu perguntei:

— Luisa, cadê o cruzeiro?

— Olha, tia — ela respondeu —, a minha mãe mandou a senhora à merda.

Mesmo um cruzeiro fazia falta...

Minha trajetória não tem sido fácil, mas, como já disse antes, tenho esperança permanente, vou absorvendo os golpes, saltando os obstáculos, indo em frente. Ironias de vizinhos por sermos uma família de negros com casa própria, barracões em festas de clubes, tudo isso sofri, mas este é um estigma do qual poucos são poupados. O importante é confiar no futuro, e contribuir para que ele seja melhor. Hoje em dia eu sou diretora da Divisão Cultural do Departamento Geral de Cultura da Secretaria Municipal de Educação e Cultura, para onde fui levada pelo comandante Martinho de Carvalho. Ele foi diretor do departamento na gestão do prefeito Marcos Tamoio, homem de enorme sensibilidade, inteiramente afinado com as expressões de arte popular — basta dizer que foi ele quem inventou um projeto maravilhoso chamado "O jovem diz o samba" para os alunos do primeiro grau das escolas públicas. Neste departamento tenho a alegria de realizar um trabalho consistente e frutífero em relação à cultura da cidade, e isto é altamente compensador. Devo a minha elevação a este posto ao escritor Rubem Fonseca, outra figura inteiramente ligada às manifestações da arte popular.

Como mulher e negra, vou lutando para obter e consolidar os meus espaços. Sempre me lembro do que Pixinguinha, amigo e companheiro do meu pai a vida inteira, me disse certa vez:

— Minha filha, trate de sua vida, viva todos os momentos que surgirem, mas não pense no feio e no bonito. Sabe, se for bonito pra você é o mais importante.

Venho me empenhando num trabalho de conscientização do pessoal mais carente. A gente tem que fazer com que, antes de mais nada, eles acreditem neles mesmos. E o que a gente vê entre os negros das camadas mais necessitadas é que eles não têm nenhuma confiança em si mesmos, estão conformados, acham que a sua situação é uma fatalidade, que nada poderá mudá-la. E eu vou ficar fazendo o quê? Aí é que é a hora de meter a cara, fazer alguma coisa. Entrar por uma favela adentro, conversar com uma dona de casa (de casa?), com um marginal, sei lá. Pode ser um trabalho a longo prazo, mas esse prazo será ainda mais longo se nunca for começado. Se eu tenho a oportunidade de ajudar, não vou perder a chance. Eu quero é somar, multiplicar. Força vital, que de repente pode parar, mas outros continuarão. Sabe, sou uma mulher que gosta da vida, gosta de viver, gosta do mundo e por isso acredita e precisa que ele seja melhor.

Emanoel Araújo
Artista plástico

> "Éramos uma geração empenhada na questão da nossa cultura popular, para melhorar o Brasil. Era a nossa utopia."

Ainda muito menino, eu via meu pai trabalhando com paciência e delicadeza pequenas peças que para mim eram como se fossem miniaturas. Ele era ourives, os dois irmãos também, assim como meu avô e o pai dele. Era uma verdadeira dinastia que passava ensinamento, práticas e experiências. Aquela quase obsessão pelo detalhe, pela filigrana, o acasalamento do metal com a pedra, tudo aquilo exercia sobre mim um fascínio misto de emoção e curiosidade. Mas meu pai não queria que nenhum dos filhos seguisse a profissão. Ele achava que tinha que terminar nele. Confesso que não entendia por quê. Mas se tinha que ser, que fosse.

Toda minha família é de Santo Amaro da Purificação, na Bahia, e sou contemporâneo de um grupo de artistas que revolucionou a música popular brasileira. Fiz o cartaz do primeiro show de Caetano, Gal, Gil, Bethânia, Fernando Lona, que se chamou NÓS. Naquele momento, estou falando do início dos anos 1960, a Universidade Federal da Bahia fervilhava de ideias e realizações. A Escola de Teatro era exemplar, lá estavam João Augusto, Eros Martins Gonçalves, Carlos Davesa, Chico de Assis, Carlos Murtinho, uma turma de primeira preocupada em trabalhar para o estabelecimento de uma forma de Brasil que atendesse aos nossos desejos artísticos e políticos também. O Centro Popular de Cultura era o estuário do ideal que alimentávamos com nossa inspiração e nosso trabalho. Tive a alegria e o prazer de conceber toda a parte gráfica da campanha de alfabetização de Paulo Freire, assim como trabalhei com Geraldo Sarno, que se dedicava ao trabalho do teatro de rua, e José Carlos Capinam, que fez uma Chegança, auto popular do ciclo natalino. Éramos uma geração empenhada na questão da nossa cultura popular, para melhorar o Brasil. Era a nossa utopia.

Não terminei o curso de Belas Artes porque, de repente, me encaminhei para a vida profissional. Estudava gravura com Henrique Oswald, não demorou muito fiz minha primeira exposição em 1961 e fui me profissionalizando. Não era um caminho fácil, nem o mercado estava esperando por mim, mas devo confessar que tive muita sorte em conhecer e ser adotado por pessoas de grosso calibre na vida cultural baiana. Jorge Amado foi o primeiro, outro foi Odorico Tavares, que dirigia o complexo empresarial dos *Diários Associados* e era um homem profundamente influente em todas as áreas, artísticas, mundanas, políticas e econômicas. Em todo acontecimento cultural da Bahia ele estava envolvido. Um dia eu fiz um cartaz para um congresso de turismo, encomendado por Nelson Carneiro, Odorico viu publicado no jornal e ficou curioso para saber quem era o artista. Um amigo me levou até ele e, daí em diante, jamais deixou de me apoiar e abrir várias portas.

Jorge Amado me apresentou a diversas pessoas importantes no Rio, assim como a Giovanna Bonino em São Paulo, e eu estava evoluindo na busca dos vários caminhos que minha arte foi tomando. A minha temática era muito circunstancial, de momento. Nos anos 1960 era uma coisa mais expressionista, ligada à questão do homem, de ver socialmente a nossa matriz nordestina. Depois eu tive uma fase mais lírica que eram os gatos; depois vieram as gravuras figurativas de natureza meio tropicalistas; passei então para as gravuras figurativas com a temática mais resolvida através de certas coisas, certos elementos da história da arte; aí veio a abstração, abstração mais informal; depois a obra foi naturalmente se encaminhando para uma tendência estruturada geometricamente. Depois viajei da gravura para a escultura, onde estou até hoje desenvolvendo a questão da tridimensionalidade.

A ida ao Festival de Arte Negra na Nigéria em 1977 resultou numa percepção muito interessante do caminho que meu trabalho estava trilhando naquele momento, que era um acento construtivista, de tensões, espaços positivos e negativos, e lá me deparei com um artista nigeriano que adotava muitas das soluções nas quais eu estava empenhado. Fiquei impressionado, sobretudo porque a estética africana não era interpretada ao pé da letra, na realidade era muito mais uma disposição de trabalhar, não temática, mas abstratamente, a questão de alguns símbolos, alguns alfabetos. Por exemplo, mesmo na Bahia, certos elementos que podem ser transformados em uma geometria saindo um pouco da representação naturalista, e era isso que eu procurava. Uma interpretação. Talvez mais que isto, uma tentativa de criar uma geometria.

O crítico e historiador George Preston até fala dos dogmas da arte africana, do eixo real, do eixo virtual, que a gente nem sabia que existia. Com relação à inspiração ditada pelos signos e pela estática dos cultos afro-brasileiros, linha na qual Rubem Valentim muito trabalhou e Ronaldo Rego ainda trabalha, tive uma breve passagem por influência do meu amigo antropólogo Waldeloir do Rego, além de Pierre Verger e Carybé. Tinha ainda a figura emblemática de Mãe Senhora no terreiro Axé Apo Afonjá, a quem eu visitava com frequência.

Mais do que uma casa de santo, como se diz comumente na Bahia, o terreiro era um centro de referência agregativo de toda a intelectualidade baiana. Era comum encontrar-se lá Vivaldo Costa Lima, Tibúrcio Barreto, Rubens de Pinho e, naturalmente, Waldeloir, Jorge e James Amado, Verger e Carybé. Quando vim para São Paulo e com o falecimento de Mãe Senhora, o meu caminho profissional afastou-se do religioso.

Ao contrário do que muitos afirmam, não creio que haja uma estética afro-brasileira, como tampouco existe uma escola artística que tenha esta designação. O que existe são artistas que, de uma certa forma, têm como objeto de inspiração esse universo, que é o meu caso, do Rubem Valentim, que talvez seja mais comprometido porque ele estabeleceu, digamos, um alfabeto desenvolvido com signos, emblemas, até mais afro-baianos do que propriamente africanos. Tem o mestre Didi, *alapini* (chefe supremo) do culto dos egunguns em Itaparica, que tem outro conceito da questão religiosa. Muito embora a obra dele vá além disso, tem um vínculo contemporâneo pelos materiais que ele usa, juntando elementos da natureza com uma certa ideia lúdica da forma, uma interpretação contemporânea desses símbolos.

O Ronaldo Rego é outro que faz um trabalho muito interessante, mas sob outro ponto de vista, incluindo a umbanda, uma vertente, digamos, menos iorubá, menos gêge-nagô. Em Minas tem um artista muito bom, Jorge dos Anjos, que também, de certa forma, segue uma linha muito parecida com a minha geometria.

Recentemente eu fiz um trabalho, toda uma série de esculturas e de relevos, em que tento trazer essa questão simbólica, essa questão desses símbolos religiosos, muito embora absolutamente livre, quer dizer, não é nem fundamentada nas lendas, nem fundamentada no compromisso religioso. É mais uma interpretação totalmente abstrata. E isso foi um trabalho muito interessante que eu acho que fiz.

Por ocasião de minha exposição em 1981, em São Paulo, George Preston escreveu um estudo sobre o individualismo na arte. Ele mesmo tinha um projeto chamado Neoafricanismo, em que ele queria vincular certos artistas do mundo com essa ideia do ressurgimento de uma arte que não fosse ligada nem à religião, nem ao turismo e menos ainda à questão política da arte africana. O que ele preconizava era uma ideia de que artistas comprometidos ancestralmente com sua ascendência, negra, africana, tivessem um olhar diferenciado de um artista europeu. Uma visão particular, a visão da diáspora.

Tenho persistido na criação dos meus trabalhos e nas minhas atividades à frente de museus. Quando fui aos Estados Unidos pela primeira vez em 1976, convidado pelo Departamento de Estado para visitar os principais museus do país, de costa a costa, durante cinquenta dias, levei um verdadeiro choque que marcou a minha trajetória em relação à questão pública dos museus. Vendo as reservas técnicas, as técnicas de museologia nas diversas instituições, o tratamento do acervo, as formas de apoio providas pela sociedade, tudo isso me aguçou a ideia de trabalhar nesse campo. Pouco depois do meu retorno faleceu meu amigo José Pedreira, que era o diretor do Museu de Arte da Bahia, e o governador Antônio Carlos Magalhães me convidou para assumir o posto. Foi um desafio, sem dúvida, porque não obstante o meu empirismo e autodidatismo, consegui realizar uma administração interessante no período de 1981 a 1983, e o museu renovou-se completamente.

Quando, em 1992, recebi o convite para ser diretor da Pinacoteca do Estado de São Paulo, aceitei sem temor porque tinha certeza que poderia fazer valer o meu aprendizado na Bahia. Foram nove anos e seis meses de trabalho, e no final tínhamos posto a Pinacoteca no grupo dos museus mais importantes da América Latina e mais respeitados nos principais centros culturais do mundo. Claro que tive ajuda, e muita. Afora a equipe, que se dedicou com afinco ao trabalho, foi indispensável o apoio do professor Francisco Weffort, à época ministro da Cultura, do governador Mário Covas, dos secretários de Cultura do Estado de São Paulo, Marcos Mendonça, Ricardo Otake, Adilson Monteiro Alves, quer dizer, foram três secretários ao longo desses anos que eu peguei e me mantiveram no cargo, e por isso foi possível fazer uma administração acho que revolucionária.

Foram realizadas grandes exposições, inclusive com curadoria local. A exposição do Rodin, do Mayol, da Claudine Claudel, foram todas pensadas e estruturadas na própria Pinacoteca, sendo que a do Rodin teve três versões. A primeira foi localizada na Pinacoteca, depois fizemos uma itinerante que foi a Salvador, Recife e Fortaleza, fato absolutamente inédito, e uma terceira, de volta a São Paulo, que foi praticamente o encerramento da minha gestão. Trouxemos a Porta do Inferno, uma obra em gesso que pesa umas quatro toneladas. Jacques Delain, que era o diretor do Museu Rodin naquela época, fez a exposição como uma grande homenagem à Pinacoteca, não só por ser em São Paulo, no Brasil, mas também por causa das outras duas exposições que tínhamos feito antes.

Quando, em 1987, eu comecei a preparar o livro *A mão afro-brasileira*, publicado no centenário da abolição da escravatura, em 1988, e que resultou também numa exposição, senti que alguma coisa precisaria ser feita para abrigar aquele acervo enorme e impressionante que nós, Ana Maria Beluzzo, Ivo Mesquita, Carlos Oliveira Marcondes de Moura, tínhamos levantado na pesquisa que realizamos.

Fizemos a exposição e o lançamento do livro em Nova York, causando um grande impacto. Em Los Angeles aconteceu o mesmo, quando reuni alguns artistas americanos e brasileiros no Afro American Museum. Com todos esses artistas eu retomei o filão numa exposição que eu fiz na Espanha chamada *Áfricas, Américas*. Neste período fiz outras exposições no Brasil, como *Herdeiros da Noite, Negro Corpo e Alma e Para Nunca Esquecer*, acervos que constituíram a base do museu Afro Brasil.

O nosso direcionamento não é para o aspecto antropológico, é um museu baseado na questão da memória da história e da arte, ou seja, um museu que suscita um olhar sobre a produção da arte, da memória e da cultura, que tem vínculos profundos com a África e, portanto, se chama Afro Brasil, incorporando a visão de um país mestiço, sincrético.

Temos uma revista permanente chamada *Negras Palavras*, conseguimos espaço para incluir uma biblioteca à qual demos o nome de Carolina Maria de Jesus, e também um teatro, que se chama Ruth de Souza. O museu está armado para ser uma instituição exemplar. A gente espera que ele se desenvolva cada vez mais. Nossa coleção de objetos inclui fotografia, alguns documentos conceituais; de pintura, não só obras dos séculos XVIII e XIX, peças do barroco, mas obras da arte contemporânea também. A instituição tem tudo para desenvolver outros projetos de exposições temporárias, que venham dialogar ou contextualizar o acervo permanente, que é único no sentido da sua importância artística e histórica. Não se trata da consagração do objeto, mas em ressaltar o que o objeto significa como elo, um elo profundo com a cultura afro-brasileira.

Num país com extensa maioria excluída, o museu, à sua maneira, trata desse assunto, trata de uma comunidade que nem sabe direito do seu passado. Tem, portanto, essa dupla ação de significar e de exemplificar, ou seja, de servir como exemplo à sociedade brasileira. Não só de consagrar a cidadania, mas também a autoestima e um conhecimento de si próprio como, inclusive, de certas personalidades brasileiras que, apesar de sua origem e de sua cor, conseguiram tornar-se importantes na história do Brasil — a nossa história, na maioria das vezes, é branqueada e escamoteia a origem comum.

José Pompilio da Hora

Professor de direito civil e romano

> "No cais do porto estamos precisando de
> muitos trabalhadores, você é forte, você dá..."

Fui atravessando a rua, tonto, sem notar bondes ou carros, meio cego pelas lágrimas que enchiam os meus olhos; desci um pouco a rua Larga e sumi pela avenida Presidente Vargas, com aquela frase reboando na minha cabeça, estalando nos meus nervos:

— Olha, eu vou lhe dizer uma coisa, você pode ser tudo, menos diplomata. Por que não vai trabalhar no Cais do Porto?

Depois de esperar horas e horas na antessala do gabinete e não obstante ter levado uma apresentação do embaixador Leão Veloso, quando consegui falar com o ministro das Relações Exteriores do meu país, o embaixador João Neves da Fontoura, para dizer-lhe que queria seguir a carreira diplomática, foi esta a resposta e o conselho que ele me deu.

— No Cais do Porto estamos precisando de muitos trabalhadores, você é forte, você dá...

O sangue me subiu à cabeça, eu perdi a paciência e retruquei:

— Você está aí como ministro de Estado, refestelado nesta poltrona, recebendo um ordenado gordo que é parte dos impostos que eu pago à nação, que o povo paga à nação, que os negros pagam à nação.

Dito isto, dei as costas e saí pela porta afora, antes que ele acionasse a segurança para me prender. Mas a voz dele parecia me perseguir, a voz do ministro João Neves da Fontoura, como uma infeliz memória.

Inscrevi-me duas vezes no concurso do Instituto Rio Branco. A primeira vez foi em 1948, quando o estabelecimento foi criado. Eu fiquei entre os primeiros candidatos e apresentei o meu título provisório de professor de latim, grego, filosofia, história geral e história do Brasil. O ginasial não estava revalidado porque, como eu tinha estudado na Itália e lá me formado como advogado, a lei obrigava-me a fazê-lo, mas se o Ministério da Educação e Saúde, como se chamava naquele tempo, me dava o registro para eu poder dar aulas, então, implicitamente, estava tudo reconhecido. O formulário, além de perguntar as línguas que eu falava, perguntava também se eu tinha conhecimentos entre diplomatas, e eu citei uns dois ou três que eu havia conhecido em Roma e Nápoles, incluindo o embaixador Leão Veloso. Finalmente me inquiria sobre a origem social. Na primeira vez eu disse que era descendente de ex-escravos. Na segunda escrevi claramente: senzala. A diplomata Vera Sauer disse que eu não estava habilitado porque não tinha uns certos diplomas que ela citou, esquecendo que o registro do Ministério da Educação avalizava automaticamente todos os outros. Em latim existe uma frase que diz: "Onde estão as coisas maiores, as menores desaparecem." Pelo visto, nem todos a levam a sério... Curiosamente, muitos alunos meus, do Instituto Souza Marques, do colégio Lafaiete e do Pedro II, também estavam se inscrevendo. O interessante, porém, é que o exame de seleção era precedido de um exame de saúde, e todos os candidatos seriam avisados oportunamente. Eu estou esperando até hoje... E assim aconteceu nas duas vezes.

Na segunda oportunidade em que me candidatei a uma vaga, o coordenador do Instituto Rio Branco, um professor de cujo nome eu não me recordo, mas que era pai de duas alunas minhas de latim, no Lafaiete, convidou-me para tomar um chocolate quente num bar das redondezas. Fui, sentamo-nos e, à queima-roupa, ele me disse:

— Professor, pela segunda vez o senhor está tentando a carreira diplomática. Lembre-se de uma coisa: o senhor é um negro, jamais vai transpor os umbrais do Rio Branco.

Ainda por reflexo da minha educação europeia eu julguei que ele estava me advertindo sobre a intolerância da instituição. Pensei até que era um gesto de solidariedade, mas não demorou muito para que eu percebesse a realidade. Para não dar margem a nenhum mal-entendido, ele foi claro:

— Desista, professor. O senhor nem pense em entrar na carreira diplomática no instituto do qual eu sou o coordenador cultural.

Ele tinha razão, não consegui mesmo.

Quando os meus pais morreram, em Salvador, eu tinha três para quatro anos e fiquei aos cuidados do meu padrinho, o cônego Lorenzo Mario Pellegrino. Ele estava voltando para a Itália e me levou para lá, com os meus irmãos Laurindo Pompilio da Hora, que hoje é médico, e João Pompilio da Hora, que também é professor e bacharel em direito. Fiz todos os cursos na Itália, formei-me como advogado e fiz vários cursos suplementares de línguas e história. Na minha época de estagiário, trabalhei no mais famoso escritório de Nápoles, que era do advogado Enrico Di Nicola, o primeiro presidente da república italiana no pós-guerra. Em 1943, meus irmãos e eu fomos repatriados e, finalmente, viemos conhecer o nosso país, a nossa gente, ainda que eu nunca tivesse deixado de sentir uma identificação psíquica e espiritual com a minha origem. Durante o meu período de estudante, de adolescente e mesmo quando já estava formado, nunca senti, nem sequer soube o que era discriminação racial. Entre os meus colegas havia uma total naturalidade no fato de eu ser negro, isso não me trazia nem vantagens nem desvantagens, eu era um igual. Todas as quintas-feiras eu ia ao palácio real de Nápoles, a um chá dançante que toda a nobreza local frequentava. Príncipes, duquesas, barões, baronesas, todos pais, tios, primos de colegas meus que me levavam como a tantos outros amigos plebeus. E nunca fui molestado.

Quando houve o pacto do Eixo, entre Alemanha e Itália, as ideias racistas de Hitler passaram a ser mais um componente do regime de Mussolini, que, no aspecto racial, até então, não tinha uma postura discriminatória ou segregacionista. Houve a proibição do casamento de italiana com negro, de qualquer contato sexual e até mesmo no plano social. Mas a determinação totalitária de um governo fascista não iria mudar o modo de ser de um povo culturalmente tão amadurecido, assentado sobre raízes latinas, alegres e liberais. Eu mesmo namorei a neta do comandante em chefe das forças militares do Mediterrâneo, uma moça de origem nobre, uma princesa que se chamava Iolanda, e nunca tivemos nenhuma pressão ou proibição por parte da família dela. Eles me queriam muito bem e me tratavam com toda a distinção, respeito e carinho.

Habituado a este tipo de relacionamento, é fácil compreender o choque que eu tive quando o navio em que vínhamos repatriados da Itália atracou no Recife e vi os negros descalços, sem dentes, trajando trapos, autênticos mendigos. Comecei a sentir que íamos enfrentar uma situação completamente diferente. Aliás, uma pequena demonstração já havíamos tido em Lisboa, onde, no consulado, enquanto um senhor branco, que também vinha repatriado, foi recebido praticamente com honras de herói, nós, os três negrinhos, fomos ignorados, na verdade até hostilizados pelas autoridades consulares. Quando me dirigi a um diplomata que também vinha de Roma e disse a ele que ao chegarmos ao Rio não sabíamos para onde ir, porque não tínhamos conhecimentos nem recursos, ele respondeu secamente:

— Quando vocês chegarem lá, se quiserem roubar, roubem; se quiserem trabalhar, trabalhem em qualquer coisa. Em suma, vivam como quiserem.

Essa frase define a maneira como o poder público nos encara, ou seja, sempre marginais em potencial, que têm que cumprir este destino para que a sociedade se sinta bem e compensada. É a explicação que ela dá a si mesma para não ter um negro no primeiro escalão do governo, nas representações diplomáticas ou nos altos-comandos militares. A sociedade criou, ela mesma, uma série de chavões e estigmas que nos forçam a não decepcioná-la. Ao mesmo tempo se insiste nesta falácia da democracia racial que é praticada no Carnaval, no futebol e nas festas populares, mas que não se manifesta nas coisas decisivas, nos patamares superiores, onde a nação decide o seu destino. Lá, negro não entra. Como educador, é claro, eu acho que o desenvolvimento cultural é um dos caminhos mais diretos para a real emancipação do negro brasileiro, mas estou consciente que isso só não chega. A representação política é indispensável, no sentido de defender a comunidade como um todo e a nossa em particular. E não é assim que fazem os outros? Nas assembleias, câmaras e no Congresso estão os representantes de italianos, japoneses, judeus, árabes, alemães, enfim, descendentes dos vários cadinhos que formam a realidade étnica brasileira. Os japoneses, por exemplo, ainda não têm setenta anos de Brasil e já são secretários e ministros de Estado. Nós, que chegamos aqui no início, quase ao mesmo tempo que os portugueses, ainda estamos rondando a porta, todavia não entramos no salão. E por quê? Quer dizer, o poder público não faz justiça aos esforços de uma raça que deu o melhor de si para a construção do país, que também a nós pertence. Esta insensibilidade realmente me incomoda bastante, magoa, porque é insidiosa, camuflada, maquilada de paternalismo.

Na vida do magistério tenho recebido sempre a consideração dos meus pares, e com os estudantes negros a minha experiência tem aspectos bastante elucidativos. Sinto da parte de muitos deles uma cobrança, um desafogo. Na sala de aula já houve o caso de alguns tomarem atitudes de desafio e insolência, mas sempre vi nisto um processo de sacudir as suas próprias inseguranças ou desejos. É como se dissessem:

— Estou aqui estudando, mas que futuro profissional me aguarda? Que chances terei? Se eu for a um lugar e for barrado, ele, o meu professor, também será. Não importa que seja uma pessoa culta, mas é um negro.

Essa hostilidade advém justamente desse antagonismo, é uma espécie de protesto, como dizer:

— Por que você, que ocupa este cargo, não conseguiu ainda abrir as barreiras da plenitude da cidadania para mim e para você mesmo, neste contexto em que vivemos?

É porque nós não temos os mecanismos, nós não detemos sequer uma parcela do poder econômico e nem dispomos do poder político. Poder, vocábulo fascinante, mas vazio quando não se torna concreto.

Sempre trabalhei muito, aliás esta é uma das sinas de todo professor. Durante muito tempo, e de certa maneira ainda hoje, a minha vida é de casa para a faculdade, de uma faculdade para outra faculdade, muitas vezes um colégio no meio, outra faculdade, e casa. O ambiente escolar era o meu clube, minha recreação, meu lazer, enfim, o meu ambiente permanente. Pois foi neste ambiente que conheci e me apaixonei por quem seria depois minha esposa. Casei-me com uma ex-aluna, e branca, muita gente não me perdoou por isso. Disseram que eu estava embranquecendo, mas na verdade eu nunca liguei para isso, nem eu, nem a Miriam Martins Pompilio da Hora, minha mulher e mãe dos meus três filhos. Não sou preto de alma branca, nem ela é branca de alma preta, o que aconteceu é que os valores essenciais e imprescindíveis na raça humana, como dizia Sócrates, nós descobrimos que um e outro possuíamos e resolvemos somá-los. Não vejo por que, necessariamente, um negro tenha que se casar com uma negra, ou uma branca com um branco. O casamento, ou a simples união interracial, existe como determinante de um fator que, pelo que parece, muita gente não leva em conta: amor.

Juvenal de Holanda Vasconcelos (Naná)
Percussionista

> "Não há nenhum exagero em dizer que eu sou boicotado na minha terra."

Lá em Recife, no bairro do Sítio Novo, onde nos morávamos, a nossa família era tida como de "negros bestas" por quem não gostava da gente e de "negros de alma branca" por quem era nosso amigo. Desde bem menino que eu era acostumado a ouvir:

— Esse menino é calmo, educado, é um neguinho de alma branca.

Um dia eu cheguei e perguntei para o meu pai porque essa história de alma branca, e ele me respondeu:

— Meu filho, educação aqui é sinônimo de branco. Quem vai para a escola é tido como branco. Negro que não faz molecagem na rua, que tem educação, que sabe entrar e sair, é tido como branco. Porque, normalmente, a imagem que as pessoas têm do negro, é o moleque de rua, o ladrão, o que fica pelas ruas jogando bola ou traficando na feira. Para elas, esse é o negro autêntico.

Meu pai era uma pessoa muito espiritual, kardecista, uma pessoa de uma intelectualidade muito grande. Sempre primou pelo nosso equilíbrio educacional, por nossa cultura, nos dando consciência de que, por sermos negros, teríamos que lutar muito contra as barreiras que iríamos encontrar.

— Pra você ser respeitado, meu filho, vai ter que estudar muito porque vai ser difícil pra você, você é diferente, se fosse branco talvez as coisas fossem mais fáceis. Mais fáceis em termos de emprego.

E o meu velho tinha razão. O meu irmão mais velho, por exemplo, que é formado em contabilidade, tinha uma enorme dificuldade em arranjar emprego. Sempre que entrava numa firma nunca era no posto de contador, ainda que o lugar estivesse vago, mas sempre no de ajudante de contador.

Os tempos passaram, mas a situação não mudou muito. Agora, depois de tantos anos fora, quando eu volto lá as pessoas fazem aquelas brincadeiras que, no fundo, são insultos:

— O neguinho agora está famoso.

Eu comecei tocando bateria com uns 12 anos de idade. Meu avô também era músico e a gente ouvia muitos discos lá em casa, gravações feitas no Rio, em São Paulo e muito disco de jazz. Havia um pequeno grupo do qual eu fazia parte e quando organizaram um festival da canção na TV Jornal do Comércio nós fomos convidados para tomar parte. Apareceu uma música dificílima intitulada "Adriana", cujo compasso era 5/4 e nenhum baterista se atrevia a tocar, e eu consegui. Mas aí o dono da estação, que era o senador Pessoa de Queiroz, não gostava de negro e mandou que me tirassem, que era para não estragar a imagem do grupo. Isso me revoltou muito. Ao mesmo tempo eu estava de namorico, mais de brincadeira do que mesmo namoro, com uma menina que era filha de um dos diretores do Banco do Brasil em Recife. Pois bem, um dia ele chegou na porta lá de casa, de carro com motorista e tudo, e me ameaçou:

— Olha, você não se meta com aquela moça não porque eu posso mandar tirar você da jogada, sumir com você, você pode desaparecer.

Minha mãe, nervosa, ouvindo aquilo, chorando... Eu fiquei numa depressão terrível, uma tristeza sem fim e sem remédio. Virou revolta, fiquei quase racista ao contrário, porque eu estava sendo vítima de uma coisa brutal para mim. Já não acreditava mais em ninguém, em nenhuma pessoa branca, mesmo da roda dos músicos, mesmo do ambiente do teatro, do ambiente em que eu vivia na cidade. Realmente fiquei sem amigos, eu evitava todo mundo porque não acreditava mais em ninguém. Achava que os que estavam comigo, que se aproximavam de mim, viam o músico, o baterista Naná, não como um ser humano. Passei a estudar bateria como um louco, me tranquei durante vários meses e fiquei só, tocando, tocando sem parar. Iniciei um processo de transformar o que poderia ser deficiência em vantagem. Mergulhei de cabeça no folclore da região. Peguei tudo que era folclore, coco, macumba, maracatu. Os brancos não frequentavam os lugares onde se faziam essas coisas mas como coisas de negro, e eu fui me enfronhando cada vez mais, passando tudo para a bateria.

Chateado, magoado, cheguei à conclusão de que Recife não dava mais para mim. Resolvi então viajar para o Rio (eu devia ter meus 17 anos) e procurar um cantor que estava surgindo, o Milton Nascimento. Consegui encontrá-lo e fui dizendo:

— Milton, eu vim pra tocar com você porque me identifiquei com a sua música, essa música afro-brasileira, cheia de tradições mineiras, essa forma negra de ver as coisas. Estou contigo.

Tornei-me uma espécie de quebra-galho do Milton. Arranjava shows, programas de rádio, de televisão, até violão — que ele não tinha — dei um jeito de conseguir através de uma amiga nossa que conhecia o pessoal do Di Giorgio. Havia uma total afinidade entre o Milton e eu e muita coisa ele me ensinou com aquele seu jeito tímido e quase sem falar.

Eu faço um tipo de música que, pode-se dizer, é bem contemporânea, um trabalho bem aberto, sem limitações. Ainda é muito difícil para certas pessoas aceitarem o fato de eu tocar um instrumento primitivo, como o berimbau, e fazer uma música aleatória, que normalmente é feita só por brancos europeus. Mas eles fazem com sintetizadores, programadores eletrônicos, e eu me viro com o instrumental afro-brasileiro. Tem gente que chega para mim e pergunta:

— Você tem consciência disso que está fazendo?

E ficam surpresos quando eu digo o porquê, os fundamentos de por que eu faço esse tipo de música. Pelo grau intelectual que ele exige, não creem que um crioulo possa fazer, sabendo o que está fazendo, com elaboração. E não se convencem fácil, não. Procuram comparação com Fulano e Sicrano, dizendo que eu ouvi muito Stockenhousen. Eu fico querendo explicar que não é nada disso, o que eu faço é negro e brasileiro.

Uma coisa que me entristece ainda hoje é o descaso com que é encarado o meu trabalho aqui no Brasil. Lá fora eu sou realmente querido pelas pessoas, pelos produtores, eles me dão o maior respeito, me tratam com carinho, as coisas são feitas direito. Agora, veja aqui: eu fiz uma apresentação no Maracanãzinho e só viu quem estava lá. Na televisão me cortaram, e eu pergunto: por quê? Por que não divulgar as coisas que estou fazendo como artista preocupado com a verdade de seu país? Nunca tive ninguém interessado em produzir um disco para mim. Parece que eles não querem que o negro brasileiro saiba que existe na nossa cultura uma abertura para a música contemporânea, para a música de hoje, querem que o negro fique sempre tocando aquilo que eles acham que é folclore.

Atualmente eu vivo em Nova York, onde o negro tem realmente a sua posição, respeito e independência. O problema lá é muito diferente porque o negro lá tem cultura, tem consciência de que é negro, lutou para isso, e hoje as coisas estão muito bem definidas. No Brasil há uma enorme diferença porque as coisas não são às claras, o racismo aqui é por baixo do pano, quer dizer, é muito mais fácil as pessoas chegarem para mim, oferecerem mordomias e, com isso, me comprarem, do que me respeitarem, sentarem e me perguntarem o que eu quero. O meu primeiro disco, por exemplo, eu fiz na França e dei o nome de *África Adeus*. Quando eu o trouxe para cá, em 1972, tive as maiores dificuldades para conseguir uma edição brasileira. Deu a maior polêmica, o André Midani, que na ocasião estava na Phonogram, me disse que aquele não, podia até fazer outro, mas aquele não dava pé, e o título era a questão. Cheguei a preparar um novo roteiro e tal, mas não consegui nada, tive que colocar o nome de *Amazonas*. Por sinal este é o único, dos sete discos que eu gravei em toda a minha carreira, que foi lançado no Brasil, e mesmo assim está fora de catálogo, ninguém encontra para comprar. Não há nenhum exagero em dizer que eu sou boicotado na minha terra. Inventam que eu sou músico classe A, quando na verdade eu transmito pelo berimbau as ansiedades, as lutas, as agonias, as alegrias de minha gente, e quando digo gente, digo gente brasileira. Se a minha música for para a rua, se o negro vir que eu peguei um instrumento afro-brasileiro e recriei a sua linguagem, a partir desse momento os ritmistas vão pegar o pandeiro e estudar todas as suas possibilidades. O mesmo vão fazer com a cuíca e o atabaque, por exemplo, vão se interessar, vão tomar consciência do que é a cultura musical brasileira, que não é toda africana, é claro, é mista, mas a maior parte veio de lá, por isso eu fiz um disco chamado *Zumbi*, que é o grito da minha própria consciência. Recentemente gravei um disco que tem o título de *Saudade* e sabe quem me acompanha? A Orquestra Sinfônica de Stuttgart. Duvido que você encontre fácil numa loja qualquer daqui. Mais uma vez vou passar despercebido, eu que vendo 50 mil discos nos Estados Unidos e 250 mil no Japão e que já recebi a cotação de cinco estrelas dada pelos críticos mais exigentes das revistas especializadas de maior reputação. Quando venho ao Brasil, quando se lembram de me chamar para tocar aqui, eu venho como músico de jazz, mais do que como um músico brasileiro que tem um trabalho de percussão. Trabalho esse que me deu a oportunidade de atuar com figuras da importância de Lion Carter e Gato Barbieri. Trabalho esse que ajudou um enorme número de crianças, numa clínica psiquiátrica infantil nos arredores de Paris, onde colaborei com uma grande equipe de médicos, a recuperar as funções motoras. Trabalho esse que me proporciona a oportunidade de dar aulas no Creative Music Center, em Woodstock, de cuja diretoria faço parte, o que significa que eu sou respeitado como artista e como ser humano.

Mas eu não desisto, sou brasileiro e quero realizar coisas no meu país. Vou lutar, vou brigar, vou contra os conceitos estabelecidos, mas juro que não descanso enquanto não fizer um disco aqui e com percussionistas brasileiros. Vou insistir nisso, porque esse é o meu objetivo. É difícil, mas não é impossível, não vou deixar que boicotem a minha música.

O que falta ao negro brasileiro é cultura. O negro tem que ler, tem que tomar conhecimento de uma série de coisas, e então vai saber que não é obrigado a conviver com a humilhação. A mim ninguém humilha mais, eu não baixo a cabeça. O negro precisa acabar com isso, e o que acaba com isso é a cultura, é a consciência do valor que cada um tem como pessoa acima de tudo. É preciso que o negro saiba direito quem somos, quem são os nossos heróis. Enfim, o negro precisa escrever sobre o negro, e ser lido. Lido por todos, independentemente da cor, porque nessa matéria todos temos muito a aprender.

Zezé Motta
Atriz

> "Eu não tinha dinheiro nem para pegar um
> táxi e queria fazer plástica na bunda..."

Nasci numa usina de cana-de-açúcar, a usina Barcellos, em Campos de Goytacazes, interior do estado do Rio de Janeiro. Meu parto foi feito por minha avó materna, como era comum naquela época. Estou falando de 1944; minha mãe devia estar com 21 anos e já havia tido um filho. A casa do meu avô era enorme, devia ter uns vinte ou trinta quartos, pelo menos na minha imaginação infantil.

Vivi pouco tempo em Campos porque meus pais tinham ambição de melhorar de vida e vieram para o Rio de Janeiro quando eu tinha uns três anos de idade. Fomos morar no morro do Pavão/Pavãozinho, em Copacabana, e minha mãe, que era costureira, ia trabalhar nas casas das freguesas. Viemos com uma carta de recomendação dos donos da usina, que eram amigos da família de Getúlio Vargas e de várias pessoas da sociedade, como Carmem Mayrink Veiga e outras.

Fui estudar no Asilo Espírita João Evangelista, um colégio kardecista que, em princípio, era para órfãos, mas meu pai além de kardecista era do Partido Comunista e conseguiu com um pistolão que eu fosse matriculada. Foi um período em que sofri muito, não por causa do colégio ou da convivência com professores e colegas, mas é que eu sentia demais a ausência da minha família.

A maioria das crianças era negra, como eu. Algumas mais escuras, outras mais claras, mas todas carentes. Algumas inspetoras eram intragáveis.

Humilhavam a gente, se irritavam com facilidade, não tinham nenhum traquejo para tratar com crianças. Há pouco tempo recebi o recado de uma delas, por sinal a pior de todas, para visitá-la no asilo das velhinhas. Fiquei triste comigo mesma, não sou de guardar mágoa de ninguém, mas não tive coragem de ir.

Se eu não tivesse uma proteção espiritual, poderia ter pirado ou feito uma besteira qualquer. Essa senhora a quem me refiro fazia uma verdadeira tortura comigo. Dizia que eu estava ali de enxerida, porque eu não era órfã, sinal que minha mãe me detestava, que me deixava lá para ir para a farra, que devia ter arrependimento por ter me tido, e por aí afora. Ela perturbava tanto minha cabeça, que quando saí do colégio passei muito tempo recusando o carinho de minha mãe. Hoje a situação melhorou muito lá, tem até psicólogo.

A esta altura eu fui estudar no ginásio da Cruzada de São Sebastião, aquele conjunto habitacional entre o Leblon e a Lagoa Rodrigo de Freitas, que Dom Helder Câmara criou para abrigar o pessoal que tinha saído da favela da Praia do Pinto. Essa favela tinha sido incendiada, segundo muitas opiniões, criminosamente pelo governo da cidade, para limpar aquela área nobre. Uma espécie de limpeza étnica.

Devo muito a Dom Helder, que, infelizmente não tive a alegria de conhecer. Ele já tinha ido para Recife quando comecei a estudar lá. Mas foi aí que eu saquei que alguma coisa estava errada. Ele era uma pessoa do bem, preocupada em proporcionar melhora na vida alheia, por meio do estudo e do trabalho. Era perseguido pelo governo militar, era chamado de padre vermelho, ou seja, comunista, e foi banido do Rio, cidade que ele adorava e onde criou o Banco da Providência, que até hoje ajuda tanta gente. E isso nos atingia diretamente, a nós negros, sempre os mais pobres entre os pobres. Alguma coisa estava errada.

Nesse colégio eu ganhei uma bolsa de estudos para fazer um curso de teatro no Tablado, da Maria Clara Machado, e um novo mundo se abriu diante de mim. Realmente foi um encontro com a minha vocação.

Nós estávamos morando no Leblon, a duas quadras da praia, e a feira semanal era na frente da nossa casa. Eu era encarregada de fazer as compras e não raras vezes vinha uma madame e me perguntava: "Você não está precisando de emprego, não? Tem alguma colega que esteja desempregada? Estou precisando de uma babá." Eu queria engrossar, mas achava que não devia. Só dizia secamente que não. Mas ficava pensando: "Vê se pode, eu me formando em contabilidade, fazendo um curso de teatro e a perua querendo me dar emprego na casa dela." É claro que aquilo me fazia mal, muito mal.

Não demorou muito e me tornei profissional. Foram muitas as emoções, como diria Roberto Carlos. Uma das mais marcantes foi a montagem de *Roda viva*, peça de Chico Buarque de Holanda, que deu a maior confusão. Estávamos num momento muito delicado politicamente. A repressão andava solta e o espetáculo era chamado de "comunista" por certo veículo da imprensa e pelos militares. A direção do Zé Celso era exemplar, o elenco à certa altura descia pela plateia gritando: "abaixo a ditadura! Abaixo a ditadura!" Tremenda ousadia.

Participei de muitas montagens do Teatro de Arena e até viajamos para os Estados Unidos com *Arena conta zumbi* e *Arena conta Bolívar*, o que foi uma experiência inesquecível, porque desconstruiu o processo de embranquecimento pelo qual eu passei durante parte da minha adolescência.

Pelo fato de residir a duas quadras da praia, e, além disso, num edifício onde moravam pouquíssimos negros, a minha turma da praia e de saída para as festinhas era toda branca. E por isso vez por outra eu ouvia o comentário: "Seu cabelo é ruim, sua bunda é grande, seu nariz é chato." Era meio que na brincadeira, mas diziam, e isso fazia com que eu passasse a me achar feia, porque fora do padrão vigente. Pensei em até fazer plástica no nariz. Eu chegava a ponto de ter realmente implicância com o tamanho da minha bunda, vivia perguntando se existia plástica para bunda.

Eu não tinha nem dinheiro para pegar um táxi e queria fazer plástica na bunda...

Quando chegamos a Nova York, a nossa programação era fazer um espetáculo num teatro do Harlem. O Augusto Boal era enturmado com o pessoal de lá, e as providências tinham sido tomadas. Na época eu usava uma peruca chanel. Quero frisar que não tinha nada contra quem alisava o cabelo, mas era o auge do movimento *black power*, e eu, além de passar pasta no cabelo, ainda colocava a tal peruca. Era uma questão estética, não parecer tão negra. Quando chegamos ao teatro para reconhecer o palco, tinha um grupo de jovens treinando arte marcial. Eles nem se importaram com a gente. Quando terminamos o reconhecimento, os diretores vieram falar conosco e um deles perguntou ao Boal se eu fazia parte do elenco, porque era boa atriz mesmo. Boal imediatamente disse que sim e que eu era coerente com a proposta do espetáculo. Ele aí perguntou: "Então por que essa peruca horrorosa?"

Eu me toquei. Quando cheguei ao hotel arranquei a peruca, tomei um banho que para mim foi como um batismo. Ainda hoje não tenho nada contra negro que alisa o cabelo, desde que ele seja consciente de sua negritude. Comigo era um caso de negação, uma tentativa de esconder o óbvio.

Quando contei o episódio para um jornalista aqui no Rio, ele foi logo dizendo: "É o imperialismo ditando normas." Ele achava que eu não precisava ter ido aos Estados Unidos para fazer aquele batismo. Mas eu acho que cada um tem o seu processo.

Já de volta ao Brasil, fui procurar trabalho na TV Tupi de São Paulo, onde eu já havia participado da novela *Beto Rockefeller*, que todos se lembram do sucesso que foi. Encontrei uma colega nos corredores que ao me ver disse logo: "Que sucesso! Eu vi no jornal que você foi para os Estados Unidos, e aí? O que é que você manda?" Respondi que estava procurando emprego, que a temporada nos States tinha sido ótima, mas que a vida continua. E ela me respondeu: "Ah, fica tranquila, vai ter sim, eles estão começando duas novelas, não é possível que não tenha um papel de empregada." Lembrei da mulher na feira do Leblon.

Ralei muito interpretando papéis dos quais eu discordava. No teatro e no cinema. Até que chegou o momento de *Chica da Silva*, convite do Cacá Dieges que eu aceitei correndo. O filme foi o divisor de águas na minha vida. O sucesso foi absoluto e a confusão também. Chica e Zezé passaram a ser uma só pessoa. Principalmente no imaginário masculino. Foi complicado arranjar namorado, porque eles viam em mim a fogosa, sensual, voraz Chica da Silva. Sem falar que na rua era assim que me chamavam.

Uma vantagem consegui, sem dúvida, que foi mostrar para o público e para a crítica que uma atriz negra podia ser protagonista. Havia muitas restrições e descrédito. Os diretores de novela justificavam a ausência de atores negros com a desculpa de que eram muito ruins, tirando alguns poucos como Ruth de Souza, Milton Gonçalves, Chica Xavier, Lea Garcia, Jacira Silva e, claro, Grande Otelo.

Foi por isso que, com a ajuda de Jacques d'Adesky, na época meu marido, e Michael Turner, diretor da Fundação Ford, e alguns amigos, fundei o CIDAN (Centro de Informação e Documentação do Artista Negro), um banco de dados com informações sobre atores negros, para municiar produções de televisão, teatro, cinema, publicidade etc. Está indo de vento em popa, e provando que, se derem chance, os talentos aparecem. A continuidade do trabalho é que dá experiência e capacitação.

Eu sou filha de Oxum com Iansã, e dizem que tem um Xangô de cabeça que é o meu lado independente. Agora, na verdade, eu me sinto mais Oxum do que Iansã. Eu dizia antigamente que a minha Iansã só se manifestava de seis em seis meses, porque eu só viro a mesa de seis em seis meses. Mas eu acho que agora a minha Iansã está ocupando mais espaço, o que é bom, porque de repente, quando você é generosa demais nesse mundo violento, as pessoas te interpretam mal. O bonzinho virou uma coisa pejorativa; uma pessoa bondosa, generosa, é tomada como uma boba.

Então eu estou achando ótimo que Iansã pinte mais no pedaço. Baixa de 15 em 15 dias e eu quero mais é curtir ela. Êparrei!!!

Nilo Gomes de Mattos
Engenheiro

"Não tenho nenhum tipo de complexo."

Às cinco horas da manhã, em ponto, soldados da Polícia Militar fizeram o toque de alvorada na porta da nossa casa, no Cachambi. Meu pai havia sido promovido ao posto de major e aquela era a primeira de uma série de homenagens que ele receberia ao longo daquele dia 30 de setembro de 1939. Para comemorar houve uma recepção que se transformou numa grande festa, e apesar da minha pouca idade na ocasião, eu me lembro perfeitamente que foi muita gente importante, até um general do Exército. O que me fez ficar muito impressionado. Naquela época não era fácil você encontrar um general do Exército, como encontra hoje, era uma coisa dificílima, e ainda mais na casa de um capitão que foi promovido a major. Era para a gente se orgulhar do pai que tinha.

Em determinado momento, eu fui apanhar uma cerveja, para alguém que tinha me pedido, num tanque do lado de fora da casa e um cidadão, de quem eu nunca soube o nome, chegou para mim e disse:

— Menino, todos nós quando somos crianças, estudantes, procuramos alguém na história pra imitar. Você não deve procurar ninguém, procure imitar seu pai.

No dia 21 de maio de 1969 falecia o marechal João Batista de Mattos, até o presente momento o único marechal negro do Exército brasileiro, hoje nome de escola e de rua. Meu pai.

Éramos sete filhos, mas todos estudamos sempre nos melhores colégios, apesar do modesto soldo do capitão Mattos naquela época, em 1937.

Não deixava de ser uma proeza para gente pobre — como é até hoje — colocar os filhos em colégio particular, especialmente na Tijuca, bairro então ultra-aristocrático, cheio de palacetes e estabelecimentos de ensino que só os ricos podiam frequentar. Mas nós estávamos lá. Quando fui matriculado com mais dois irmãos, no colégio São José, éramos os únicos negros de 1.200 alunos. Logo, uma referência fácil... Para começar, ganhamos imediatamente um apelido, melhor dizendo, cada um de nós ganhou o seu apelido: Miquimba, Miquimbinho e Miquimbão. A gente ia levando, não demonstrava ficar ofendido, se bem que doía um pouco, mas engolia em seco. Quando eu estava no quarto ano ginasial, numa aula de Química, o professor estava falando sobre o cloro e suas características principais, e quando ele disse que o cloro era descorante, um colega levantou-se e perguntou:

— Professor, o cloro descora a pele?

Evidentemente que era uma piada para mim. Houve aquele sorriso na sala e eu fiz que não entendi. O tempo passou e esse rapaz hoje se diz meu amigo. Mas que marcou, marcou.

Ele não impunha, mas a gente notava que meu pai gostaria que um dos filhos seguisse a carreira militar, e como, modéstia à parte, eu era tido como o mais estudioso, seria o mais indicado. Porém, aos 15 anos, eu tinha 1,59 metro e pesava 44,5 quilos, quando deveria ter 1,60 metro e pesar entre 45 e 75 quilos, segundo as exigências da época. E mais, ao fazer exame para o Colégio Militar descobriram que eu era míope. Fui então prestar exame intelectual para a Escola Preparatória de Cadetes em São Paulo. Por uma questão de formação meu pai nunca pedia nada, nunca intervinha para facilitar nada. Fiz tudo por iniciativa própria. Pois bem, em São Paulo tive que fazer novo exame médico e, mais uma vez, levei pau. Adeus carreira militar.

O meu curso científico eu terminei em Aracaju, onde papai, que então era tenente-coronel, servia. Geralmente nós ficávamos morando no Rio quando ele era destacado para servir em outros estados, mas nesta ocasião a família tinha se mudado toda para Sergipe, com exceção de uma das minhas irmãs, que ficou com a minha avó morando em nossa casa do

Cachambi. Eu já havia tomado a decisão de estudar engenharia. Mesmo que eu tivesse passado no Colégio Militar, queria ser da arma da engenharia. E como eu era bom aluno de matemática, papai disse:

— Você vai estudar na melhor escola de engenharia que existe no Brasil, que é a Escola de Ouro Preto.

Fiz a inscrição pelo correio, mandei toda a minha documentação e cheguei em Ouro Preto num sábado, para prestar exame na segunda-feira. No domingo eu já estava arrependido e queria voltar. No contato com os outros candidatos senti que eles estavam preparadíssimos, não tinha um que não estivesse já há algum tempo na cidade, se preparando. Por assim dizer eu era o único recém-chegado, além de ser também o único negro. A propósito, até aquela data a Escola de Engenharia de Ouro Preto nunca tinha formado um negro, e, durante todo o período do curso, eu continuei sendo o único da escola.

O ambiente era muito simpático. Quando fui à secretaria cumprir uma última exigência, as funcionárias, gentilíssimas, me desejaram felicidades, boa sorte etc. Tranquei-me o domingo inteirinho no quarto do hotel, enfiei a cara nos livros e parti, segunda-feira, para conseguir uma das quarenta vagas disponíveis. Éramos oitenta candidatos. Quando veio o resultado, 25 tinham passado, e o meu nome figurava no décimo quinto lugar.

Inicialmente morei numa república de militares a convite de uns amigos do meu pai, mas dois meses depois já estava mesmo era numa república de estudantes, onde me dei muito bem e fiz amigos definitivos. Foi um período magnífico, durante os seis anos do curso a gente vivia como uma grande família, professores e alunos. A escola estava sempre aberta, mesmo aos domingos a gente podia frequentar os laboratórios, a biblioteca, e tirar dúvida com os mestres: do primeiro ao sexto ano havia 120 alunos e todos se davam magnificamente bem, ajudávamos uns aos outros, e o nosso maior desejo, ao sairmos formados, era trabalhar onde estivesse um ex-aluno, pois tínhamos certeza que ele nos orientaria, não havia competição, como não há até hoje. Um protege o outro.

A minha turma é de 1950. Ao sair da escola, todos estávamos empregados no Conselho Nacional do Petróleo, porque a Petrobras ainda não existia. Eu queria trabalhar na prefeitura do Rio de Janeiro, onde o ordenado para engenheiro era muito melhor, mas era preciso pistolão e eu sabia que papai não iria pedir para mim. Era de sua formação, como já disse. Comentei o caso com minha mãe, dona Olga, só por comentar, sem insinuar nada. Passaram-se alguns meses, e, como eu não conseguia o que estava pretendendo, resolvi um dia ir com um colega do Ceará para aceitar o emprego de 4.300 cruzeiros do CNP. Nesse mesmo dia recebi um aviso do meu pai de que eu tinha sido nomeado para a prefeitura. Destacaram-me para o Departamento de Edificações, onde cheguei a ocupar o cargo de diretor por indicação do secretário de Obras, Enaldo Cravo Peixoto, e nomeação do governador Carlos Lacerda, isto em 1962. O pessoal achava que eu era muito duro com os funcionários, os empresários, os construtores, mas na verdade eu apenas fazia cumprir a legislação. Não podia facilitar, mesmo porque a minha posição incomodava a muita gente, mas até hoje todos os meus ex-subordinados são meus amigos. Só mais tarde é que eu vim a saber que o meu apelido no Departamento era Lumumba.

Depois do governo Carlos Lacerda, fui convidado pelo governador Negrão de Lima para ocupar o cargo de diretor de um setor do Departamento de Orientação e Controle da Superintendência de Transportes. Dali, recebi um convite para dirigir uma divisão do Banco Nacional da Habitação, e depois que eu aprendi bem o Sistema Financeiro da Habitação viajei por todas as capitais do Norte/Nordeste implantando o Programa Mercado de Hipoteca. O resultado foi de tal maneira positivo que, quando terminei a tarefa, o presidente do Banco, dr. Mário Trindade, me nomeou para subgerente de uma carteira do Banco. Do BNH, atendendo a um convite do então governador do estado do Rio de Janeiro, dr. Jeremias Matos Fontes, fui organizar a empresa Coded Imobiliária, que dois anos depois ganhou o título de melhor sociedade de crédito imobiliário do Sistema Financeiro da Habitação.

Voltei a dirigir o Departamento de Edificações durante o primeiro mandato do governador Chagas Freitas, a convite do secretário de Obras, Emilio Ibrahim, que eu conheci nos tempos de Ouro Preto — ele estudava em Mariana, que é pertíssimo, e fizemos uma boa amizade. Fiquei seis meses no cargo e depois o governador me nomeou para diretor da Cooperativa da Habitação — a Cohab —, e lá fiquei até o termino do seu período. Atualmente, no segundo mandato do dr. Chagas Freitas, estou exercendo as funções de assessor do dr. Emilio Ibrahim, que voltou a ocupar o cargo de secretário de Obras, e isto me distingue sobremaneira.

Desde 1951 que estou na prefeitura do Rio de Janeiro, ocupando cargos diversos em governos diversos e sempre gozando do maior prestígio profissional e da consideração dos meus chefes e dos meus subordinados, mas devo dizer que um engenheiro negro ainda causa admiração. Certa vez, num coquetel realizado no Iate Clube do Rio de Janeiro, por ocasião de um congresso de pontes e estruturas, muitos brasileiros vinham falar comigo e a Glorinha, minha mulher, em inglês, crentes que nós éramos estrangeiros. Outra coisa também é sobre a história sempre corrente de porteiros que mandam os negros entrarem pela porta de serviço do edifício, mesmo quando em visita. Para evitar este tipo de mal-estar, quando vou visitar um amigo meu, eu chego e vou direto ao porteiro e demonstro logo intimidade com o morador:

— O apartamento do João é o 301, não é?

Pode ser uma defesa prévia, mas pelo menos me asseguro de que não vou me aborrecer. Esta sensação eu não tive, por exemplo, em Portugal, onde estive fazendo um estágio de mecânica do solo e fundações no Laboratório Nacional de Lisboa, nem nos Estados Unidos, onde também estive fazendo um curso específico na Universidade de Austin, no Texas. No meu país é que eu preciso ter esse tipo de cuidado...

Não tenho nenhum tipo de complexo. Nem eu, nem a Glorinha, que é professora, nem meus filhos Sérgio Luis — formado em economia — e Paulo César, que estuda administração na Fundação Getulio Vargas. Quando cismo, vou com minha mulher a restaurantes classe A da Zona Sul, sem nenhuma preocupação ou terror. Só lamento que outros negros que têm poder aquisitivo não frequentem estes lugares com a naturalidade que você vê em outras partes do mundo. É preciso habituar o pessoal a conviver com negros também nestes ambientes.

Um domingo eu estava no Maracanã e antes do jogo principal a Polícia Militar fez uma exibição de cães amestrados. Pelo microfone um locutor ia descrevendo as habilidades e proezas dos cães, que saltavam obstáculos, obedeciam ordem de comando, fingiam de morto, essas coisas. Em determinado momento a voz anunciou:

— Agora vai entrar um ladrão!

E entrou um soldado todo pintado de preto...

NILCEMAR NOGUEIRA
Promotora cultural e professora

> "Foi a primeira vez que minha fotografia saiu num jornal, eu tinha 17 anos. Foi na primeira página e eu estava de biquíni. É mole?"

A primeira faculdade em que eu me formei foi a UniRio, e quando saí fui me candidatar a uma vaga no hospital do INPS de Ipanema. Como de praxe, fui entrevistada e havia uma outra candidata para o lugar. Era uma moça loura. Adivinha quem foi aprovada? A loura, claro. Como consolo, ouvi do encarregado pela seleção:

— Você foi muito bem, a próxima vaga é sua.

Acontece que a moça estava grávida e teve que se afastar alguns meses depois. Fui chamada, aceitei, e apliquei todos os meus conhecimentos adquiridos numa empresa particular onde fui nutricionista. Em um ano era gerente da unidade de produção, em dois era gerente do hospital e em 15 fui gerente geral. Considerada e respeitada. E lá fiquei até o dia em que resolvi sair e ir trabalhar no Museu da Imagem e do Som, em 2001.

Meu pai era de Campos, Nilton Nogueira, alfaiate, e minha mãe, Glória Regina do Nascimento Nogueira, costureira. Durante boa parte de suas vidas, os dois foram funcionários públicos. Nasci no bairro de Botafogo, mas passei a infância em Olaria e sempre estudei em colégios públicos. Com 14 anos tive um baque, passei por uma experiência pela qual nunca pensei que passaria, e a recuperação tardou bastante: meu pai se suicidou.

Foi a partir daí que eu, minha mãe e meu irmão Pedro Paulo passamos a morar na Mangueira com meus avós Eusébia da Silva Oliveira, que se celebrizou como Dona Zica, e Angenor de Oliveira, que o mundo conhece como Cartola. Aquele morro para mim foi uma grande revelação, balizou minha vida, abriu uma enorme perspectiva e me posicionou em relação à vida comunitária e aos valores da criação e da preservação da nossa verdade cultural.

Ao contrário do meu pai, que não deixava a gente frequentar escola de samba, e achava que não era lugar para a gente, a minha avó incentivava e nos mostrava a importância da escola, suas festas e seus símbolos. Meu irmão com 15 anos começou a sair na bateria e meu primeiro desfile foi no enredo "Imagens Poéticas", de Jorge de Lima, na comissão de frente que representava as musas do poeta.

A agitação era por conta da minha avó, que sempre descobria um motivo para festa, que, em geral, era feita em torno de um almoço caprichadíssimo, para o qual não faltavam convidados. A cumplicidade entre ela e Dona Neuma — (filha de Saturnino Gonçalves, fundador da Mangueira) amizade que durou a vida inteira — era total. As filhas dela e eu parecíamos todas irmãs.

Enquanto isso meu avô Cartola era de uma calma só. Sempre na dele. Falava pouco e tinha até um ar enigmático. Quando o auê da criançada era muito grande, Zica estava sempre atenta e dava logo um basta:

— Ah, vocês não vão fazer bagunça, o Cartola está compondo.

Mas entre ele e eu havia uma grande sintonia. Fui tendo uma grande paixão por ele e ele por mim. Na verdade fui assumindo um papel importante na vida deles. Mais do que meu irmão. Eu estudava muito, e não era só no colégio. Fazia curso de datilografia, estudava inglês na Cultura Inglesa, não tinha moleza. Por sua vez, minha avó não perdia oportunidade de me empurrar. Quando visitantes ilustres iam à escola ela logo dizia:

— Bota a Nilcemar pra receber as pessoas.

Teve um concurso intitulado Bonequinha de Café, que era organizado por um fotógrafo muito conhecido chamado J. Brito, e quando me dei conta já estava inscrita por Dona Zica. E lá fui eu. Felizmente não fiz vergonha, consegui o segundo lugar. Foi a primeira vez que minha fotografia saiu no jornal, eu tinha 17 anos. Foi na primeira página e eu estava de biquíni, é mole?

Já que mencionei o J. Brito, deixa eu dizer umas coisinhas sobre o trabalho dele. Além de sempre estar nas quadras das escolas, registrando os ensaios, nos desfiles, fotografando componentes anônimos, ele prestigiava a mulher negra promovendo concursos e festas comemorativas. Através dos seus trabalhos a autoestima da jovem negra desenvolveu-se, e muito.

Voltando à relação com meu avô, a partir de certo momento eu tomava conta da agenda dele, catalogava suas obras e organizava o arquivo. Muitas vezes ele estava compondo com parceiros e para não parar ele, que me chamava de Mazinha, dizia:

— Senta aqui, Mazinha, e vai escrevendo.

E eu ficava ali, colada, presenciando o momento da criação de muitas que depois seriam suas obras-primas. O Dalmo Castelo e o Roberto Nascimento me chamavam de escriba.

Para mim foi uma experiência incrível. Contemplar a feitura de músicas cheias de sensibilidade e emoção e com a marca de Cartola. Convenhamos que não é para qualquer um. Além do mais, a minha percepção das coisas da vida foi tomando outra perspectiva. A relação dos meus pais era muito conturbada. Minha mãe era muito acomodada e meu pai era uma pessoa insatisfeita com o que tinha conquistado na vida, melhor diria, com o que *não* tinha conquistado na vida. Tanto que fez o gesto extremo.

Minha avó Zica era muito diferente. Um exemplo de pessoa que sofreu, que lutou, que superou, que venceu e era feliz. Quanto ao meu avô, não vou dizer que não sofreu, mas jamais se abateu, nunca se reportou ao seu sofrimento com autopiedade. Teve momentos difíceis na sua vida pessoal e no processo da construção da Mangueira. Havia uma certa dificuldade de relacionamento com os iguais, porque, afinal, a vida dele foi tomando um outro rumo, ultrapassando barreiras e ganhando outros espaços. O mito começava a ser construído e isso abria um distanciamento que ele não queria. Ao mesmo tempo, ele sabia o valor do que estava produzindo, tinha consciência da qualidade do que fazia.

Acho que foi por isso que decidiu se mudar para Jacarepaguá. Na Mangueira ele tinha virado atração turística. Eu já tinha completado 18 anos e ele um dia me chamou e disse:

— Se você quiser pode ir, mas se não quiser também, tudo bem. Mas na casa que eu comprei tem um quarto pra você.

Quando fomos ver a casa, amei. Eu não teria coragem de deixá-los. Eu estava cuidando da vida profissional do meu avô e o amor e a gratidão eram muito grandes. A minha avó já era a pessoa mais importante da minha vida, era o ar que eu respirava. Aí decidi, fui morar com eles.

Com a morte do meu avô, em 1980, eu assumi de fato o papel de gestora de todo o legado que ele deixou e me confiou. Voltamos para o Morro da Mangueira e o envolvimento da Zica com a escola foi sendo cada vez maior, enquanto eu também fui sendo envolvida. Naquela época se fazia muito show em navio, e sempre sobrava pra mim. Minha avó dizia logo:

— Tem que apresentar o show em inglês? Chama minha neta que ela troca língua com eles.

Eu virei intérprete oficial da Mangueira. Intérprete não no canto, mas, como dizia minha avó, na "trocação" de língua com os gringos.

Passei a sair na ala dos hippies, do Paulo Ramos e do Lilico. Depois fui para a ala Moana com o Paulo Ramos, mas era muita bagunça. Foi quando, com a Solange Nazareth, irmã da cantora Alcione, fundei a ala Acuã, nome de uma ave maranhense. Era um show na avenida. No ano do enredo em homenagem ao poeta Drummond saímos de Charles Chaplin. Não há quem não se lembre da beleza que foi.

Aí começou minha carreira como dirigente. Fui convidada para assumir um posto no departamento feminino, e a ciumeira também começou. Minha avó e Dona Neuma eram duas lideranças muito fortes, e nasceu um desconforto com uma das filhas dela. Sempre me pareceu muito esquisito, afinal, a escola é uma só, mas que fazer? Houve um ano em que nem saí na Mangueira, desfilei na Unidos do Cabuçu, a convite da presidente Terezinha Monte. Eu e a minha ala.

No ano seguinte voltei depois da eleição que elegeu o Roberto Firmino, que, num gesto audacioso, me convidou para ser diretora de harmonia, e no lugar do Xangô, um dos maiores diretores de todos os tempos. Graças a Deus houve uma composição e deu tudo certo.

Passei por vários cargos, sempre na área cultural e feminina. Consegui reeditar, com a ajuda da Marília Barbosa da Silva e do Arthur de Oliveira Lima, o jornal *A Voz do Morro*, cuja primeira edição foi em 1935 e que estava desativado. Acreditávamos que era indispensável ter uma publicação que não só restabelecesse o passado através das figuras históricas, mas que também testemunhasse o presente e plantasse as sementes do futuro.

Nisso tudo, ao mesmo tempo, a minha vida pessoal seguia o rumo que eu ia ditando. Continuei estudando, fiz duas faculdades, duas pós-graduações e um mestrado, quando comecei a traçar um paralelo com todo o lado político-social e o nosso processo civilizatório. Adquiri um novo olhar sobre muitas coisas, pessoas e fatos. Aí vi que a luta não era só minha e da Mangueira. Era também do Império Serrano, da Portela, do Salgueiro e de tantas outras escolas. O poder estava fugindo de nossas mãos, havia um componente racial nesta luta. Caramba, pensei eu, é complicado ser negro, ser sambista, é muita luta. E ainda por cima se você não for limpador de chão, empregada doméstica, lavadeira, e além do mais mulher. É muita luta.

Eis por que batalhei para criar o Centro Cultural Cartola. É um caminho para a gente trabalhar as ações por meio da arte, fazendo com que as pessoas percebam toda a qualidade, toda a riqueza da exposição que é a nossa identidade, que não é minha, não é sua, é do Brasil.

Quando eu fui trabalhar no Museu da Imagem e do Som, desenvolvi conhecimentos em outras áreas como museologia, técnica de acervo e gestão administrativa. Lá conheci também o racismo institucional, do qual já tinha ouvido falar mas não sabia como era. Quando fui convidada pelo secretário de Cultura, Noca da Portela, para ser presidente da instituição, não me intimidei, senti que poderia tentar uma mudança de forma e de conceito, e tentar colocar em prática o que vinha sonhando havia muito tempo. Criei um modelo de gestão e gerei resultados efetivos, incrementos no aparelho, mudança da política pública de governo em relação ao próprio aparelho cultural, quer dizer, a programação atingia todas as camadas sociais, todos os segmentos e faixas etárias. Foi uma proposta diversificada, ousada até para o corpo de funcionários.

Custou caro, teve um preço, não faltou quem do núcleo que sempre fica fechado dissesse: Êpa, essa pessoinha pode constituir uma ameaça. Mas a dinâmica é igual à do samba, ele é invadido, tomado, mas segue o seu curso como um rio. Procura outro caminho, e lá vem ele de novo.

Hoje em dia o Centro Cultural Cartola é minha trincheira, meu instrumento de luta. São 7 mil metros quadrados de área, povoados pelos nossos sonhos, de criar mecanismos para que as crianças do morro e da vizinhança possam descobrir através das várias atividades — uma orquestra de violinos, por exemplo — que elas não estão destinadas nem à pobreza, nem à marginalidade.

Luiz de Freitas
Estilista de moda

> "Acho que nunca sofri demonstrações de preconceito racial, porque o meu trabalho sempre foi na frente."

Fernando Gabeira ficou muito impressionado. No dia em que ele me conheceu, disse:

— Mas é uma maravilha, Luiz. Você brilhando na sua profissão, brilhando num país difícil como este, vencendo todas as barreiras, e ainda por cima preto. Isso é sensacional!

Não pude deixar de concordar, porque não esqueço o que custou. Com certeza foi de forma inconsciente, sem medir a real extensão do que eu estava me propondo e do caminho que eu queria abrir para mim mesmo, mas querer ter a profissão de criador de moda, sendo pobre e preto, é uma audácia das grandes numa sociedade como a nossa.

Garrincha e eu temos uma coisa em comum: Pau Grande. Foi nesta cidade que nós nascemos. Aliás, sempre que nos encontramos, ele me pergunta se eu me lembro que ele me carregou no colo. E eu sempre respondo que se eu era um bebê de colo, como é que iria me lembrar?

Fiquei órfão de pai quando era muito criança, tinha um ano e sete meses, e foi minha avó materna quem me criou. Não só me criou como apostou em mim. Toda a minha família, como de resto a população de Pau Grande, trabalhava na América Fabril, fábrica de tecelagem. Meus tios eram tecelões, minha mãe era espuladeira — que faz o fio para fabricar o tecido —, meu avô era técnico em fiação, meus primos tinham ocupações diversas, enfim, nasci também com o meu destino traçado: ser tecelão. O sonho da classe operária que eu conheci era este, quando a criança atingia os 14 anos de idade, o presente que recebia era um emprego na fábrica, para contribuir com a renda mensal da família. Minha avó, porém, pensava diferente. Era uma mulher muito dinâmica e arrojada. Analfabeta completamente, mal sabendo desenhar o nome, Maria dos Santos Pereira Gávea, ela possuía, no entanto, uma visão do futuro realmente extraordinária. Sentia que eu seria a esperança social da família, e queria que eu me formasse em medicina.

— Bom, Luiz, se algum dia a gente conseguir te formar em médico, teremos uma grande missão a cumprir. Você vai me ajudar a cuidar de um orfanato que nós vamos abrir.

Vovó era muito preocupada com o menor abandonado, o órfão carente, talvez até como reflexo da nossa situação. Se não fosse por ela, eu e minha irmã não sei que futuro teríamos. O que eu sei é que minha avó, provavelmente porque eu fui o primeiro neto, estabeleceu um sistema de cotização entre os meus tios para financiar os meus estudos, porque, como ainda hoje acontece, pobre tinha que pagar colégio, nos estabelecimentos gratuitos entravam os mais abonados, os que tinham conhecimento e pistolão.

Fui estudar no colégio Werneck, em Petrópolis, que na época estava muito em moda para os filhos de pais desquitados. Tinha aluno de Goiás, Santa Catarina, Pará, Amazonas; era um internato, mas eu estava em regime de semi-internato. Então convivi com duas realidades: no colégio eu tomava conhecimento e participava de um mundo que tinha outros problemas e outras ansiedades que não as minhas; quando voltava para casa, era devolvido ao meu mundo, aquele que eu conhecia desde que abrira os olhos. Eu não tinha nenhuma hostilidade contra o ambiente colegial, e sentia que também não era hostilizado nem discriminado, o que eu sentia mesmo era a diferença de nível social e econômico, o que eu tentava compensar com a minha sensibilidade artística. Desde o primário que eu era tido como menino-prodígio. Se alguém tinha que cantar, era eu. Se a professora precisava de alguém para dançar, era eu. No Dia da Bandeira, a declamação era comigo. Enfim, sem saber a que atribuir tudo isto, na verdade eu tinha, e as pessoas sentiam, uma tendência especial para tudo que se relacionasse com arte e bom gosto.

Nós tínhamos uma vizinha cuja casa a gente — eu e minha irmã — frequentava, porque tinha uma garotada da nossa idade e a gente ia jogar baralho. Ela era costureira, e, entre uma jogada e outra, eu ficava observando como ela trabalhava riscando o papel com aquela régua torta, marcando com lápis etc. Ficava fascinado com aquelas linhas, pareciam aos meus olhos um mapa muito estranho que eu, mesmo sem entender, ia retendo na memória involuntariamente. Um dia, como estava chovendo sem parar, a minha avó não deixou que a gente saísse de casa, aí eu peguei um jornal, uma régua e um lápis e disse para mim mesmo que ia tentar fazer um molde como aqueles que a Teresa — a nossa vizinha — fazia. Meti a mão na massa e, quando terminei, esperei a chuva passar levei para ela ver. Ela pegou, olhou e, com muito espanto, me disse:

— Pode pegar o pano e cortar, porque está tudo certo.

— Então vou fazer um vestido para minha irmã.

Pelo que eu conhecia do ambiente em que a gente vivia, se um garoto da minha idade chegasse para a mãe ou para a avó e dissesse que ia fazer um vestido para a irmã, a porrada comia solta. Mas vovó foi genial: como os operários podiam tirar parte do salário em tecido, lá em casa tinha muito pano, então ela foi ao armário, apanhou uma opala branca e me deu. Eu preparei o molde, cortei, fui para a máquina e, como se tivesse sempre feito aquilo, fui costurando sem o menor problema. Não quebrei a agulha, a máquina não costurou para trás, fui pedalando e fazendo brotar das minhas mãos um vestido que a minha irmã estreou no sábado para ir ao catecismo. Foi o primeiro modelo com a grife Luiz de Freitas.

No entanto eu sabia que estava muito limitado. Meus tios jamais poderiam saber que tinham um sobrinho costureiro, na comunidade machista em que vivíamos era completamente inadmissível. Às escondidas eu continuava a me exercitar, costurando para as minhas tias, algumas vizinhas, inclusive era a forma de arranjar um dinheirinho para comprar material escolar e chegar mais ou menos ao nível dos meus colegas internos, que recebiam gordas mesadas das suas famílias. Com a morte da minha avó eu passei então a me dividir entre os estudos e a costura, porque o dinheiro começou a escassear mesmo.

Premido pelas circunstâncias, não tive outro jeito senão pedir um emprego na fábrica. A minha mãe quase pirou, não entendia por que eu, que àquela altura tinha o ginásio completo, ia trabalhar num escritório onde só tinha gente com o curso primário. E o pessoal ficava cobrando:

— Como é que pode. O seu filho estudou num ótimo colégio, vocês gastaram um dinheirão e agora ele vai trabalhar na fábrica, obedecendo ao apito e tudo mais?

Por outro lado, o pessoal que me chefiava ficava de pé atrás. Será que esse cara, só porque estudou mais, vai querer me passar para trás? Às vezes eu tinha até que me anular um pouco, não demonstrar tudo o que eu sabia, para não despertar desconfianças e crimes. A minha sorte é que foi pra lá um técnico de oficina de nome Eduardo Willetz, filho de ingleses, de quem me aproximei e fiz amizade. Consegui a minha transferência para trabalhar como secretário dele e passei a trocar as aulas de inglês que ele me dava pelos modelos de vestidos que eu fazia para a mulher dele, dona Nilse, uma moça muito fina e inteligente.

Um belo dia eu disse para mim mesmo: Pau Grande não vai dar mais para mim. Eu tenho é que baixar no Rio de Janeiro. Pedi as contas. Todo mundo pensou que eu estava louco, deixar quatro anos e meio de fábrica para tentar o desconhecido, mas resolvi enfrentar o futuro. Eu tinha que tentar a costura, estava gritando dentro de mim. Eu via o Denner na televisão aplaudido, bajulado, paparicado, e eu sonhava com aquele mundo mágico e fantástico.

Peguei um *Jornal do Brasil* e fui ler os anúncios, para ver onde eu podia mostrar os meus desenhos, mas era uma loucura. Ninguém dava crédito, não estava a fim de ver nada. Se hoje e difícil, imagine naquela época. Eu estava desempregado mesmo, então tinha que me segurar por aqui. Mas tem o seguinte, a dificuldade de quem mora perto e vem tentar o Rio é muito maior do que a do cara que mora no Piauí, por exemplo. Ele vem tentar a vida aqui, chega de pau de arara, não tem dinheiro para voltar, tem que se virar de qualquer maneira. Agora, eu não. O meu caso era diferente, eu tinha alguma informação básica, uns trocados no bolso e morava a duas horas de trem. Era só chegar em Barão de Mauá, pegar o trem da Leopoldina e voltar para casa. Então era muito difícil eu ficar para brigar, a tentação da volta era muito grande e constante. Além disso, eu tinha um princípio de educação que não se coadunava com uma certa promiscuidade que eu encontrei no Rio de Janeiro, como morar em vaga, alugar quarto de empregada de apartamento e coisas do gênero. Essa espécie de tumulto, de aglomeração no lugar de morar, isso realmente não me agradava. Daí eu ter arranjado um emprego no Rio e ir para casa todos os dias. Como o trem não passava em Pau Grande, eu tinha que saltar em Raiz da Serra e andar uns 4 quilômetros a pé até chegar em casa, o que acontecia por volta da meia-noite. Eu jantava, dormia de barriga cheia, tinha pesadelos horríveis e saía às três da manhã de casa para chegar a tempo na rua do Riachuelo, onde eu trabalhava numa firma chamada Borghoff, de peças de automóveis.

Fiquei quase três anos nesse emprego, classificando pelos e armazenando as minhas ideias de moda. Quando me sobrava um tempinho eu desenhava e às vezes até procurava uma ou outra pessoa para mostrar os meus trabalhos, como aconteceu com o figurinista Hugo Rocha que não levou nenhuma fé em mim. Disse taxativamente que eu não tinha jeito para a coisa.

Eu me sentia muito infeliz e frustrado, por isso, quando ninguém esperava, nem eu mesmo, pedi demissão da Borghoff. Eu precisava tentar, me testar, ver se a moda era realmente o meu destino. Eu tinha que me provar, passar fome se necessário.

Através de um anúncio no *Jornal do Brasil* fui até a modista Mary Galvão, que estava abrindo um ateliê em Copacabana e tinha como clientes Eliseth Cardoso, Dercy Gonçalves, Elza Soares e outras estrelas. Quando viu os meus desenhos, ela me disse que não podia me pagar muito, mas me dava casa e comida. Eu aceitei no ato. Ficava deslumbrado quando aquelas figuras que eu admirava tanto na televisão iam lá provar roupa, quase desmaiava de emoção. De repente eu comecei a sentir que estava havendo um interesse maior pela roupa pronta, entende? O dinheiro estava ficando difícil, houve a mudança da capital, os políticos estavam indo para Brasília e isso dificultava muito a vida dos figurinistas que criavam modelos para as esposas deles e para os cachos. Foi aí que eu tive um pressentimento de que a vez ia ser das butiques.

Voltei a Pau Grande para procurar uma costureira que fizesse os meus modelos e eu viria vendê-los nas butiques do Rio. Chegando lá, perguntei quem era a melhor costureira e me disseram que era uma moça que tinha vindo havia pouco do interior. Bati à porta dela, na verdade a felicidade bateu à porta, porque hoje ela é a minha sócia. Minhas primeiras amostras eu levei à butique Luanda, em Ipanema. Fiquei mais de uma hora na calçada, andando de lá para cá, sem coragem para entrar, até que decidi e na mesma hora consegui o primeiro pedido, duas dúzias de um conjuntinho caqui que eu tinha bolado. Quando saí da butique, com a encomenda que a dona Helena Rochelle — que hoje eu considero a minha madrinha artística — me fez, quase fui atropelado em plena Visconde de Pirajá, de tanta alegria. Quando eu tomei o ônibus foi que me lembrei que não tinha dinheiro para fazer os 24 conjuntos...

A partir daí comecei a limpar o terreno para mim, criando mais, ousando mais, cimentando a base para o meu nome profissional. Confesso que neste momento eu não me via como negro, só fui despertar para isto depois. Eu já tinha o problema do homossexualismo, que foi uma coisa que surgiu cedo em mim, mas que nunca me assustou nem me afastou das minhas ambições. Só constituiu um problema por causa da repressão que se fazia de forma violenta contra o fato de homem costurar, criar moda feminina, entre os machos da minha família. Eu não acho que a criação de moda dependa intrinsecamente da opção homossexual. O que me incomodava — e continua incomodando até hoje — era essa falsa premissa de que uma coisa determina a outra. Quem pensa assim comete um enorme engano.

Acho que nunca sofri demonstrações de preconceito racial, porque o meu trabalho sempre foi na frente. A maioria das pessoas antes de me conhecer, conhece as minhas criações. Hoje em dia a minha imagem é divulgada nos jornais, revistas e televisão, mas mesmo assim muita gente vai à minha loja, me vê andando pra lá e pra cá, e não sabe que eu sou o Luiz de Freitas. Nos meus desfiles eu sempre uso manequins negras e brancas, porque eu considero que a mistura se faz necessária, retrata o meu país, onde ninguém é totalmente negro, nem totalmente branco. A minha fonte de inspiração é o dia a dia, porque eu sou uma pessoa que veio do povo, que respira Brasil por todos os poros. Sempre joguei com as cores brasileiras e a maneira de harmonizá-las, nas apresentações que eu tenho feito no exterior, algumas vezes até em feiras patrocinadas pelo governo, é isto que eu mostro, sintetizando a nossa maneira especial de ser. Acho que nossa moda vai se internacionalizar à medida que ela seja regional, dando ênfase no retratar a criação popular.

Hoje, entre Rio e São Paulo, nos *showrooms*, nas lojas e na fábrica, que fica em Pau Grande, trabalham comigo cerca de 200 pessoas, que são a minha grande família. Todos estão comprometidos no mesmo objetivo.

Deixa agora eu contar um episódio muito ilustrativo: Uma noite eu resolvi jantar no Michel, que era na época um dos restaurantes mais fechados do Brasil. Convidei a negra Veluma minha amiga e um dos melhores manequins deste país, que surgiu num traje africano lindíssimo, todo branco, com um turbante chiquérrimo, era uma deusa. Chegamos, o local estava cheíssimo, fomos para a mesa que nos estava reservada e é claro que chamamos atenção. Uma senhora que estava ao nosso lado, com o marido, creio, não se conteve e começou a comentar num tom de voz bastante alto para que a gente a ouvisse:

— Você está vendo — ela dizia para o cavalheiro que a acompanhava — como é que estão os pretos nesse país? Daqui a pouco eles estão mandando na gente.

O constrangimento do cidadão era evidente, mas a senhora não se dava por achada:

— E olha como são pedantes. Estão tomando champanhe francês.

Veluma e eu continuamos conversando como se nada estivesse acontecendo, porque quando eu saio de casa é para me divertir, curtir a minha alegria, deixo todos os problemas atrás da porta e ninguém vai atrapalhar a minha noite gloriosa, onde gasto o meu rico dinheirinho suado. E contra a ignorância, o que se pode fazer?

Sou contra os movimentos separatistas, mas estou de acordo que as pessoas da minha raça têm que lutar para se impor e conquistar o lugar que merecem. Não falta valor, falta oportunidade, e essa nós temos que cavar.

Abdias Nascimento

Ex-senador, escritor, ator e artista plástico

> "O Teatro Experimental do Negro marcou a cara do Brasil."

No grupo escolar onde eu estudava, na cidade de Franca, interior de São Paulo, eu tinha confronto com alguns colegas e professores. Volta e meia minha mãe ia lá, tirar satisfações, exigir que eu fosse tratado com mais respeito e com igualdade de condições com os outros alunos. Sem dúvida, ela me iniciou na luta antirracista.

Todo fim de ano tinha uma festa em que o ponto alto era a representação de uma peça teatral. Eu estudava os textos, os poemas que eram o teste para quem queria tomar parte, mas nunca fui escolhido. Era uma frustração que eu remoía. Só me restava juntar uns colegas da rua e improvisar o "meu" teatro no quintal.

Nasci em 1914 e em 1929 estava me formando como contador. Foi uma luta árdua, meus pais não tinham posses, investiram tudo o que puderam em mim. Comecei a trabalhar muito para ajudar nas despesas de casa. Eu entregava remédios para as prostitutas dos vários bordéis da cidade. Eu tinha muita simpatia por aquelas pessoas, a maioria delas era muito bonita, mas eram mulheres discriminadas pelas famílias da cidade, era como se estivessem numa espécie de campo de leprosos: ninguém queria contato, eram repudiadas, rejeitadas, excluídas. Mas eu ia lá entregar os remédios, era minha forma de prestar solidariedade.

Depois de formado, senti que estava muito tolhido em Franca. A cidade não tinha muito a me oferecer. Foi quando decidi ir para a capital, e o caminho foi o alistamento no Exército, que dava a passagem. E lá fui eu. Me encaminharam para o segundo grupo de artilharia pesada, num subúrbio perto de Osasco. Passei a ir mais a São Paulo e, claro, fui conhecendo gente, e fiz contato com a Frente Negra Brasileira, que, naquela época, era um movimento forte. Comecei a me enturmar. O ideário da Frente era a conscientização da população negra. A minha participação, no entanto, era muito discreta, porque sendo militar eu não podia me expor. Uma noite, à paisana, claro, fui com meu amigo-irmão Sebastião Rodrigues Alves numa boate chamada Bar Majestic, e o porteiro barrou a gente. Entra, não entra, a discussão foi crescendo e desandou numa monumental pancadaria, porque apareceram uns colegas do porteiro. Nesta altura desceu um dos moradores do prédio, que era nada mais nada menos que um delegado da Ordem Política e Social, dr. Botelho, que ficou do lado dos outros. Conseguimos escapar, mas só Deus sabe como.

Dias depois, estávamos em casa — éramos cabos e podíamos dormir fora do quartel — quando apareceu uma viatura com vários soldados e nos levaram presos. Resultado: fomos expulsos como arruaceiros. Do racismo do porteiro, nem se falou.

Resolvi vir para o Rio de Janeiro. Decidi estudar economia e participar da vida política estudantil. Numa manifestação contra Getúlio Vargas — estávamos no Estado Novo —, fui preso e levado primeiro para a Delegacia de Ordem Política e Social, na rua da Relação, e depois para o quartel da Polícia Militar, na rua Frei Caneca. Lá estavam presos vários comunistas que tinham participado da Intentona de 1935, inclusive Luís Carlos Prestes, Trifino Correia e Agildo Barata.

Quando fui solto voltei correndo para São Paulo. Um colega que eu já conhecia de lá e estava na prisão comigo morava em Campinas, e foi para lá que eu me mandei. Ficar parado não dava, então resolvemos inventar um congresso. Foi o Congresso Afro-Campineiro, isto em 1938. A principal resolução do Congresso foi o juramento de ajudar a libertar a África, que naquela época estava inteiramente colonizada. Só se salvava a Abissínia, que tinha o rei Selassíe. Nossa ambição libertária não tinha limite.

Posso dizer que a minha iniciação teatral foi no presídio de Carandiru, de triste memória. Estive preso lá por conta de agitação política, e o diretor, dr. Flamínio Fávero, que era um médico famoso em São Paulo, também era pastor protestante e tinha preocupação com os presos, queria combater a ociosidade. Foi então que lhe propus ajudar no trabalho dele formando um grupo teatral, e assim foi feito. Encenamos vários espetáculos com diversas peças. A *Revista penitenciária* foi uma. Depois fizemos uma sobre José do Patrocínio e a república, que outro presidiário escreveu, e teve também um texto meu, *Zé Bacoco*. A repercussão foi muito boa, a imprensa foi convidada, pessoas do meio cultural também. Foi bonito.

Quando saí de Carandiru fiz a viagem de volta para o Rio. Encontrei o Agnaldo Camargo, advogado, que tinha estado conosco no congresso de Campinas, e perguntei-lhe então por que não formávamos um grupo teatral de negros. Assim nasceu o Teatro Experimental do Negro, em outubro de 1944. A União Nacional dos Estudantes nos cedeu algumas salas e instalamos um curso de alfabetização. O professor Ironides Rodrigues, um intelectual dos mais refinados que conheci, dava aulas. O Agnaldo também, e ao mesmo tempo ensaiávamos *Imperador Jones*, de Eugene O'Neil. Muita gente nos ajudou, mas grande parte da imprensa caiu de pau, especialmente o jornal *O Globo*. Reduto racista era o mínimo que escreviam da gente, mas fomos em frente. Quando a peça estava pronta, pedi uma audiência com o presidente Vargas e pedi uma data no Teatro Municipal. Naquela época era um tabu, artista negro não pisava naquele palco. O presidente disse que íamos apresentar *Imperador Jones* lá. Na mesma hora mandou ligar para o prefeito Henrique Dodsworth e ordenou a cessão da data.

A estreia foi um sucesso. Entre os que deram uma ajuda substancial estava o pintor Erico Bianco, o fotógrafo José Medeiros e o cenógrafo Tomás Santa Rosa. Na afinidade com a causa de combate ao racismo e a causa teatral, que era também a renovação do teatro brasileiro, estava nascendo o grupo Os Comediantes; Nelson Rodrigues despontava como o grande talento de autor que depois se confirmou; o Teatro do Estudante revelava Sergio Cardoso e Sergio Britto, entre outros — era um momento rico na cultura carioca.

Devo lembrar que até chegarmos ao momento da estreia brigamos muito. Por coincidência foi no dia 8 de maio, dia do término da Segunda Guerra Mundial, e esposas de uns generais queriam fazer uma comemoração no Teatro Municipal. Bati pé e disse que de lá não sairíamos, a menos que o presidente mandasse. E ele não mandou.

Embalado pelo sucesso e pela repercussão, começamos a ensaiar outra peça de O'Neil, *Todos os filhos de Deus têm asas*, e depois *O filho pródigo*, de Lúcio Cardoso. O Teatro Experimental do Negro marcou a cara do Brasil.

O teatro sempre foi um front, uma coisa que não era só representar, era um front de combate. Fizemos o Comitê Afro-Brasileiro, o Comitê Democrático Afro-Brasileiro, que ajudou a lutar pela anistia dos presos políticos, e a Convenção Nacional do Negro, que fez a primeira reunião em São Paulo, em 1945. E foi onde, pela primeira vez, numa proposta minha, se falou na definição do racismo como crime de lesa-humanidade, de lesa-pátria.

O Teatro Experimental do Negro também queria confrontar esse negócio de a estética brasileira ser atrelada à estética europeia, onde o modelo padrão, a referência de beleza tinha que ser loura de olhos azuis. Então eu disse: "Nós vamos fazer um concurso." Pedi ao antropólogo Artur Ramos e ao sociólogo Guerreiro Ramos para dar um cunho de seriedade, senão podiam pensar que era uma coisa menor, uma malandragem para arrebanhar negras e mulatas bonitas. Na verdade fizemos dois concursos: Rainha das Mulatas e Boneca de Piche, ambos com enorme sucesso e repercussão até internacional. A primeira rainha das mulatas foi Maria Aparecida, na época locutora de uma estação de rádio e que depois tornou-se uma cantora lírica de cartaz internacional, do corpo estável da Ópera de Paris e musa do grande pintor Felix Labisse. A primeira boneca de piche, foi Maria Teresa, uma das mulheres mais lindas que já participaram de qualquer concurso.

Outra iniciativa que deu o que falar foi o Cristo Negro, que reuniu alguns dos melhores pintores do Rio de Janeiro daquele momento. Foi na mesma linha de raciocínio: por que Cristo tem que ser sempre louro e de olhos azuis? A pauleira voltou toda, o *Jornal do Brasil* chegou até a sugerir à polícia que fechasse a exposição, porque era um ultraje às nossas tradições, estávamos blasfemando etc. Acontece que a comunidade intelectual apoiou e até Dom Helder Câmara esteve do nosso lado fazendo um belo discurso na inauguração. Quem ganhou o primeiro lugar foi a pintora Djanira.

Teve também o jornal *Quilombo*, que saía mensalmente e com um corpo de colaboradores de fazer inveja a qualquer similar. Foram ações que despertaram a autoestima da nossa comunidade, e esse era um dos pontos que mais nos interessavam.

O golpe de 1964 me atropelou e ao Teatro. Eu era tesoureiro do Instituto dos Comerciários e me arrolaram em três inquéritos policial-militares. Diziam que eu estava fomentando a revolução, que eu era ligado ao Partido Comunista e fazia a ponte com o Instituto Superior de Estudos Brasileiros (ISEB) —, do qual faziam parte figuras notáveis como Roland Corbusier e Guerreiro Ramos. Tudo inventado, mas perdi o emprego e passei por vários vexames. Só me restava sair do país, e foi o que eu fiz. Consegui chegar lá através da Farfield Foundation e fiz contato com os mais importantes círculos negros americanos. Conheci ativistas de destaque, fui convidado a visitar a sede dos Panteras Negras, conheci o Negro Ensemble Theatre, na época o grupo teatral negro mais importante dos Estados Unidos. Estive na Universidade de Yale, onde fiz uma palestra para a comunidade latina que me abriu várias portas. Fui convidado para a Universidade de Bufalo, em Nova York, onde fui nomeado professor visitante. Estive na Jamaica em 1973 para a conferência preparatória do 6º Congresso Pan-Africano, e no ano seguinte fui à Tanzânia participar de uma reunião muito importante com várias lideranças. No 6º Congresso Pan-Africano eu fui o único delegado da América do Sul. Nessa ocasião eu conheci Samora Machel e vários revolucionários de Moçambique. Outra pessoa importante que conheci foi Wole Soyinka, prêmio Nobel de Literatura em 1986, e depois fomos colegas na Universidade de Lagos, onde durante um ano fui professor visitante.

Quando houve a abertura eu fui um dos fundadores do Partido Democrático Trabalhista e um dos signatários da Carta de Lisboa. Consegui colocar no ideário do partido a questão negra como um assunto prioritário.

Fui eleito deputado e depois senador da República na chapa com Darcy Ribeiro. Carrego uma certa frustração porque não pude implementar tudo o que eu queria e pelo qual sonhei toda a vida. O meu amigo Guerreiro dizia, e eu não aceitava, que era uma antecipação. Hoje está tudo aí. Há muito tempo eu falava em cotas e políticas públicas, ninguém me escutava, mas hoje está aí, na ordem do dia. Antecipando tudo que aí está eu acho que, de certa maneira, abri o caminho.

No primeiro governo de Leonel Brizola foi criada a Secretaria Extraordinária de Defesa e Promoção das Populações Afro-brasileiras, mas não deu os frutos que eu sonhava. Não deu tempo de fazer o que era necessário. No governo Garotinho, quando eu fui secretário de Direitos Humanos, foi mais ou menos a mesma coisa.

Cheguei à conclusão que a lentidão da máquina do Executivo é um entrave às demandas novas. Mas eu sou otimista, sim. Eu acho que é infalível que o negro tome o poder desse país e institua uma verdadeira democracia social. O negro já sofreu tanto, tem uma experiência tremenda. Na hora que estiver lá esse país vai para a frente e o negro vai conquistar aquilo a que tem direito.

SEBASTIANA ARRUDA
Advogada

> "Estão transformando a mulher negra numa máquina de prazer."

É muito difícil de esquecer, foi em fevereiro de 1968, e eu fazia parte da equipe do Museu da Imagem e do Som, na época dirigido pelo seu fundador, Ricardo Cravo Albim. O Clube Ginástico Português tinha um baile famoso intitulado Carnaval do Passado e a diretoria mandou uns convites lá para o Museu. Eu e minha irmã Maria Helena fomos, e quando chegamos no hall de entrada e eu entreguei o convite o porteiro disse que só poderia entrar uma pessoa. Mas como? O convite não tinha nada especificado. A única exigência que estava escrita era o traje: a rigor ou fantasia. E nós estávamos as duas muito chiques, de longo e tudo; o porteiro dizia que só entrava uma e eu dizia que entravam as duas. Pedi para chamarem o diretor social e pouco depois ele chegou e foi logo dizendo para a gente entrar. Tomamos o elevador e quando entramos no salão todo mundo nos olhava como se estivesse vendo duas marcianas. A orquestra que estava tocando era a do maestro Cipó, que, por coincidência ou não, atacou "A mulata é a tal". A essas alturas o diretor ficou procurando um lugar para nos acomodar, o pessoal em volta continuava olhando os seres estranhos, a orquestra tocando a conhecida marchinha, a gente sem saber o que fazer, enfim, um mal-estar geral. De repente o diretor pediu a uma pessoa que ia passando para chamar o vice-diretor social, que não tardou muito a aparecer. O diretor nos passou para o vice, melhor seria dizer passou a bomba — éramos autênticas bombas —, e para ele o assunto estava resolvido. Mas para nós continuou, até que, finalmente, o vice-diretor nos colocou na área das mesas para a imprensa. A mesa da *Manchete* estava apenas com um lugar ocupado, os outros estavam vazios. Sentíamos que a curiosidade sobre nós duas continuava, mas a gente estava lá, firme. Momentos depois chegava o repórter da *Manchete* que perguntou à queima-roupa:

— Quem botou vocês aqui?
— O diretor social — dissemos.
— Ah, não é possível, vou chamá-lo.

Não tardou muito ele veio com o diretor, que confirmou:

— É, realmente eu as coloquei aqui. Você deixa?

Ele não respondeu nem uma nem duas, apanhou o material de fotografia que estava em cima da mesa e sentou-se no chão.

De outra vez, quando a minha turma da Faculdade Nacional de Direito resolveu fazer um jantar de confraternização no Iate Clube do Rio de Janeiro, eu decidi ir na última hora. Um colega me avisou que não se poderia entrar de carro porque o estacionamento é privativo dos sócios. Cheguei, deixei o carro do outro lado da rua, atravessei e me dirigi ao porteiro dizendo para onde ia. Ele fez um ar de espanto e me disse:

— Você... a senhora... aqui não estão comemorando nada, não.
— Estão sim, senhor. Há pouco meus colegas me ligaram.
— Deve haver algum engano. Faculdade Nacional de Direito, turma de 1965? Não, senhora.

Quando eu ia pedir para telefonarem para o restaurante, foi chegando um colega meu, de Mercedes-Benz, que, me vendo ali parada, perguntou o que estava havendo. No que eu expliquei a ele:

— O porteiro diz que não está havendo jantar nenhum.

Ele, que é sócio do Iate, espinafrou o porteiro, abriu a porta do carro, mandou que eu entrasse e lá fomos nós ao encontro dos nossos colegas no restaurante.

Nós éramos cinco irmãos; o Jaonidas faleceu, agora somos quatro: a Maria Helena, que é professora de português, francês, literatura, e advogada também; a Juracy, que é enfermeira instrumentadora; o José Maria, que é diretor de convênios do Hospital dos Servidores do Estado de São Paulo; e eu. Meu pai foi um homem que progrediu muito na vida através do seu trabalho, do seu esforço. Começou como simples feirante e chegou a ser dono de caminhões de feira. Então tornou-se uma criatura forte, poderosa, um homem rico. Comprou uma casa na Tijuca, tinha duas fazendas com criação de gado no interior do estado do Rio. Eu tinha meu cavalo, montava, estudei em bons colégios. Tenho boas recordações da minha infância, só não gostava do meu nome. As crianças na escola debochavam de mim, na saída gritavam: Sebastianaaaaaaaaaa! Eu corria atrás delas, jogava a pasta, mas não adiantava nada. Na sala de aula também tudo que acontecia diziam que era eu. Volta e meia minha mãe era chamada à secretaria para receber queixas de mim. Muitas injustas. Quando chegava em casa eu apanhava de vara de marmelo. É por isso que eu até hoje não gosto de marmelada.

A casa onde nós morávamos era muito conhecida, muita gente na vizinhança nos chamava de "os negros da rua Costa Pereira, 13". Mas nós nunca fomos vaidosos, apesar de ricos.

Eu acho que a Tijuca era o bairro mais racista do Rio naquela época. Lá só morava a elite, nuns casarões bonitos, bem iluminados. Hoje ainda restam alguns, e eu notava que a praça Saens Peña era dividida. De um lado, onde ficava o cinema Olinda, era o pessoal do Morro do Salgueiro. Do outro lado, do lado do metrô Tijuca e da confeitaria Tijuca, era o pessoal de posses, gente bem-vestida; preto quase não passava nem na calçada. Um dia eu estava voltando do colégio com uma amiga minha e quando passamos na porta do metrô, para ver os cartazes, um rapazola branquinho falou:

— Olha essas duas negras estudando, e minha mãe lá em casa tendo que lavar louça por falta de empregada.

Aí eu respondi:

— A minha mãe não lava louça, é por isso que eu estudo.

Agora, felizmente, o panorama já mudou um pouco, mas até há bem pouco tempo você podia contar nos dedos os alunos negros das faculdades. Às vezes não chegava a ser um por turma, era um por turno. E não havia muito estímulo, não. Uma colega minha, a Maria José, ficou quatro anos e saiu da faculdade porque o professor Godim, de direito civil, dizia para ela:

— Minha filha, por que é que você quer ser advogada? Uma moça como você devia ser professora, enfermeira, não advogada. Você não tem tradição de família, com a sua cor é difícil ser advogado.

Então existia o preconceito na Nacional de Direito. Quando eu entrei era uma coisa seriíssima, se não se fizesse uma boa prova escrita, na oral não passava porque os professores davam as notas mínimas. E quando se venciam todos os obstáculos, aconteciam coisas como o que se passou com uma amiga minha na sua primeira atuação no Fórum. Quando ela entrou na sala da audiência, a juíza virou-se para a escrevente e ordenou:

— Diga àquela senhora para sair porque a família do réu não pode acompanhá-lo.

Ela ouviu e ficou calada. Quando a escrevente chegou, ela disse:

— Informe à meritíssima que eu sou a defensora do réu.

A escrevente voltou e informou à juíza, que, impassível, exigiu:

— Que a senhora se identifique.

A maior humilhação para um advogado é quando alguém, juiz ou não, pede que ele se identifique, porque então a palavra dele perde o valor. Casualmente, porque não é comum, ela estava com a carteira da Ordem dos Advogados. Tirou-a da bolsa e mostrou. A juíza desculpou-se secamente e ela não disse uma palavra para não prejudicar o réu, porque a vontade que ela teve foi de dizer muitos desaforos, mas não disse porque estava numa vara criminal e, se reagisse, prejudicava o réu. Engoliu em seco.

Casos como esses eu conheço às dezenas, passados por mim ou por amigos meus. São coisas pelas quais a gente chora junto, um no ombro do outro.

Eu adoro a minha profissão. Lutei muito, mas acho que alcancei o que eu desejava. Olhando a minha carreira, posso dizer: venci. Sou bem-sucedida, faço aquilo de que eu gosto e quero, e como quero. Mas sou inconformada em termos sociais, em termos de grupos, em termos de comunidade. E a injustiça social, não há dúvida que atinge o branco também, mas o massacre do negro é pior. Veja a delinquência, quantos estão delinquindo. Eu tive a oportunidade de assistir a uma festa no presídio um dia desses, devia ter uns 2 mil, 2.500 internos, e a maioria, a imensa maioria, era de negros. Alguém pode ver isso indiferentemente?

Como também não se pode ser indiferente a um assunto que eu não gosto muito de tocar, mas vou falar, é a união sexual do negro com o branco. À proporção que o negro vai juntando-se ao branco, o negro vai diminuindo, as oportunidades do negro vão desaparecendo porque o mulato tira. O maior inimigo do negro é o mulato. Por quê? Porque ele se puder esconde, diz que o pai é índio ou que a mãe é índia, que é filho de índio com branco, nunca quer admitir que tem negro na família. O verdadeiro mulato é o filho de negro com branco, este é o verdadeiro mulato. Então eu acho que ele é o maior inimigo porque tira a oportunidade de o negro melhorar na vida. Ele passa sempre o negro para trás. Nas próprias famílias o mulato sempre lesa o mais escuro.

Agora eu digo também o seguinte: a mulher negra, infelizmente, está voltando à escravidão. Quando elas iam para os seus senhores, se despiam ou eram despidas, e assim eram jogadas para a venda. E o que é que acontece hoje em dia? Eles despiram as negras e as colocaram outra vez no mercado, para a venda. Expõem a negra nua, com requebros agressivos, atentatórios à sociedade, para dizer que é sexy. Não, isso não é sexy, eu tenho sexy como outra coisa, é uma diferença muito grande, o comportamento é outro. A mulher volta a ser utilizada. O que é um desfile de escola de samba? Mulher se despir e requebrar? A mulher negra perdeu a sua dignidade, batizaram-na de mulata, parece ser vergonhoso o fato de ser negra ou crioula. Ela perdeu a sua dignidade, a sua identidade, já não sabe de que cor é. Jambo? Marrom? Escurinha? Tem mulata aí pintando o cabelo de louro e dizendo que é para voltar às raízes. Ora, para voltar às raízes a primeira coisa que tinha que fazer era deixar o cabelo ao natural. Não quero dizer que deixasse de esticar, porque isso é uma questão de higiene. Às vezes é higiene, cada um com sua carapinha, porque tem umas carapinhas aí horríveis. Aí vai o lado da vaidade da mulher, mas colorir o cabelo, mudar a cor do cabelo para loura, está fugindo. Fugindo de ser negra. O Carnaval, o homem, sei lá, não sei quem é que fez isso, quem é que colocou na cabeça das mulheres negras que elas têm que se exibir na televisão e nas revistas, nuas. Estão transformando a mulher negra numa máquina de prazer. Daqui a alguns anos elas serão todas neuróticas. Por quê? Porque só vão servir para serem usadas como animais.

Na ânsia de ajudar a mulher negra, a criança negra, geralmente carente e marginalizada, eu tentei a política. Em 1965 o meu amigo embaixador Raymundo Souza Dantas foi portador de um convite para que eu me candidatasse a deputada estadual. Fui levada ao Rafael de Almeida Magalhães, ao Lopo Coelho e até ao marechal Dutra, com quem tomei café às nove horas da manhã em várias oportunidades. Mas como eu não entendia nada de política me envolveram de tal maneira que eu nem percebi. Raposa velha, o Lopo tinha vários negros trabalhando para a campanha dele. Segundo me disseram, o ex-presidente Jânio Quadros era quem estava comandando tudo, inclusive a ideia de representantes classistas era dele. Seriam representantes classistas de sindicato, militar, homem do povo e mulher negra. Mas isso tudo tinha a jogada da sublegenda, porque o Jânio não estava interessado nem na Arena nem no MDB, que eram os partidos da época. O que ele queria mesmo era a tal da sublegenda, que afinal não veio e ele saiu do assunto, desinteressando-se completamente. Eu terminei tendo que me candidatar pela Arena, e os gastos da inscrição, o Lopo Coelho disse que ficariam por conta dele, mas a coisa foi sendo adiada, adiada, até que o grupo do Rafael de Almeida Magalhães me chamou e eu passei para eles. Eu devia ter acompanhado mais de perto o Rafael e a Sandra Cavalcanti, e certamente seria eleita, mas sem prática nenhuma, sem malícia, ficava esperando que os outros tomassem a iniciativa. Apesar de tudo ainda tive 1.653 votos. Se fosse pelo MDB eu teria tido muito mais, muitos amigos meus não votaram em mim e ainda me cobravam: Como é, Sebastiana, você, crioula, sendo candidata da Arena?

Está na hora de o negro se conscientizar de que necessita de poder político. Lá em São Paulo a coisa já é diferente, há representantes negros como o Camargo e a Teodósia, que desenvolvem um trabalho sério e harmonioso. Aliás, eu acho que o negro paulista tem mais dignidade que o negro carioca. Você pode ver isso até nas escolas de samba. Qual é o carnavalesco negro que tem aí? É tudo branco. Ele conseguiu colocar o negro dentro do esquema que ele queria. Então o negro vai, batalha, compra a fantasia, se apresenta no desfile, para quem ganhar? Os louros são para o presidente da escola que, em geral, é branco, e para o estado, que ganha a venda das arquibancadas. E para ele, o negro? Nada. Aplausos e algumas fotografias. Isso também é uma forma de anular, de anestesiar o negro.

Hoje eu me sinto angustiada, sinto tristeza quando me lembro da forma como fui candidata. Foi um jogo sujo, aproveitando a minha inocência e o meu despreparo. Se eu conseguir realizar umas coisas que eu tenho em mente, eu volto a me candidatar. Tem que ser com a minha liberdade, dizendo o que eu penso e tendo alguma coisa para dar. O candidato branco não dá não, promete. Mas o negro tem que dar. Há uma diferença muito grande entre o candidato negro e o candidato branco. O candidato branco promete e você vota nele, o negro tem que dar alguma coisa antes para conseguir o voto, porque sendo negro ninguém acredita nele, as pessoas não acreditam no homem negro.

Paulo César Lima
Jogador de futebol

"...pedante é uma palavra que só existe para ser usada contra crioulo."

A verdade é que muita gente não aguentava, não aceitava, não engolia que eu frequentasse festas de colunáveis, que eu fosse ao teatro em noite de gala, a bons restaurantes e boates da moda. Quando veem ou sabem que eu falo francês fluentemente, me defendo bem em inglês e me expresso num espanhol acima da média, aí só faltam espumar. O que esse pessoal queria é que eu fosse analfabeto, inculto, grosso, sem nenhum refinamento, aí eu seria um negro típico, autêntico, na concepção deles.

Nas viagens que eu fiz e faço sempre procuro aprender o máximo, aumentar a minha cota de conhecimentos. Não fico nem nunca fiquei no quarto do hotel jogando buraco, pif-paf, essas baboseiras... Qualquer tempinho disponível eu ia logo para um teatro, um museu, uma exposição, ia aprender, e para muitos isto é um pecado mortal. Por isso eu incomodo, sempre incomodei, daí a pressão enorme que sempre fazem para me derrubar. Entre derrubar um ídolo negro e um branco, é mais fácil derrubar o negro, como fizeram comigo na Copa do Mundo de 1978.

Eu era o titular absoluto, estava numa fase esplêndida, maravilhosa, física e tecnicamente, mas como não ficava calado com as coisas que eu via e sentia na antiga CBD, foram me esvaziando até o final, quer dizer, até me cortarem inteiramente. Sempre fiz as reivindicações que achei por bem fazer, nunca fui um acomodado, sempre declarei que não sou um negro de alma branca. Aí, para disfarçar, dizem que eu sou complicado. Mas o

Gerson nunca foi chamado de complicado, nem o Zico, nem o Sócrates. O complicado sou eu, porque brigo pelos meus direitos, não calo, nem baixo a crista? Qual é? Mas eu estou consciente de tudo e não me desespero nem odeio a humanidade por causa disso. Vou levando, com muita confiança em mim e no meu destino.

Mas veja bem: excetuando o Pelé, qual é o jogador negro que já fez publicidade? Eu nunca fiz, e tinha material e popularidade para isso. Você vê na televisão e nas revistas o Gerson, o Rivelino, o Roberto Dinamite, o Tostão em determinada época, agora me aponta um, só um, crioulo. Pode ficar pensando até o fim do ano que não vai descobrir. Quando eu fui campeão do mundo, fiz um contrato com a Puma, na Alemanha. Na minha temporada europeia, assinei contratos com a Costa do Marfim para fazer propaganda de café, com a água mineral Perrier, em Marselha, e até para lançar umas criações do costureiro francês Michel Axel. Mas no meu país, com toda a popularidade que eu tinha, jogando no Flamengo, campeão do mundo, e tudo mais, não pintou absolutamente nada. De vez em quando uma agência ainda me faz uma consulta e tal, mas pouco tempo depois o assunto esfria, sob a alegação de que não aceitaram a minha proposta. Por que será que só não aceitam a minha proposta?

O futebol para mim foi uma vocação irresistível. Muita gente pensa que eu escolhi esta carreira porque através dela poderia ascender socialmente. Ledo engano, como dizem os intelectuais. Há uma ideia generalizada de que todo crioulo é bom de bola, o que não é verdade. Um fato necessariamente não determina o outro. Esta profissão não é um escape ou uma porta aberta para os escalões superiores da sociedade; ela, como qualquer outra, é resultado de vocação e de muito empenho. Eu tenho intimidade com a bola desde o tempo em que estudava numa escola de recuperação em Conservatória, no interior do estado do Rio. Como minha mãe era muito pobre e eu fiquei órfão de pai com um mês de nascido, o jeito foi me colocarem no tal reformatório e lá fiquei interno dos cinco aos sete anos de idade. Em matéria de experiência eu vou te contar... Até hoje eu me lembro do gosto terrível que tinha aquela comida feita em panelões para quinhentos alunos, os padres eram ruins como o cão, só pensavam em castigar a gente. Estavam longe daquela imagem de bondade, caridade e tolerância cristã que a gente ouve falar por aí. Fora isso, havia a lei do mais forte, como acontece em todo estabelecimento do gênero. Os garotos mais velhos não aliviavam os mais moços. Ditavam regras, cultivavam o sistema de proteção, enfim, eram o poder paralelo ao dos padres. Felizmente saí a tempo de não me contaminar e fui morar com a minha mãe na favela da Ladeira dos Tabajaras, em Copacabana, e nesta altura o Flamengo entrou na minha vida.

Conheci o Fred, filho do Marinho, que foi jogador de futebol, jogou no Flamengo, no Botafogo e depois passou a ser treinador. Como a minha mãe trabalhava fora e não podia me dar a assistência necessária, quando eu voltava da escola pública, que ficava na rua da Passagem, eu ia com o Fred lá para o Flamengo. A gente passava a tarde inteira jogando futebol de salão, tênis de mesa, pelada, e à noite eu ia pra casa dele. Nasceu uma amizade muito forte, tínhamos muita afinidade e curtíamos praticamente as mesmas coisas. Quando o Marinho foi convidado para trabalhar em Honduras, eles levaram o meu endereço, o telefone do trabalho da minha mãe, e a gente sempre se correspondia. De vez em quando eles vinham ao Rio e, numa dessas, o Fred pediu aos pais que me levassem. Mamãe deu a autorização e a partir daí eles passaram a me criar. Até hoje chamo o Marinho de pai, porque compreendo que pai não é só aquele que faz, é também o que dá amor. Fui para Honduras e depois para a Colômbia com a minha nova família. Fred e eu estudávamos no mesmo colégio e de tarde a gente treinava futebol. O Marinho via que eu tinha jeito e me ensinava os macetes e as malandragens da profissão.

Quando voltamos da Colômbia eu fui treinar no Flamengo, tinha 15 anos. O Marinho foi pedir ao técnico Flavio Costa para me dar a chance de treinar com os profissionais, mas ele não permitiu, disse que tinha gente demais. Nessa época o Flamengo estava com um quadro muito bom, tinha o Almir, o Silva, o Fio, o César, todos em grande forma. Então, como eu era muito garoto, acho que o Flavio não fez fé, não acreditou que eu pudesse entrar na vaga de um dos cobrões, e cortou a minha.

O Marinho não desistiu e me levou para o Botafogo, onde ele também tinha grandes amizades. Ele sempre me dizia que queria que eu estourasse logo no time de cima, tanto que eu nunca joguei em infanto-juvenil ou juvenil, treinei duas vezes no Botafogo e ganhei logo o lugar de titular. Na ocasião o Botafogo era tricampeão juvenil e a diretoria queria que eu e o Afonsinho, que também estava começando, fôssemos dar uma força para o tetra. Aí o Gerson, que tinha uma liderança muito grande, comprou a parada e foi falar com o presidente do clube que eu tinha que ficar era no time de cima. E assim foi feito.

Quando eu passei a excursionar com o Botafogo, comecei a sentir o racismo pelo interior do país. Uma das coisas que mais me chocaram foram as tabuletas que a gente encontrava em bares e restaurantes de Bage, Livramento, Uruguaiana, no Rio Grande do Sul, que diziam: Proibida a entrada de negros. Nós éramos uns cinco ou seis jogadores negros, Jairzinho, Moreira, Leônidas, Zequinha, e para nós o aviso tinha o efeito de uma punhalada no peito. A gente então imaginava como não devia ser a vida do crioulo local, marginalizado e humilhado por aquelas tabuletas de merda. Aí, só de bronca, entrávamos no peito e na raça para ver se acontecia alguma coisa e a gente criava logo um sebo, mas como nós éramos conhecidos, fingiam que não viam a cor da gente. Eu estou citando o Rio Grande do Sul, mas antes de eu ser popular, fui convidado para uma festa que uma amiga minha dava na sede do Fluminense e me barraram na porta, sem nenhuma sutileza. O porteiro foi claro (sem trocadilho): "O clube não permite a entrada de preto." Naqueles idos, o time do Fluminense não tinha um único crioulo, nem no futebol, e muito menos em outra modalidade esportiva. Era o próprio *black out*, ou seja, crioulo fora.

Minhas constatações das diversas manifestações de racismo, à medida que iam me incomodando, iam também me dando uma certa consciência de que as barreiras precisavam ser detonadas, literalmente arrombadas, e foi o que tratei de fazer. Passei a desfrutar do meu prestígio e da minha popularidade, adquirindo e fazendo as coisas que qualquer pessoa na minha idade faria: carros do ano, jantares elegantes, contato com gente inteligente e até mesmo tolerância com os burros. Comecei a sair com mulheres brancas e fui sentindo que enquanto éramos amigos tudo bem, mas tão logo um envolvimento pintava, os amigos se afastavam e criticavam a moça.

Foi exatamente o que aconteceu quando eu namorei a filha de um famoso neurocirurgião e prima de um grande amigo meu, flamenguista doente, que me convidou para uma festa onde justamente eu a conheci. Ela estava morando em Milão e passava uns tempos no Rio. Saímos juntos diversas vezes e pintou realmente um negócio muito forte entre a gente. Foi o bastante para os amigos dela deixarem de procurá-la, e até um irmão teve a coragem de vir falar comigo para que eu deixasse de sair com ela. Uma loucura. Como eu estava realmente apaixonado, não passava pela minha cabeça que aquilo fosse possível de acontecer, na escala em que estava acontecendo. Fui até proibido de entrar na casa dela, no Parque Guinle. Durante certo tempo ela aguentou o rojão, não se submeteu ao veto da família, e continuamos a nos ver e a sair. Eu estava a fim de casar, suportamos juntos as críticas e a intolerância uns quatro ou cinco meses, mas de repente ela voltou para Milão sem me dizer uma só palavra. Quase enlouqueci, queria viajar para a Itália de qualquer maneira, o Botafogo estava disposto a me dar licença e a passagem. Eu não entendia por que ela não tinha conversado comigo, não tinha me dado uma satisfação, não tinha me explicado o porquê. Pensando melhor, achei que não devia ir atrás, mas esse massacre carimbou a minha existência.

Há um preconceito contra o jogador de futebol, que, para muitas pessoas, tem necessariamente que ser burro. E quando o jogador é negro, aí então as coisas pioram sensivelmente. Não obstante o meu trânsito em todos os lugares, ainda hoje, vez por outra, eu escuto dizer — por trás, porque pela frente não têm coragem: "Esse negro devia estar no lugar dele, não se enxerga?" No conceito deles eu sou pretensioso, metido, pedante, aliás pedante é uma palavra que só existe para ser usada contra crioulo. Duvido que você já tenha ouvido alguém chamar um branco de pedante. É sempre alinhado, bem-posto, cavalheiro. Agora, posudo, besta e pedante é com a gente.

Tenho notado que a maioria das mulheres brancas quer ter uma experiência com um negro. Não quero dizer que esta experiência tenha que ser forçosamente sexual, mas digo do ponto de vista de contato humano, de aferir a sensibilidade, as opiniões, os gostos e os conhecimentos. Homem não tem este problema, mas a mulher de um determinado estágio social não é com facilidade que pode dialogar normalmente com um negro, daí a curiosidade. De minha parte posso afirmar que não tenho discriminação contra ninguém. Dizem que eu só gosto de namorar branca, mas isso faz parte do folclore que se cria em torno de qualquer negro que sai do anonimato. Adoro mulher, independentemente da cor que ela tenha, além do mais adoro gente, que é uma das coisas mais bonitas da natureza. Hoje em dia estou namorando uma moça negra, em São Paulo, mas namoro mesmo, em casa, com consentimento dos pais etc., bem à antiga. Isso não quer dizer que amanhã eu não venha a gostar de uma branca. Sou uma pessoa que não cria fronteiras para as suas sensações.

Vou dizer agora uma coisa que também me incomoda muito: é o fato de muitos negros não se conformarem com que outros subam na vida. De vez em quando eu encontro amigos meus de infância, do tempo da favela do Morro dos Tabajaras, e eles continuam morando no mesmo lugar. Quando me veem pinta logo aquele papo: ficou rico, não dá bola pros pobres. Isso vem em tom de brincadeira, de piada, mas reflete com exatidão o estado de espírito deles. Mas eles não foram à luta. Se eu tivesse ficado na favela, tinha entrado num curso noturno, tinha me virado, mas ia arranjar uma boa profissão e saía de lá com a minha mãe. Já disse que sou jogador de futebol por vocação, mas se eu tivesse estudado arquitetura, ou música, ou qualquer outra coisa, teria me esforçado ao máximo para ser o melhor da minha área. Não gosto da mediocridade do mais ou menos. Aos 18 anos eu já era gênio do futebol e aos 19 fui campeão do mundo com Pelé, Gerson, Rivelino, Tostão, Garrincha, estava entre os melhores. O negro brasileiro fica muito naquela de que alguém tem que dar a mão, ajudar, dar uma chance. Sai dessa, irmão. Cada um tem que cavar as suas próprias possibilidades, brigar por elas, conquistá-las palmo a palmo. Impor a sua qualidade, exatamente como qualquer outra pessoa, de qualquer raça.

Nas minhas viagens a Martinica, Costa do Marfim, Senegal, Guianas e Estados Unidos eu tenho observado o comportamento dos negros e o estágio a que eles chegaram. Nada lhes foi dado de presente. Eles conquistaram tudo, e esse deve ser o nosso exemplo. Mas temos também que ser unidos, não lutar individualmente, sem inveja do sucesso do outro, sem complexo de inferioridade. Brigar para fazer com que o nosso talento seja reconhecido realmente, para não acontecer o que aconteceu com o Grande Otelo que recebeu o seu Prêmio Molière depois de cinquenta anos de trabalho. Eu sinto uma certa mágoa quando sei que sou criticado por certos negros, que reproduzem os mesmos clichês dos racistas, quando eles deviam ter orgulho pelas posições que eu assumo e defendo, pelas aberturas que eu forço, pelo status que eu adquiri. Sou uma pessoa que está à vontade na quadra da Mangueira, na gafieira do Vidigal ou na pista do Regine's, de Paris, de São Paulo ou do Rio. Tenho orgulho da minha cor, acho que ela é bonita e nunca tive vergonha de ser crioulo. O meu sonho é ver o negro brasileiro atingir o mesmo nível social, cultural e econômico dos negros de outros países. Já merecemos.

MARCELO PAIXÃO
Doutor em economia

> "Até hoje não foi gerada uma utopia mais generosa que a dos quilombos."

O que mais tinha na casa da tia que me criou era livro, e de tudo quanto era assunto. Enciclopédias, dicionários, almanaques, era impressionante a quantidade e a variedade. Éramos uma família de classe média baixa e eu, órfão de mãe e sem contato com meu pai, fiquei interessado em geografia por causa do futebol. Na Copa do Mundo de 1970, eu tinha quatro anos de idade e minha brincadeira predileta era saber a localização dos países no mapa. Estudei até a sétima série num colégio de classe média branca de Laranjeiras, o Anne Frank, que era muito racista e me deixou lembranças muito ruins. As crianças, em geral, são mais perversas na sua ingenuidade, se manifestam mais abertamente nas piadas sobre cabelo, tonalidade da pele, gracejos que eram comuns e, muitas vezes, estimulados por alguns professores. Essa realidade esteve presente também no segundo grau, na faculdade, só que a gente vai desenvolvendo ferramentas para enfrentá-la, os mecanismos vão ficando mais sofisticados para driblar as manifestações das ideologias racistas.

Não se pode deixar de mencionar que à medida que você entra na faculdade, no mestrado, no doutorado, a manifestação de racismo já não é mais aquela ostensiva, com piadas sobre a sua forma física, muda de tom, se dá através daquela permanente surpresa por você estar ali. "Mas você faz mestrado?", "Você faz doutorado, é?", "Você é professor?".

Mas o que foi acontecendo é que lá pelos idos de 1980, 1981, nos meus 16 anos, comecei a me interessar pelas questões políticas, em particular pela campanha do Brizola a governador do Rio de Janeiro. Passei a ler as histórias do golpe de 1964, o que tinha sido a resistência ao regime militar, o papel do Brizola e das forças cívicas populares. A minha vida escolar era cheia de altos e baixos, e a partir do momento em que eu encontrei o marxismo, foi como se alguém tivesse me dado a chave do entendimento do mundo, dentro daquela concepção sobre a qual eu hoje tenho muitas críticas, inclusive aquela ideia de que o mundo começa no comunismo primitivo e vai terminar no comunismo pós-moderno. Aquela ideia de que a História é uma coisa linear, que aquele jogo de contradições gera realidades cada vez mais complexas e superiores aos precedentes, mas que no final o proletariado ganha.

Hoje eu tenho uma visão muito crítica daquilo tudo, mas na época teve um papel muito importante na minha estruturação como pessoa, na minha compreensão do mundo, porque permitiu também me jogar para fora de mim mesmo, porque à medida que eu passei a olhar o mundo com o olhar da luta de classes, passei a interpretar o mundo sob o olhar de que o meu sofrimento pessoal era também o sofrimento de muito mais gente, e de que as saídas que eu poderia encontrar para os meus dramas pessoais jamais seriam realmente superações se não passassem pela superação do drama coletivo. E é uma concepção que eu venho mantendo na minha vida.

Nisto está baseada a minha formação. Eu sempre digo que é impossível algum negro, neste país ou no mundo, não ter histórias para contar sobre a discriminação racial quando era criança. Daí essa trajetória sempre foi muito clara para mim, que a questão de ser negro é indivisível. Não creio que seja apenas a questão da luta de classes e a dimensão econômica que fundamentam hoje os conflitos sociais. Acho que a dimensão da raça, as dimensões étnicas, têm um papel muito importante, essencial no entendimento das contradições do mundo.

Dos 17 aos trinta e poucos anos tive uma atuação política consistente. Fui presidente do grêmio estudantil, diretor do centro acadêmico da UFRJ, secretário geral da UNE, enfim, era uma liderança do movimento estudantil reconhecida, uma pessoa que tinha papel importante nas assembleias, eu estava sempre de frente. Hoje também, de novo, faço uma autocrítica do tipo de engajamento que tive. Poderia já ter começado a trabalhar melhor as temáticas do movimento negro. Aos 42 anos, faço um balanço e digo que para mim foi um momento muito gratificante quando eu finalmente me encontrei como militante e como pesquisador, como pensador, com o movimento negro, porque eu trouxe comigo uma bagagem de vida que não era pequena, trazia comigo a experiência de movimentos os mais diferenciados, e trouxe também as reflexões que me acompanharam durante muito tempo na minha vida.

A sociedade é racista e ela vai tentar sempre nos rebaixar, nos eliminar da disputa dos quadros, nos menosprezar. Nós não temos escolha senão enfrentá-la, e é o que eu tenho procurado fazer. Não é coisa que eu tenha falado dez ou vinte anos atrás, é uma coisa dos dias de hoje. Sou professor universitário, diretor do curso de graduação da UFRJ, e ainda hoje sou alvo das surpresas: "Ah, mas você é o diretor?"

Estou muito feliz de estar trabalhando com a temática que eu trabalho, porque acho que não é apenas um encontro com meus irmãos de luta, os negros em geral, mas é um encontro comigo mesmo, uma coisa que eu poderia ter mobilizado antes; mobilizei talvez tardiamente, mas acho que foi na hora, pelo trabalho em que eu acredito, que eu venho desenvolvendo e tendo uma boa repercussão, e não acho que é à toa.

O que nós temos que construir são mecanismos interiores de uma certeza de que o que querem é nos oprimir. Eu acho que nesse sentido é a linha bem transparente, que diz: "O racismo, ele nada mais é do que uma tentativa que as pessoas têm de impor o termo da sua pressão sobre o outro." Que um queira oprimir o outro, basta o desejo de fazê-lo, mas para que esse se deixe oprimir pelo outro, ele também tem que trazer uma certa complacência ao significado de ser oprimido. É uma disputa difícil, não é fácil, mas é necessário a gente não se deixar abater, sempre manter uma postura firme, para que diante das situações saibamos dar a elas as respostas, inclusive algumas muito duras, que têm de ser dadas mesmo, porque isso faz bem ao discriminador. Como no Brasil ninguém se admite racista, quando você diz: Ah, então você é racista!, ele desmonta. Isso faz parte de um processo interior de como enfrentar o dragão do racismo, que é um dragão que gera desigualdades sociais de todo tipo no Brasil, contra a população negra. Só não vê quem não quer.

Minha formação profissional e acadêmica foi na UFRJ, lá estudei e fiz minha graduação, pós-graduação e mestrado na COPPE, que é a Coordenação dos Programas de Pós-graduação em Engenharia, no programa de engenharia de produção. Fiz meu doutorado em sociologia no IUPERJ, que é um dos centros mais prestigiados em ciência política e sociologia no Brasil. Minha monografia de conclusão do curso foi sobre Rosa Luxemburgo, uma comunista polonesa que se tornou um símbolo. Eu ainda tinha aquela visão marxista, que implica uma compreensão de que os problemas de classe têm predominância sobre os demais, falando sobre a teoria da fundação do capital etc. O meu mestrado foi um estudo sobre as condições ocupacionais dos trabalhadores da lavoura da cana-de-açúcar, debate que hoje está em moda por causa da retomada do programa do álcool, mas eu comecei a trabalhar com as reflexões sobre questões raciais a partir da segunda metade dos anos 1990. Quando eu vim para a UFRJ, trouxe essa agenda comigo, de debates sobre questões raciais, e o estudo de indicadores sociais como mecanismo de entendimento da realidade social brasileira. O meu doutorado se dá nesse tema, minha tese é *crítica da razão culturalista, relações raciais e a construção das desigualdades sociais no Brasil*, e foi defendida em 2005.

Nunca deixei de ser aprovado em nenhum dos concursos que fiz na universidade. Se hoje sou um defensor das ações afirmativas, não é porque eu tenha algum problema em relação aos exames que a UFRJ me apresentou, é porque eu acho que essa máquina de moer gente vai sempre pensar seletivamente, nunca vai pensar uma quantidade grande de pessoas. Conheço bem as provas, passei por elas, mas não tenho a pretensão de dizer que consegui tudo sozinho, na base do "quero que o resto se dane!". Eu acho que não, acho que todos nós temos que nos engajar para termos sucesso naquilo que a gente faz, mas esse sucesso tem que ser imediatizado, é importante a gente saber que algumas condições são muito específicas e que elas talvez não se reproduzam para grandes massas. Falo por mim, falo por outros tantos colegas da UFRJ que eu conheço, que dão aula aqui; que ainda têm muito de um esforço individual, mas um esforço individual que na verdade eles vão lutar, lutar e não vão conseguir nada. Por isso precisamos de mecanismos que levem grupos mais amplos para dentro da universidade, e que ainda não foram experimentados nem lá nem em outros espaços da vida social.

Na minha produção acadêmica, o primeiro livro talvez não tenha um título muito glamouroso, se chama *Certificação sócio-mental do setor sucroalcooleiro* e foi organizado com outras duas pessoas, Laura Prada e José Guzsman, colegas de São Paulo. Meu segundo livro se chama *Desenvolvimento humano e relações raciais*, e foi editado pela editora DPA. Provavelmente foi o segundo que me lançou no mundo dos debates das questões raciais, dos agregados pelo grupo de cor, grupos negros, brancos. Como ficaria o Brasil se fosse formado apenas por brancos ou apenas por negros? O país seria de alto desenvolvimento humano se fosse formado pelos primeiros e cairia sessenta posições se fosse formado pelos últimos.

Em 2006 foi publicado um trabalho que originalmente tinha sido escrito para a Secretaria Especial da Promoção da Igualdade Racial (SEPIR) e seria a tese guia de uma conferência nacional sobre o tema, só que exagerei na mão e ficou muito grande. A SEPIR cortou um tantinho, aí eu aproveitei e pedi autorização para publicar, e o fiz sob o título de *Manifesto antirracista — Ideias em prol de uma utopia chamada Brasil*. Trata-se de uma reflexão sobre os debates em torno de Estado e nação, e como o moderno Estado brasileiro dialoga com o tema das relações raciais. Ele faz um apanhado amplo de indicadores sociais e procura mostrar que as desigualdades raciais estão presentes em todos os campos em que nós lançamos o olhar, no mercado de trabalho, na educação, na saúde, na vitimização policial, e por aí vai. Traz um debate mais conceitual sobre o significado de raça e etnia. O pessoal do SEPIR reclamou: "Marcelo, está muito acadêmico esse trabalho." Até dou uma certa razão a eles, estava muito acadêmico mesmo, por isso transformei em livro, porque ali são muitas reflexões sobre temas que de certo modo são relevantes para a gente discutir com a complexidade que elas demandam. Por esse motivo ele tem essa característica acadêmica e talvez para uma tese guia de congresso não fosse adequado.

Quando eu penso em termos de economia, o tema central é mostrar que o desenvolvimento econômico no Brasil tem um diálogo muito forte com o tema relações raciais. Por quê? Porque se a gente pegar a história do pensamento social brasileiro vai ver que todos esses grandes ensaístas, que vão do Oliveira Viana ao Gilberto Freire, a Artur Ramos, Raimundo Faoro, Florestan Fernandes, todos estão preocupados com o desenvolvimento econômico, que não acontece porque o país é formado por negros, mestiços e índios. Mesmo Gilberto Freire, com sua solução de mestiçagem nos anos 1930, de certo modo está dando à burguesia brasileira a chave para um projeto hegemônico, ou seja, ele cria um ambiente ideológico favorável ao progresso, ao crescimento, quando diz: "Temos um povo e esse povo é mestiço." O sociólogo Guerreiro Ramos dizia: "Negro é povo." Ora, se mestiço é um elemento-chave de marcação ideológica, de novo as relações raciais estão lá, presentes.

Nos idos de 1970, no período do milagre econômico, o Brasil crescia mais de 105% ao ano, mas as desigualdades só faziam aprofundar. Hoje, o que temos? A concentração de negros nas favelas, a violência, a dizimação dos jovens. São assassinados por hora 3,33 negros. É mais que 1,5 a cada meia hora. Se você está lendo este texto há uma hora, já morreram três. E isso não é um produto do acaso, mas de um modelo de desenvolvimento que não trouxe consigo um outro horizonte utópico, que é a integração dos afrodescendentes na vida nacional. Era considerado normal que essa parcela da população ficasse de fora, era considerado normal que a cultura negra fosse considerada menor, primitiva, que só poderia ser validada quando passasse pelo filtro branqueador da cultura europeia. Progresso no Brasil é sinônimo de Europa, desenvolvimento econômico é sinônimo de branqueamento. A população negra é sinônimo de escravidão, atraso, superstição. Mas ao mesmo tempo que os negros são vistos como objeto, uma espécie de não Brasil, uma espécie de Brasil primitivo à espera de se tornar o verdadeiro Brasil moderno, lúcido de si mesmo, esse povo é a estrutura, a vértebra do próprio povo brasileiro. É a ideia de quilombismo que o Abdias do Nascimento propaga. A ideia do Brasil como um grande quilombo, porque até hoje não foi gerada uma utopia mais generosa que a dos quilombos. A utopia de uma sociedade sem escravidão, na qual os diferentes podem se encontrar num regime de igualdade e de respeito mútuo. Qual a utopia que foi produzida neste país, que tenha sido melhor do que essa? A socialista? No socialismo sonhado pela esquerda brasileira, não sei se haveria lugar para os negros...

Então esse tipo de realidade tem que ser colocado em questão, quer dizer, a ideia de que nós temos um projeto alternativo de país e que esse projeto bebe muito naquela matriz utópica dos quilombos. Claro que a gente vai retrabalhando, refletindo, toda ideia pronta é passível de melhorias. Mas essa é muito generosa, não me recordo de ter visto coisa mais generosa em nosso país até hoje, em termos de projeto de nação.

EDMÉIA MACHADO BRUM VASCONCELOS
Costureira

> "Nunca me senti inferior por costurar para uma mulher negra como eu..."

Na minha opinião tinham que indenizar a gente. Nossos ancestrais estavam lá na África, cuidando da vida deles, desenvolvendo a agricultura, o artesanato, não pediram para sair das terras deles. Aí chegaram os brancos para arrancá-los de lá. Roubaram os nossos tesouros, as nossas raízes, o nosso passado, e em troca nos deram a escravidão. E quando acabou — se é que acabou —, o que é que nos deram em compensação? Nadinha. A gente tem que se virar sozinha para poder ser gente. Ajuda? nenhuma! Até pelo contrário, não falta quem queira atrapalhar, colocando empecilhos, dificultando, criando toda sorte de dificuldades, enfim, fazendo tudo para a gente não progredir, para a gente acreditar que o nosso destino é ficar sempre por baixo, sendo mandado, na pior. Por isso é que eu acho que tinham que indenizar a gente. Estou certa?

Eu acho muita graça de um pessoal que trata crioulo com uma certa distância, sem muita confraternização e oba-oba, mas que não dispensa uma boa macumba. Na minha profissão eu lido com algumas grã-finas que volta e meia me perguntam se eu conheço um centro da pesada ou um preto velho que conte tudo; quando não acontece de chegar uma e dizer que descobriu uma vovó maravilhosa ou um caboclo incrível. Eu fui criada na religião católica mas, como todo brasileiro, misturo tudo. Quer dizer, misturo tudo em termos. Desde pequena que minha avó dizia que eu era medium, por causa das visões constantes que eu tinha. Aliás, o meu bisavô, que infelizmente eu não conheci, era africano e tinha muitas transações espirituais. Daí minha avó acreditar que eu tivesse herdado dele esta faculdade que eu não desenvolvi, com medo, mas que eu tenho constatado durante a minha vida inteira. Um dia eu estava tomando banho e tive a visão de que o meu filho Paulo Cesar, que hoje já tem 24 anos e é formado em jornalismo, estava virando alguma coisa em cima dele, lá na cozinha. Saí correndo e quando cheguei, ele que na época tinha quatro anos, estava quase alcançando uma panela com água que estava no fogo, fervendo. Por um triz não virava em cima dele. Coisas assim têm acontecido inúmeras vezes, visões que eu tenho em relação ao meu filho, meu marido e até a mim mesma. De vez em quando, por muita insistência, eu acompanho uma conhecida a um centro, mas fico só observando.

Enquanto meus avós por parte de pai eram do lado africano, os por parte de mãe eram sírios misturados com negros; basta dizer que meu avô era mascate. Desde mocinha que eu tinha certa implicância com esse negócio de namorar rapaz claro, branco. Eu mesma não era de namorar muito, a tia que nos criava desde que nós viemos de Campos não dava muita folga, trazia a gente num cortado. Mas também eu não dava sorte com rapaz negro, português é que me perseguia. Eu tinha uma raiva danada de português. Na verdade todo negro por que eu me interessava já tinha namorada ou simplesmente não me dava a menor bola. E aí — como disse o meu pai — nós pagamos pela língua: casei com um branco. Ele também tinha casado com uma branca. Mas foi um custo para eu namorar o Dilon. Ele morava num apartamento na rua Senador Dantas que dava para o ateliê de dona Lucinda Mesquita, que era no quinto andar de um edifício. Ficava de lá me paquerando, mas eu não estava nem aí, fingia que não estava vendo. Na hora em que eu ia descer de elevador, ele corria e ficava no hall do prédio e cantava até um samba do Geraldo Pereira que fala na "escurinha". Bem, ele tanto fez, tanto fez, que eu acabei namorando. Já não tinha mais desculpa para dar. Na época ele trabalhava num escritório de exportação e importação e queria casar mesmo. E nós casamos. Ele e a família são todos gaúchos, sempre nos demos todos muito bem. Uma das irmãs dele é madrinha do Paulo Cesar, e a mãe dele me adora. Aliás, quando o Dilon começou a me namorar, avisou que estava para se casar com uma negra, e ela não fez a menor restrição. Em 25 anos de casada nunca fui ao Sul, mas os parentes dele sempre que vêm ao Rio estão conosco. Se é verdade que paguei pela língua, paguei com muito prazer.

    O negro brasileiro ainda tem um longo caminho a percorrer e esse caminho passa pelo complexo de inferioridade. Pode parecer até engraçado, mas já aconteceu comigo o fato de colocar um anúncio no jornal ou ligar para uma agência pedindo uma empregada doméstica, e quando ela chega e me vê diz logo que não está acostumada a trabalhar em casa de negro e não fica de jeito nenhum. Só posso deduzir que ela se acharia mais inferior tendo uma negra como patroa. E isso é uma besteira muito grande. Eu por exemplo adoro a minha profissão. Sempre sonhei em ser costureira, foi uma vocação que surgiu quando eu ainda era bem menina. Desde que me casei que trabalho por conta própria, tenho todo tipo de freguesa, desde as que saem na coluna do Carlos Swann até gente anônima e modesta. Nunca me senti inferior por costurar para uma mulher negra como eu, ao contrário, me dá muita alegria. Agora o que não me dá nenhuma alegria é ver novela de televisão. Eles não fazem uma história em que o negro possa entrar como gente comum, tendo família, filhos, bom emprego etc. Será que eles não acreditam que isso também existe ou não andam na rua, nos bairros de classe média ou nos subúrbios? Antes até que eu curtia uma novelinha, mas depois comecei a observar que não aparecia crioulo, além dos serviçais, naturalmente, aí não deu mais. E não vem me dizer que é por falta de negro ou negra bonita, porque essa não cola. E dizer também que não entra porque não é bom ator ou boa atriz não explica, porque tem uma porção de gente ruim aí trabalhando em novela uma atrás da outra. É má vontade mesmo, ou bronca. Uma das duas. Seria tão bonito a gente poder assistir a uma novela com uma família negra normal, com filhos na escola, namorando, casando com véu e grinalda, enfim, tudo o que acontece na vida com todo mundo e não só com quem por acaso nasceu branco. Um desses dias vi uma cena num *Plantão de Polícia*, uma negra que fazia uma ponta de dona de botequim, eles carregaram no ridículo. Um decote enorme, uma saia curta, colada, tipo piranha, quer dizer, para desmoralizar, para avacalhar.

Nos anúncios é a mesma coisa. Uma vez na vida outra na morte aparece um crioulo feito gente. Será que o pessoal que faz anúncio se esquece ou não sabe que crioulo também escova os dentes, toma banho, vai ao médico, compra brinquedo? Uma vez eu estava vendo um programa na TV Bandeirantes, e uma professora estava falando sobre o absurdo das ilustrações de um livro de escola, em que o negrinho está sempre de camisa listrada e calça remendada. Ela dizia que aquilo era racismo, já predispunha as crianças brancas a acharem que negro só pode ser assim mesmo, e nas crianças pretinhas só pode fazer nascer o tal complexo de inferioridade. O governo tem que ver essas coisas, não dizem que isso aqui é uma democracia racial? Ou é democracia só porque os brancos gostam das mulatas? Por falar nisso, essas moças precisam acordar, precisam deixar de ser exploradas. Devem procurar estudar, fazer algum curso, não é só viver rebolando. Daqui a pouco estão buchudas, o tempo passa e o produtor do show vai arranjar outra mais novinha. Dançar é uma arte, mas elas ficam naquele passinho pra lá e pra cá, mostrando o corpo, ficando cada vez mais nuas, e não vão passar daquilo, não é? Eu não acho que isso acrescente alguma coisa à cultura negra, é muita exibição mas não estão valorizando nada, nem a própria mulher como pessoa. Deviam entrar numa escola de dança, aprimorar o talento, aprender a dançar outras coisas, como a gente vê nesses balés de crioulo americano que de vez em quando se apresentam aqui. Senão o final de carreira é muito triste. A gente está cansada de ver vedete branca de pires na mão, agora imagina negra, que não sabe fazer mais nada a não ser rebolar.

Meus irmãos e eu fomos todos educados com muito esmero. Minha avó Delfina, por exemplo, era uma mulher muito requintada. Estava sempre bem vestidinha, elegante, exigia que nós estivéssemos sempre com o cabelo bem penteado e bem trançado. A mesa do jantar lá em casa parecia mesa de casa de rico. Os talheres bem areados, colocados na ordem que manda o figurino; os pratos alvíssimos, os copos sem o menor bago, toalhas e guardanapos de linho, bordados, enfim, quem chegasse de surpresa pensaria que ia haver uma festa. E isso era todo santo dia. Aprendemos a gostar de música clássica e de bons espetáculos, crescemos e nos educamos sabendo apreciar o que é bom. Portanto esse negócio de que negro é grosso e não tem cultura é na cabeça deles. É só darem uma oportunidade que a gente mostra.

NEI BRAZ LOPES

Ex-advogado, ex-publicitário, compositor e escritor

> "Ô, rapaz! Você acha que vai me ganhar?
> O meu advogado é da cidade e é branco.
> O teu é daqui e é preto."

Engraçado, a minha vida tem sido, felizmente, uma progressão de sucessos. Até agora não tive nenhum grande problema de ordem profissional. Quando eu terminei a Faculdade Nacional de Direito da Universidade do Brasil, em 1966, era como se estivesse sendo cumprida uma determinação inapelável. Na infância eu tinha a mania de pegar uma pasta velha, uns papéis, botava tudo debaixo do braço e dizia que era advogado. O meu pai ria muito e me chamava de dr. Jacarandá, que era um velho crioulo que andava de fraque, cravo vermelho na lapela, usava *pince-nez* e circulava pelo Foro se dizendo advogado. Aliás, há quem jure que ele realmente o era. Ao receber o diploma eu já estava trabalhando num escritório de advocacia, no subúrbio de Irajá, onde toda a nossa família se desenvolveu a partir dos dois lotes de terreno que Luiz Braz Lopes, meu pai, comprou há mais de sessenta anos. Lá minha mãe, dona Eurídice, teve os seus 15 filhos, dos quais dez estão vivos, sendo que eu sou o caçula. Como tal, tive as minhas prerrogativas, as minhas vantagens, inclusive — ou principalmente — a de ter podido estudar sem interrupção do primário à faculdade, ao contrário dos meus irmãos, que mal completaram o primário e cedo tiveram que começar a trabalhar. Graças a eles, pude acrescentar o "doutor" antes do nome.

Um dos meus irmãos, que sempre teve habilidade para o desenho, fez um curso técnico, em nível médio, já depois de homem feito, curso técnico de desenho arquitetônico, e conseguiu um grande sucesso profissional trabalhando num bairro então recém-criado, dentro de Irajá, chamado Vista Alegre, hoje um bairro até de classe média alta. Meu irmão projetou praticamente todas as casas do bairro e eu fui trabalhar com ele, praticando, então, a advocacia especificamente ligada a contratos imobiliários etc. Vista Alegre é um bairro predominantemente de portugueses e de boa situação econômica. A maioria era da minha clientela, e os que não eram usavam de certas estratégias para me desacreditar junto aos que eram. Uma vez um português teve uma demanda contra outro e no auge de uma discussão, disse:

— Ô, rapaz! Você acha que vai me ganhar? O meu advogado é da cidade e é branco. O teu é daqui e é preto.

Para gáudio nosso e infelicidade lá do outro português, eu ganhei a ação brilhantemente. Tanto que o meu cliente quis fazer uma passeata pelo bairro, num carro conversível que ele tinha, que era para todo mundo ver quem era o advogado dele.

Apesar de todo o meu sucesso na profissão, decidi deixá-la. Foi uma opção pessoal, refletida, e que me encaminhou para as atividades artísticas que eu já ia levando paralelamente. Eu já tinha feito teatro, mexia com poesia, mexia com música, e a advocacia era uma atividade sufocante para mim, pelo formalismo que ela me obrigava, pelo embranquecimento para o qual ela me empurrava. Eu era impelido para um tipo de comportamento que não estava dentro dos padrões que eu tinha na minha cabeça, aqueles que eu acredito serem do negro brasileiro. Era uma cooptação da ordem social, vamos dizer. Eu estava vendo que, mais cedo ou mais tarde, seria obrigado a frequentar o próprio ambiente dos portugueses e dali a pouco eu seria até diretor da Casa da Beira, do Minho, ou de outra agremiação portuguesa qualquer. Eu acho importante que haja advogados, juízes de direito, magistrados negros, mas desde que essas pessoas se sintam bem exercendo suas profissões. Eu particularmente não me sentia, tinha outros apelos dentro de mim, achava que também poderia ser útil de outra maneira. Com os sambas-enredos de minha autoria e do Wilson Moreira com os quais nós desfilamos nos Carnavais de 1978 e

1979, eu concluí que ali estava tendo uma tribuna enorme, imensa, na avenida e no fato de gravar os sambas, sempre de forte conotação reivindicatória. Então eu acho que o meu trabalho desta maneira é muito mais importante do que se eu estivesse fazendo figuração no meu ramo. Essa decisão foi em nível o mais absoluto.

A minha vida toda foi suburbana, até que eu me matriculei num cursinho preparatório de vestibular, que foi o meu primeiro contato com a Zona Sul, isto por volta de 1960. Neste momento acontecia uma coisa muito interessante dentro da minha cabeça. Pelo fato de ter estudado e ter tido acesso a uma série de informações a que a minha família não tinha, comecei a me distanciar deles, inclusive musicalmente, o tipo de coisa que eu curtia na época era a bossa nova, repudiando as formas de expressão musical que eram as deles e nas quais, inclusive, eu fui criado. Era o choro, era aquele violão tocado mais nos bordões e tal, e eu estava me desligando de tudo isso em função de uma outra linguagem que até me fazia ascender socialmente. E então quando eu decidi fazer o caminho de volta, o fiz de maneira completa, até, de certo modo, radical. Principalmente em termos religiosos: enquanto a minha família, que se dizia católica, curtia aquela umbandazinha familiar, eu entrei no candomblé, pois ali eu achei que estava toda a pujança da nossa cultura.

Depois do rompimento com a advocacia, o meu interesse profissional voltou-se para a publicidade, onde atuei e atuo no setor de criação de *jingles*. A publicidade ainda não percebeu, burramente, que o negro já é tão consumidor quanto qualquer outro segmento racial dentro da sociedade brasileira. E pelo fato de não ter percebido, nos tem induzido a uma série de comportamentos, a uma série de anseios que eu acho que não estão de acordo com a nossa realidade. Eu me lembro quando menino, devia ter uns 13 ou 14 anos, me apaixonei por uma menina perdidamente. Aquela paixão de adolescente, ficava olhando a menina, sacando de longe, e ela era linda, loura, exatamente dentro dos padrões que a sociedade oficial costuma colocar na cabeça da gente. Um dia criei coragem, me aproximei e me declarei no melhor estilo da época. E ela me disse claramente:

— Não vou te namorar não, que você é preto.

Esse fora não me deu nenhuma revolta nem frustração, apenas uma tristeza que eu sublimei nuns versos. Mas isso aconteceu comigo e, sem nenhuma dúvida, aconteceu com outros e ainda continua acontecendo, porque é esse o padrão de beleza que a publicidade vende. Não tem nada que ver com a realidade étnica brasileira. E isso vem dar numa perda de identidade que a gente sente dentro da própria casa. No meu ambiente familiar, por exemplo, pelo fato de a maioria da família ter a pele um pouco mais clara do que se convencionou chamar de negro, a gente era tido sempre como mulatinho e até se definia como tal. Aliás, nem se tocava nesse assunto, era um verdadeiro tabu. Quando uma das minhas duas irmãs estava para casar, a mais velha, que sempre teve tendência a namorar rapazes brancos, houve um problema seriíssimo que quase impediu o casamento. Os pais do noivo não estavam de acordo até o último momento. Por sua vez, a minha outra irmã, que casou com um rapaz mais escuro do que ela, sofreu as mesmas restrições lá em casa.

Sempre que possível tenho sido *freelancer*, não me prendo a nenhuma agência de publicidade, faço *jingles* por encomenda e isso me dá uma certa liberdade para recusar fazer um trabalho que eu acho que contrarie os meus princípios raciais e culturais. Vez por outra a gente é induzido a fazer alguma coisa com a qual entra em conflito, mas vai tocando até o momento em que possa ser detentor dos próprios meios de produção. Teve uma vez que eu trabalhei como empregado fixo numa empresa de produção jornalística, de um ex-deputado. Fui trabalhar lá por uma contingência, a empresa era até bastante malvista, e assim que fui admitido senti logo que era uma empresa gerida familiarmente, era o pai com os filhos e umas pessoas de cuca muito ruim. A função era de redator. Além de mim havia mais três, e o tratamento que me dispensavam era realmente diferente, na base do: "Esse menino é meio incompetente", e coisa e tal... Um dia eu enfrentei um grande desafio de ordem profissional e provei que era tão capaz quanto os outros, o que, a partir daí, melhorou o meu conceito. Mas apesar dessa aceitação em nível profissional, houve um dia em que um dos redatores deveria fazer um contato junto a um determinado órgão governamental. Um não podia porque estava entregue a uma tarefa inadiável, o outro estava viajando, o terceiro estava fazendo não sei o quê, então alguém lembrou:

— Por que não o Nei?

E o deputado nem titubeou:

— Ah, o Nei não tem aparência pra esse tipo de contato.

Eu percebi imediatamente que a aparência a que ele se referia era a minha cor. Essa é a sutileza da discriminação racial no Brasil, velada, não ostensiva, mas insidiosa. E isso você pode observar até nos livros escolares. Onde estão os heróis negros? O próprio fato que levou o negro à marginalização em que se encontra hoje foi a ênfase que se deu à imigração europeia logo após a abolição da escravatura, em detrimento da mão de obra negra, que estava aqui prontinha para assumir o seu lugar numa nova ordem econômica.

Certa vez eu vi no *Fantástico*, da TV Globo, uma reportagem sobre a colônia Juliano Moreira, em Jacarepaguá, colônia de doentes mentais, e o que eu pude notar, o que aliás todo mundo pôde notar, foi que cerca de 80% das pessoas internadas eram negras; isso me chocou muito, me entristeceu demais. No dia seguinte, andando pela rua, observei que os grandes párias da nossa sociedade, os loucos, os bêbados, os mendigos e, por consequência, os criminosos e a população carcerária eram basicamente negros. Aí sim, pintou uma tristeza que gerou uma revolta, uma vontade muito grande de acabar com isso, de acabar com esse tipo de situação. E pensar que tivemos um glorioso passado de lutas, bonito, e hoje nem sabemos direito quem somos. Eu reconheço que a minha família, por exemplo, não tem ligação consciente com o que se relacione ao nosso passado mais remoto, ao passado africano, e meu pai nasceu em 1888, meses antes da abolição. Qualquer imigrante que vem para o Brasil tem condição de se organizar no sentido de cultuar as suas tradições, e isso é muito importante. É a maneira de se restabelecer o que se chama identidade cultural, para poder viver um passado bem estruturado e construir um futuro decente para os nossos filhos.

Há algum tempo, quando meu filho tinha uns cinco anos, nós o matriculamos numa escola particular no Grajaú, e não havia negro na escola, ele era o único. Um dia ele chegou para mim e pediu:

— Pai, compra uma peruca pra mim, que é pra eu poder sacudir o cabelo e pros meus colegas poderem puxar. A gente quer brincar, às vezes, de puxar cabelo e o meu não dá.

Isso me deu um pânico muito grande, eu constatava que o meu filho estava perdendo os seus valores e que, na verdade, ele nem os tinha adquirido inteiramente. Eu precisava fazer alguma coisa. A solução foi tirá-lo daquela escola e colocá-lo numa pública, onde ele teve contato com outras crianças negras como ele.

A gente está vivendo um momento em que há a articulação de várias facções do que se poderia chamar de movimento negro. A gente percebe que é uma coisa muito emocional ainda, de certa forma empírica, mas é um negócio válido, na medida em que as pessoas começam a levantar o problema, discuti-lo e procurar soluções. Eu acho que o que a gente precisa é exatamente dessa conscientização, essa retomada da identidade cultural, para que a gente contribua efetivamente, para que a gente possa ter o nosso espaço dentro da sociedade brasileira, para que possamos contribuir para a grande civilização universal realmente.

O nosso trabalho deve ser feito no sentido da revitalização da nossa cultura básica, para nos levar à tão falada retomada de nossa identidade cultural, que, ao meu ver, é o dado inicial para restabelecer o elo com a nossa ancestralidade. Creio que nesse momento estaremos conseguindo a ponte do nosso presente com o nosso futuro, através dos nossos filhos. E, sem fazer proselitismo religioso, acho que o grande repositório de toda a nossa cultura está na religiosidade de matriz africana. Eis por que hoje, em 2008, tenho 22 livros publicados, além de ser compositor, e sou escritor respeitado. Desde 2000 cultuo meus orixás dentro da tradição cubana, iniciado que sou no culto de Ifá.

MÃE TORODI
Mãe de santo e assistente social

> "O fato de ter pele branca não significa que a pessoa seja branca."

Nasci no Rio de Janeiro, no bairro de São Cristóvão, filha de portuário e tecelã. Fui batizada com o nome de Olídia Maria da Conceição Lira da Silva, mas desde 1975 sou Torodi, nome que recebi na minha iniciação no candomblé, e que é uma palavra iorubana que quer dizer guerreira. Sou filha de Ogum, e o oráculo previa que eu seria preparada para guerrear. E não há dúvida que ser mulher, negra, viúva, em nosso país, na nossa cidade, e defender a causa dos menos privilegiados é realmente uma guerra. Hoje sou ministra do culto, ialorixá (Mãe Ilê Axé Ila Cruê), e a anterior foi minha tia. Minha casa de santo tem 11 anos e hoje em dia eu parei a contagem em 240 iniciados, mas o trabalho social que desenvolvemos vem desde 1979. Hoje a nossa causa é a luta contra a violência que a mulher sofre, em casa, no trabalho, na rua.

Na verdade me iniciei na religião muito cedo, tinha 15 anos. Casei muito cedo também, fiquei logo grávida do meu filho William, que hoje é quem coordena todos os nossos projetos. Passei muitos momentos difíceis, fiquei viúva com 28 anos, sou mãe de cinco filhos, criados com muito sacrifício, muita luta e algumas decepções. Minha família tinha algum recurso, tanto que eu estudei até o científico. Meu pai, Ladislau, era líder sindical e comunitário, e desde muito cedo eu o acompanhava como uma espécie de secretária. Com o que herdou do meu avô, ele montou uma empresa que trabalhava com sucata e olaria que chegou a prosperar muito, mas ele sofreu um infarto fulminante e de uma hora para outra ficamos sem chão. Mesmo assim fui à luta, não esmoreci. Durante dois anos me dediquei em tempo integral àquela fábrica, peguei uma sinusite trabalhando no forno, e como se não bastasse tive que lidar com o machismo dos operários, que diziam alto e bom som que não estavam acostumados a serem mandados por mulheres — éramos eu e minha cunhada.

Foi quando mudamos a metodologia do pagamento deles, que era semanal. Como tínhamos que pagar as dívidas, chamamos todos eles, conversamos, fomos ao armazém, que ficava em frente, ajudamos a organizar as dívidas das compras para casa, depois chamei as mulheres deles e disse:

— A partir de agora o pagamento vai ser por quinzena. Uma semana eu vou pagar ao armazém e a outra pago a vocês.

A bronca foi geral. Eles reclamaram, fizerem motim, sabotaram a máquina de fazer tijolos. Um dia, de madrugada, eu abri o forno e disse:

— Olha, ou vocês param de sabotar ou eu vou fechar. E vai ficar todo mundo desempregado.

Foi aí que eu senti o que é ser discriminada por ser mulher e, ainda por cima, mulher negra. Eu sofri muito com aquilo. Chegava em casa e chorava de raiva. O gerente, em quem a gente confiava, deu pra trás. Se não fôssemos mulheres de muita fibra, acostumadas a lutar, filhas de mulheres com fibra, acho até que a gente teria apanhado, por mais que dissesse:

— Não esqueçam que vocês são filhos de mulheres e são casados com mulheres.

Sabe o que eles respondiam? Parecia até ensaiado:

— Mas mulher na minha casa não manda. As senhoras mandam demais.

O desencanto empresarial acentuou a minha disposição para cuidar do terreiro de minha mãe, onde eu era *ia kerekê*, que quer dizer mãe pequena, mãe de santo, a segunda pessoa da casa. E comecei a atuar no lado social. Passei a colaborar com a Fundação Leão XIII, cuidando especialmente das meninas que andavam soltas pelas redondezas do Morro da Dutra e do morro do Urubu, meninas carentes, desamparadas, presas fáceis de maus elementos. Eu peguei aquela garotada toda e comecei a fazer trabalho social com elas, porque era minha tarefa como religiosa. Elas vinham aqui reclamar e a reclamação não era de religião, era social, era a discriminação que elas sofriam.

O mais curioso é que eu também sofria discriminação, por tomar conta de pessoas que sofriam discriminação. Muita gente vinha me dizer para eu não me envolver com aquelas jovens, porque não tinha jeito, eram produto do meio. Eu ouvi muito isso, agora tenho parceiros e amigos que me ajudam, mas muita gente me virou as costas quando precisei. Hoje muitas daquelas meninas foram as minhas primeiras filhas de santo, estão aí trabalhando, têm profissão, têm a família delas e devolvem o que receberam, dando a outros.

Vendi muita roupa, fiz curso de cristais, cromoterapia, numerologia, palestras, sempre tendo o foco na juventude. Trabalhei com pessoas que tinham HIV, através da aérea estadual da saúde, mas antes trabalhava aqui em casa mesmo, atendia a eles, dava alimentação, muita carne de conquém (galinha-d'angola) e muito carinho.

Atualmente estamos mergulhados num projeto chamado Aprendendo a Aprender, que tem vários núcleos, de meio ambiente, de ecologia e de capacitação da mulher para o desempenho de várias tarefas que promovam geração de renda. Outro projeto ao qual nos dedicamos é o da Rede Aiaguibá, são quarenta mulheres que aprendem corte, costura e pintura em tecido. Da saúde também não descuidamos, estamos atentos ao serviço de prevenção da AIDS.

Com relação às crianças, temos um trabalho muito especial de psicologia, porque está provado que muitos dos problemas que algumas crianças apresentam têm como origem a própria casa, o próprio núcleo familiar. Em abril passado fechamos um acordo com a Secretaria de Mulheres e a Rede Crioula, também apoiando a Aiaguibá. São 160 mulheres que, além dos ensinamentos dos quais já falei, vão entrar num projeto de intercâmbio internacional. Recebemos duas estudantes negras da Universidade de Harvard e estabelecemos as bases para essa troca que vai ser de fundamental importância para ambos os lados. Vão vir alunos que já aprendem português lá, e aqui vão ter a oportunidade de conhecer a nossa realidade e os detalhes sobre a história do Brasil.

O que nós destacamos para as nossas crianças e adolescentes é que o fato de ter a pele branca não significa que a pessoa seja branca. Trabalhamos a autoestima deles, para que conheçam a nossa identidade e o resgate da história de nossa cultura, da qual a religião é parte importantíssima.

Eu tenho amigos pastores, padres, que também se direcionam à população negra e valorizam a negritude. E isso é prá lá de necessário. Nosso slogan é "Ajude a quem precisa e receba de quem tem". Por isso estamos mergulhados na tarefa de mudar a história de uma comunidade abandonada, que é Venda Velha, em São João de Meriti. Abandonada mesmo, um município onde a maior parte da população é negra, e quando se perguntava a um grupo de crianças quem era negro, só uns dois, de pele mais escura, se reconheciam como tal. Hoje já mudou bastante, todo mundo se assume. Só quem é branco mesmo, de cabelo liso, é que diz que não. Agora todos têm orgulho. Eles fazem curso de teatro, iorubá, inglês, capoeira, empreendedorismo, música, percussão, aprendem com as caixas a comprar e vender, fazem até eleição simulada quando tem eleição para prefeito.

Como é que eu mantenho isso? Eu troco meu trabalho religioso com clientes, alguns empresários bem-sucedidos, pela ajuda às crianças. Como é a troca? Eles vêm, eu jogo os búzios, e o dinheiro que dão é canalizado para os nossos serviços sociais. Fora isso tenho muitos voluntários e doadores. A Secretaria de Promoção para Igualdade Racial (SEPPIR) ajuda muito enviando cestas básicas. Tudo isso é muito importante. Com essas cestas nós estamos dando quatro refeições diárias para as crianças. A mãe da maioria delas trabalha fora e não tem oportunidade de ver seus filhos crescerem. Um desses dias a professora de uma escola veio me pedir para explicar por que um dos nossos alunos é o primeiro e os outros não acompanham nem de perto. Eu disse a ela que a explicação é simples, chama-se alimentação.

Estou aguardando agora a doação de duas cabras, para fazer queijo com o leite delas, que tem proteínas à beça. Breve vamos começar uma horta, parte do projeto Ilu ayê (terra da vida), que vai nos abastecer com tudo quanto é verdura, legumes e frutas. Vai ser uma beleza.

Com o tempo e com muito trabalho, temos modificado o comportamento de muitas crianças que tinham vergonha dos pais ou do fato de serem criadas pela mãe e não saberem quem era o pai. Graças a Deus e aos orixás, o panorama mudou da água para o vinho. Na festa que fazemos no Natal, dá gosto de ver meninos e meninas chegarem todos arrumadinhos e acompanhados. Tem gente que até chora de emoção, nunca tinha dado uma festa assim para seus filhos, com árvore, Papai Noel, presentes e tudo mais. Mas hoje eles têm orgulho de verem suas crianças jogando capoeira, dançando maculelê, aprendendo jongo.

Há pouco tempo veio uma equipe de cinema do Canadá para fazer um documentário. Nele falou-se sobre o culto dos orixás, o navio negreiro, a chegada dos negros escravos, e contando não as chibatadas e os castigos, mas o que trouxemos, nossa espiritualidade, a riqueza de tradição dos nossos ancestrais, nossa história e indumentária. O filme ficou lindo. Tem até o hino nacional tocado com percussão afro-brasileira.

Do grupo inteiro de que nós cuidamos, uma parte fica o dia todo, porque as mães precisam trabalhar. Mas no nosso horário eles entram às oito horas e saem ao meio-dia, porque vão para outras escolas, almoçam, aqui, tomam banho, e os que vêm de outras escolas, à tarde, ficam até as seis horas.

Nós começamos em agosto de 2003. Começamos com 16 crianças, a estrutura era precária, qualquer pedaço de madeira servia para mesa ou para banquinho. Chegamos a sessenta e logo a cem. Foi quando eu passei a ganhar doação de legumes, e era tanta coisa que ainda sobrava para dar a algumas mães quando vinham pegar as crianças. Quando o pessoal saía na rua com as sacolas, os outros viam e no outro dia isso aqui estava cheio, a possibilidade de ter alimentação atraía todo mundo, e eu tinha que me virar. Ainda é complicado, mesmo hoje, por mais oportunidade que o governo dê, Bolsa Alimentação, Vale Gás, mas o que as pessoas precisam é de ter cidadania, sem ganhar nada de ninguém, poder comprar, escolher o que querem é ter o orgulho de dizer: "Eu trabalhei, eu conquistei."

Nós acreditamos fazer cem núcleos em dez anos. Todos sempre ligados à casa de santo, porque é uma educação diferenciada, sim, ligada às matrizes africanas. Assim como tem católica, evangélica, metodista, a nossa é uma escola ligada ao nosso povo.

Domício Proença Filho
Professor e escritor, membro da Academia Brasileira de Letras

"Sou mulato, da melhor mulataria."

Eu sou orgulhosamente filho de escola pública em toda a extensão da minha vida. Fui alfabetizado por minha mãe aos três anos de idade, quando já ficava seduzido pelas letras e figuras do *Tico-Tico*, revistinha infantil que encantou gerações. Quando fui para a escola paroquial as professoras me impediam de escrever com a mão esquerda, e eu era canhoto. Era obrigado a escrever com a direita, o que hoje é pedagogicamente incorreto, um erro sério que pode deixar sequelas. É até possível que isso tenha me dado alguma consequência em algum momento da minha vida e eu não percebi. No futebol eu só jogo na ponta esquerda.

Vivi minha infância na ilha de Paquetá, no bucolismo daquele lugar onde era íntimo das árvores, das plantas e dos bichos. Minha primeira escola tem o nome de Joaquim Manoel de Macedo, como todos sabem, autor do romance *A moreninha*. Tinha professoras brancas, morenas, mas negra nenhuma. Houve uma que foi a minha paixão de infância, me projetei muito nela, foi a professora Gisela Maia Pires de Carvalho. Era excepcional, criatura doce, compreensiva, paciente, era só carinho.

Paquetá era um lugar curioso, a ilha tinha uma média de 2 mil, 2.500 pessoas e todo mundo era mais ou menos parente. Quando não era de sangue, era filho ou mãe de leite, afilhado, compadres e comadres. A maioria não era conhecida pelo sobrenome. Minha mãe, Maria de Lourdes, era chamada de Maria do Domício, que era meu pai. Como se pode notar, era um machismo explícito. Tinha Maria do Cecéu, Antonieta do Mazinho, essa era a prática. Não havia noção de preconceito, todo mundo aceitava todo mundo. O presidente de um dos clubes de Carnaval — tinha dois — era um negro retinto, fortão, que, segundo se dizia, era também pai de santo; uma das figuras mais queridas da ilha.

Mas nem tudo era maravilha. Como a minha condição econômica era pior do que a das meninas que eu pleiteava, uma vez me dei mal. Era uma menina lindíssima, para a minha paixão de adolescente, mas linda ainda, e nos apaixonamos. Os pais, que eram um pouco mais claros do que eu, que sou bem moreno, não queriam de jeito nenhum. Numa noite da quermesse da festa de São Roque resolvemos que íamos enfrentar todos. Saímos de mãos dadas da praia e, quando passamos em frente ao coreto onde a banda tocava, dois brutamontes me puxaram pelo braço, me deram umas porradas e nunca mais permitiram que ela voltasse a Paquetá.

Fui reencontrar essa menina, já não mais tão menina, trinta anos depois, numa rua aqui do Rio. Juro que não estava muito diferente, ou não a teria reconhecido, estava apenas um pouco mais gordinha. Ela me viu e disse: "Domincinho!" No mesmo instante eu disse: "Fulana!" E ela completou: "Olha o que eles fizeram comigo ao me tirarem de você!" Isso trinta anos depois. Ela estava cheia de equimose e relatou as violências que sofria do marido. Quando eu perguntei por que ela não saía de tal situação, ela disse que toda a família dependia economicamente daquele casamento... E tinham se passado trinta anos.

Quando meu pai morreu eu estava terminando o curso primário, foi um baque geral. Éramos quatro filhos — seríamos cinco, mas um faleceu antes de meu pai. Eu era o mais velho, com nove anos, e para sustentar todo mundo minha mãe não teve outra alternativa senão trabalhar fora. Também achou uma solução inteligente — ela foi sempre muito lúcida e objetiva —, nos matriculou em colégios internos. Eu não tinha idade para entrar no colégio Pedro II, naquela época tinha essa regra. Esperei um ano para prestar o exame de admissão e para conseguir passar, fui aluno único de uma professora que se esmerou e me deixou tinindo. Cheguei lá com tudo em cima — era a minha iniciação na aristocracia do conhecimento.

Eu fiz exame para o Pedro II, passei. Um outro irmão foi para um da prefeitura, minha irmã também, só o outro, que era doentinho, ficou com ela em casa. Devo ao internato do Pedro II praticamente toda a minha formação, meu ingresso na vida, mas foi dolorido. Quando eu desci da barca no cais da Praça XV, foi para mim um atordoamento geral. Imagina minha mãe me deixar num lugar desconhecido, numa realidade totalmente diferente da nossa, e ir embora. Foi uma grande ruptura, eu vivia num estado de inocência, em convívio com a natureza, e de repente estava no Rio de Janeiro, cidade da qual eu não tinha a menor noção de como era ou seria. Era muito para mim.

Chorei três meses sem parar, o chefe de disciplina já estava assustado. Eu saía no sábado, ia para casa, voltava na segunda-feira, e começava a chorar tudo de novo. Materialmente minha vida tinha melhorado bastante. Eu entrei no colégio com uma calça curta, uma camisa e um par de sapatos. Na primeira semana ganhei uniforme completo, que consistia no seguinte: farda interna, farda externa, farda de gala, meia dúzia de camisas amarelas, meia dúzia de camisas brancas, meia dúzia de meias e várias cuecas. Além do sapato, que era conhecido como "tanque colegial", e uma pelerine. A maioria dos alunos era de classe pobre, alguns podiam um pouco mais e outros não podiam quase nada, mas o tratamento era rigorosamente igual.

Aos poucos fui me habituando, e passados os três meses de angústia comecei a tomar gosto pelo colégio. Como gostava muito de ler e estudar, em pouco tempo era o primeiro aluno da turma e, logo depois, do colégio. E assim fui durante sete anos, de ponta a ponta, o que inclui também o curso clássico, pelo qual optei.

Durante esse período, com alguns colegas, fundei o Grêmio Recreativo, que realizava sessões literárias às quintas-feiras, motivo de inveja do grêmio do externato. O que mais agradava eram as declamações. Tinha um amigo, o Luis Carlos, que fazia um tremendo sucesso com os poemas de Castro Alves, notadamente "Vozes d'África" e "Navio Negreiro". Eu tinha um poema que a plateia sempre exigia e lia também alguns artiguinhos literários que eu escrevia na época. Lembro de um que tinha o título de "Pródromos da literatura brasileira", é mole? Foi até publicado na *Revista do Internato*.

Aos 12 anos, com o prestígio de ser o primeiro aluno da classe, comecei a dar aulas aos meus colegas. Ali despontava a vocação para professor. Um certo dia o pai de um deles chegou e me disse: "Meu filho está fraco, você podia dar umas explicações pra ele?" Naquele momento senti que poderia contribuir na renda familiar, eu tinha noção das dificuldades da minha mãe. Aí, eu cheguei para o seu Rubens Seixas, que era o chefe de disciplina, e contei que estavam pedindo para eu dar aula particular. O turno da noite ia das seis e meia às oito e meia da noite, então ele me disse que eu poderia dar aula até sete e meia. Meu primeiro salário foi de 100 cruzeiros por mês, que maravilha! Mais ou menos o que ganha hoje uma professora primária. Comecei a dar aula para dois de cada vez, e em pouco tempo minha agenda estava lotada. Um dia chegou um pai meio aflito e queria porque queria que eu desse aula para o filho dele. Eu recusei porque não tinha como, os horários estavam tomados. O cidadão não quis saber, disse "Eu pago mil cruzeiros!" Corrupção direta, o poder econômico é fogo. Eu comentei com o seu Seixas e ele me aconselhou a dar aula no recreio. E foi o que eu fiz. Perdi o recreio, mas ganhei uma grana.

No Pedro II eu aprendi francês, alemão, latim e grego, que por falta de uso saiu da memória, se bem que ainda falo algumas frases. Quando eu fiz vestibular para a faculdade de filosofia, não fiz cursinho nem nada. Passei direto. Anos mais tarde, quando fui à França, o francês que eu usei foi o aprendido no colégio.

Na faculdade fui fazer letras. Aliás, devo isso a um grande professor, colega e amigo, infelizmente já falecido, o Omar Terra da Silveira, que quando eu estava no terceiro ano do ginásio percebeu a minha dedicação ao português, ao latim, percebeu as minhas possibilidades e um dia me perguntou o que eu queria fazer na vida. Eu disse que ainda não sabia, que minha mãe desejava que eu fosse militar, porque era uma carreira mais fácil, mas não era a minha. Ele então me deu uma aula sobre a faculdade de filosofia e a cadeira de letras. Resolvi naquela hora e finalmente cheguei lá. Na minha turma só havia mais um negro, o Amaury de Souza. Incrível.

Quando eu terminei a faculdade fui para o Pedro II como professor, e depois voltei à faculdade também como professor, inicialmente de jornalismo, depois passei para teoria literária. Fui assistente do Afrânio Coutinho, meu mestre no Pedro II e meu ídolo absoluto. Simultaneamente dava aula na PUC e fazia um curso sobre comentário de texto. Esse curso foi repetido algumas vezes só para professores, que me pediam para que fizesse apostilas. Teve um que me deu a ideia de publicá-lo como livro. A princípio fiquei temeroso por causa da implacável Lei de Imprensa — estávamos em plena ditadura —, mas decidi correr o risco. Fiz o livro às minhas próprias expensas: *Estilos de época na Literatura*, e ele pegou. Hoje está na vigésima edição.

Não demorou muito e fui convidado para dar aula na Universidade de Colônia (Alemanha), na condição de titular catedrático. Agradeci explicando que não poderia viajar naquele momento, porque ainda não tinha feito o meu mestrado e doutorado. Achava que não tinha aquela dimensão toda e ficaria feliz se me convidassem como professor docente. Eles insistiram numa carta, em que diziam: "Não estamos convidando o senhor por uma titulação gentil, estamos convidando o senhor porque conhecemos o seu livro e a sua atuação na faculdade." Eles mantiveram o convite de *gast professor*, que significava três horas de aula por semana, total e absoluta independência. E lá fui eu dar um curso de literatura brasileira. Passei um semestre de verão, me chamaram para outro e depois para mais um outro. Em outras ocasiões estive em Paris fazendo conferências durante um mês, e em Roma também.

Já aqui no Rio, uma tarde tomando uns chopes com um amigo que trabalhava na Nestlé, ele me saiu com essa maravilha: "Domício, estou com uma verbinha e queria fazer uma bienal de artes plásticas, o que é que você acha?" Eu disse para ele: "Mais uma? Por que não faz de literatura? Pode deixar que eu faço o projeto." E assim nasceu a Bienal Nestlé de Literatura, um dos prêmios mais prestigiosos e cobiçados do país.

No coquetel de lançamento o presidente da Nestlé me apresentou a uma dama quatrocentona da sociedade paulista, dizendo que eu era o idealizador da Bienal. Ela me olhou e perguntou com um olhar de certeza: O senhor é indiano, não?"Eu respondi: "Não senhora, sou mulato da melhor mulataria." Ela quase desmaiou.

Ao longo da minha vida tive poucos incidentes relacionados à questão do preconceito racial. Depois do episódio de Paquetá o mais brabo foi quando estava namorando, ainda na época do Pedro II, uma lourinha linda e os pais não faziam a menor objeção. Uma noite estávamos de bicicleta, íamos atravessar a ponte em direção ao namoródromo que ficava mais adiante, e quando passamos em frente a um grupo de jovens fomos apedrejados por eles, que gritavam: "Botafogo! Botafogo!", porque era preto e branco. Meus colegas reagiram e o pau comeu. Acelerei a bicicleta, chegamos na praia e choramos abraçados. O namoro não terminou por causa disso, fui terminar por pressão da minha mãe, que não gostava da ideia do filho casado com uma loura. Foi um sofrimento daqueles.

Minha entrada na Academia Brasileira de Letras demorou pelo menos quase oito anos para se consumar. Sempre convivi bem com todos os acadêmicos, fiz várias palestras, participei de muitas iniciativas no campo literário, mas sempre que anunciava que ia me candidatar havia um "porém", apesar de dizerem que eu já era praticamente da casa. Até que em 2006 fui eleito para a cadeira número 28, cujo patrono é Manoel Antonio de Almeida, e na vaga do jurista Oscar Dias Carneiro.

Durante a campanha não houve nenhuma menção à minha condição racial. Havia mesmo quem dissesse veladamente: "Precisamos de um representante da etnia aqui, porque temos vários, mas não se assumem." Mas nunca houve uma manifestação explícita, nem a favor, nem contra — ainda que eu sempre tenha dito que a mulatice é muito tranquila, te deixa circular entre os dois mundos.

Milton Gonçalves
Ator

> "Fiquei muito atarantado durante anos, muito raivoso, ressentido, desconfiado..."

"Você acha que a polícia vai fechar o clube por sua causa?" Essa pergunta do Paraná, que era um dos diretores da Associação Atlética São Paulo, quando eu quis fazer valer os meus direitos de cidadão para entrar no baile de sábado de Carnaval, bateu como uma pedrada na minha cabeça e ressoou pelo corpo inteiro. Por coincidência, o Paraná era a grande glória do clube, ele tinha participado das Olimpíadas de 1938 e apertado a mão de Hitler... Eu fazia parte da turma da Ponte Grande, bairro onde morávamos, e tinha um ótimo relacionamento com os outros jovens. A maioria dos rapazes tinha as suas namoradinhas. Eu também namorava, só que ninguém me namorava. Elas não sabiam, acho que só uma desconfiou uma vez. Eu não tinha muito ânimo de me declarar, e, quando resolvia, ela já tinha outro namorado. Eu sempre chegava atrasado. Mas também tem uma coisa que é preciso ser levada em conta, a psicologia de um negro nas condições em que eu estava. O receio de ser rechaçado, de levar um não pela proa, de ser lembrado para não confundir amizade com outra coisa, enfim, todos os temores que um negro no estágio em que eu me encontrava normalmente tem.

Eu era pobre, trabalhava numa gráfica, tinha o apelido de Chocolate, não tinha coragem de alisar o cabelo, mas usava uma gominha de meia para amansar o pixaim porque eu tinha vergonha de ter cabelo duro. Andava com a bunda para dentro, para não parecer bundudo, porque também tinha vergonha desta característica da raça, e passava álcool com alvaiade — esse mesmo, de pintar sapato branco — debaixo do braço, que era para evitar o odor das axilas. Enfim, fazia todo o possível para ficar o mais próximo possível do modelo físico do dominador, do dono da sociedade.

Antes de ser gráfico, com 12 anos eu era aprendiz de farmacêutico, dava injeções, preparava poções, fazia entregas em domicílio e pequenos mandados. Depois fui trabalhar na livraria Elo, onde descobri o prazer de ler. Esta livraria ficava na rua Regente Feijó, lá em São Paulo, e as pessoas que frequentavam eram na maioria comunistas. Gostavam muito de mim, me incentivavam a ler e estudar. Eu era meio mascote, meio mensageiro, toda hora estava na sede do Partido, na rua da Glória, e absorvi muita coisa que iria ser digerida ao longo da minha vida. Na verdade hoje eu sou uma mistura de espiritualista, marxista, umbandista e católico. Teve uma época que eu queria ir para a Marinha Mercante, outra ocasião pensei em ir para um *kibutz* em Israel. Eu tinha crises de solidão muito fortes e acho que para escapar pensava em viagens e em outras terras. Tive ainda a fase esportiva, queria fazer atletismo e até comecei no clube Floresta, mas não deu pé. Como é que eu ia ser atleta se era alimentado com feijão, arroz e couve? De vez em quando pintava uma galinha, mas muito de vez em quando mesmo... Conclui-se facilmente que não era possível.

Quando éramos todos de menoridade, uma das grandes diversões era furar o baile da Associação Atlética São Paulo, pulando o muro. Eu ficava lá dentro, com o coração batendo disparado, me escondendo pelos cantos — era o mais fácil de ser identificado. Acho até que o pessoal do clube fazia vista grossa, a coisa toda era levada meio no folclore, a gente não incomodava etc. Quando eu fiz 18 anos, a turma toda tinha crescido também, e fomos então ao primeiro baile noturno de Carnaval. Eu pensava que, finalmente, iria dançar uma vezinha que fosse com a menina de quem eu gostava muito, a Neide, uma das grandes paixões da minha adolescência. Como acontecia sempre, eu estava namorando, mas ela não sabia, se bem que eu acho que, de vez em quando, me dava uma bolinha. Desconfio até que me gozavam, o pessoal ficava de longe me observando, ela me dava bola e aí me gozavam porque na verdade eu tremia todo, ficava nervoso, suava, aí fechava o braço, trancava o sovaco para não sair o suor, enfim, aquele sufoco.

Comprei o meu ingresso, como todo mundo, e na hora que fomos entrar, o porteiro, que era meu amigo, jogava bola com a gente, me disse:

— Olha, vai me perdoar, mas não dá pra você entrar, não.

— Roberto, o que é que houve? Você está me barrando?

— Não é bem isso, Chocolate. Aguenta aí, espera um instantinho que eu vou chamar um diretor.

O suor era incontrolável, os meus olhos foram ficando embaçados a ponto de eu enxergar com dificuldade. As outras pessoas foram entrando, a fila continuou a passar e eu fiquei ali, à margem, morrendo de vergonha, até que chegou o tal do Paraná, um mulato grande, que veio com aquele mais-mais:

— Você compreende, os sócios não vão gostar de ver crioulo no salão, pega mal. Colabora comigo, não cria caso.

— Mas como, meu Deus do céu, eu conheço todo mundo aí dentro e, além do mais, o baile não é público? Eu paguei o meu ingresso.

— É verdade, Chocolate, você está certo. Mas não dá.

— Espera aí, vamos com calma, eu posso fazer uso da lei que existe aí. Você sabe que existe uma lei que proíbe esse negócio de racismo. Sim, porque isso que vocês estão fazendo é racismo.

Foi aí que o Paraná, que se vangloriava de ter apertado a mão de Adolf Hitler nas Olimpíadas de 1938, deu a pá de cal no assunto:

— E você acha que a polícia vai fechar o clube por tua causa?

Eu acordei. Não ia fechar mesmo. E o mundo desabou sobre a minha cabeça. Ninguém da minha turma voltou para saber o que tinha acontecido comigo. Ninguém. E eu pensei: realmente estou sozinho no mundo. Foi uma agressão violenta e funda. E coletiva. Percebi que não podia me valer de ninguém, não podia recorrer nem à minha família. Minha mãe não tinha condições de me orientar intelectualmente, o pouco que ela sabia mal dava para ela. Todo o apoio que ela podia me dava, mas sabe como é que é, aquele apoio de mãe, cheio de amor, de calor, mas que não dava para brigar com os homens e o seu poderio. Saí da portaria do clube com a garganta apertada — seria saliva? — e com uma dor no peito que quase não me deixava andar. Fui até o botequim da esquina que era de um italiano chamado Alfonso Pravadelli, ex-cantor de ópera, já meio velho, que tinha fugido da Itália por causa da guerra e que tinha sido muito hostilizado por sua condição de italiano logo que tinha chegado a São Paulo. O filho dele, Carlo, tinha problema de neurose de guerra e o pessoal, de sacanagem, jogava bombinha de São João no botequim, só para ver o garoto se espernear todo de medo. Quando explodia morteiro ou cabeça de negro, ele dava ataque brabo mesmo. Quando eu cheguei no botequim do Pravadelli eram mais ou menos 11 horas da noite e estava vazio. No que eu entrei ele sentiu que alguma coisa tinha acontecido e me perguntou:

— O que é que aconteceu, Chocolate?

— Nada — eu respondi. — Me dá um copo de cana.

Evidentemente ele se espantou, porque nunca me vira beber antes, e insistiu:

— Fala aí, rapaz. O que é que houve?

Não aguentei e desabei num choro que durou não sei se meia hora, se uma hora ou mais, não sei. Chorei tudo que podia. Só então contei o que tinha se passado. O Pravadelli relutou em me dar a cachaça, mas eu disse a ele que se ele não me desse eu ia beber em outro lugar. Aí ele pegou um copo desses de beber cerveja, botou cana até a metade e eu tomei aquilo de um gole. Bateu no estômago, eu fiquei tonto, mas deu para amortecer. Ainda chorei muito nesse dia em que tomei algumas decisões importantes na minha vida. A primeira: voltar a estudar de qualquer forma; a segunda: sair do bairro o mais depressa possível; a terceira: vencer de qualquer forma, ninguém me seguraria; e a quarta: não permitir que me humilhassem nunca mais.

No dia seguinte não me encontrei com a turma. Saí sozinho, fui dar umas voltas e tentar não pensar no que tinha acontecido na noite anterior. Para azar meu, encontrei logo de cara com o Paraná, que, com o ar mais cínico do mundo, sorrindo até, disse calmamente:

— Olha, ô Chocolate, ontem não deu, mas aparece no clube logo mais que eu quebro o teu galho.

Limitei-me apenas a dizer:

— Não quero. Não quero, não!

E sumi. A simples presença do Paraná me dava uma sensação estranha, um calafrio que me corria pela espinha. A minha vontade era mandar ele à puta que o pariu, que enfiasse o clube no rabo, mas não convinha. O melhor era sumir.

Depois do Carnaval o Leonel Kogan, que jogava futebol no nosso time e era diretor de um grupo de teatro, foi lá na gráfica para a gente imprimir os convites. Eram para uma peça inglesa intitulada *A mão do macaco*. Não era a primeira vez que o Leonel levava convites para a gráfica imprimir, mas não sei por que naquela vez eu disse a ele que gostaria de ir assistir. E fui. Meti lá uma gravata e fui ver a tal peça. Umas semanas depois o Leonel apareceu na gráfica e me perguntou:

— Como é, gostou do espetáculo?

Eu respondi que sim, que tinha ficado muito impressionado — era a primeira vez que eu entrava num teatro — e gostaria até de fazer aquilo. Eu achava que dava pé para mim, que eu levava jeito. O tempo correu e uma tarde, quase no fim do expediente, o Leonel apareceu lá outra vez e me disse à queima-roupa:

— Arranjei pra você fazer um papel numa peça.

— Você ficou louco? — foi a minha resposta.

Antes que eu saísse correndo porta afora, o Leonel me segurou e explicou que se tratava de uma peça infantil, era um papel pequeno e coisa e tal. Terminei indo. A peça era *A revolta dos brinquedos*, do Pernambuco de Oliveira, e eu ia fazer o soldado. Soldado de chocolate...

Comecei a ensaiar e alguma coisa dentro de mim ia crescendo, estava sentindo que uma mudança seria importante, estava para acontecer. Eu sou espiritualista, como já disse, e acredito que o destino esta aí, mas a gente pode ajudar ou atrapalhar. Você pode modificar o curso se quiser. É a mistura do livre-arbítrio do católico com a predestinação, o fatalismo carismático da umbanda. Senti, de repente, que ali estava a minha grande chance. E comecei a ensaiar, muito nervoso. Não demorou muito e fui chamado para trabalhar com o elenco da peça de adulto que estava sendo montada.

Era *O Dote*, de Artur de Azevedo. O ator que estava fazendo o papel de Preto Velho saiu e a direção resolveu me dar o papel. Eu tinha uns vinte anos mas encarei o personagem. Nisso o meu trabalho na gráfica começou a ser prejudicado. Eu ensaiava de noite, até tarde, e de manhã estava caindo pelas tabelas. E o meu negócio era lidar com máquinas. Aliás, até hoje eu sonho que estou imprimindo. Na estreia, o pessoal do teatro não me contou, mas convidou a minha vizinhança inteira para assistir. O Balancinha apareceu, o Pere, a minha prima Helenice, uma porção de gente. E como me aplaudiram no final, parecia até que eu era o artista principal. Dali fui trabalhar com o grupo do Egydio Eccio, infelizmente já falecido, e mais tarde um rapaz chamado Sérgio Rosa, que estava voltando dos Estados Unidos e ia montar no Teatro de Arena a peça *Ratos e homens*, de John Steinbeck, me convidou para fazer o papel de Crooks. A esta altura já estava acontecendo em mim um processo de descoberta interior.

A fase traumática que se desencadeou depois que fui barrado naquele clube não tinha cessado de todo. Fiquei muito atarantado durante anos, muito raivoso, ressentido, desconfiado, descrente — até hoje sinto os reflexos quando detecto alguma manifestação de preconceito racial contra mim ou outra pessoa —, estava ainda muito tumultuado, procurando a saída, mas vibrando porque sentia que estava me aproximando de poder resgatar aquela injustiça, aquela ofensa. Ao primeiro nível era pessoal, confesso, mas quando comecei a fazer teatro, a ter diálogo com outras pessoas, a me ver no Arena discutindo a realidade brasileira, as inquietações do homem brasileiro, as coisas começaram a se interpenetrarem. Naquela ocasião eu levei para o Arena uma vivência de operário que a maioria não tinha. De operário e de negro. Passei a sentir que a minha contribuição era importante, na medida em que o meu depoimento, o meu testemunho servia para alargar os horizontes das pessoas que estavam envolvidas naquele processo, naquele mutirão para descobrir o Brasil paralelo, o Brasil que vivia à margem, o Brasil não oficial.

Durante quase oito anos fiquei ligado ao Arena. Trabalhei em várias peças; quando não era ator, era contrarregra ou estava ajudando na iluminação. O Flávio Migliaccio, o Oduvaldo Vianna Filho — o inesquecível

Vianinha —, o Gianfrancesco Guarnieri, de cuja peça *Eles não usam black tie* participei no teatro e no cinema, a Vera Gertel, o Nelson Xavier, foram todos do primeiro momento do Arena e pessoas com quem muito aprendi e enriqueci a minha vida e a minha profissão. Todos nós, naquela época, aprendíamos uns com os outros, era um intercâmbio permanente de vivências e experiências. Todo mundo tinha que escrever uma peça, e eu também escrevi a minha, que foi apresentada depois pelo Teatro Experimental do Negro, em São Paulo, que contava com a liderança e o vigor do meu pranteado amigo Dalmo Ferreira. Era o tempo em que o negro só podia se reunir na rua Direita, e a gente vivia não querendo incomodar o branco, pedindo licença para tudo. Eu ainda vivia pedindo licença, não verbalmente, mas pedia licença para falar, para ir ao cinema. Eu tinha medo de ir ao cinema Marabá sem paletó — naquela época tinha dessas coisas em São Paulo —, mas alguns desafiavam e entravam. Não eu. Eu tinha medo de vexame e sempre botava o paletó. Eu tinha medo do guarda-civil que andava com aquele espadim, porque negro era símbolo de contravenção, de criminalidade, de tudo quanto era errado. Então eu passava devagarinho perto do guarda. Se o carro da radiopatrulha parava na esquina, o melhor era andar pianinho e passar de cabeça baixa, porque se levantasse a cabeça poderia parecer desafio, desacato à autoridade. Isso aconteceu, não comigo, mas eu vi muita gente ser imprensada contra a parede, levar bolacha, tapa no pé de ouvido, sem ter feito nada, só porque olhou para a autoridade. E isso precisava ser mudado e a minha trincheira passou a ser o Arena. Eu era um reivindicador social e racial, dependendo da forma como o problema se apresentasse. Viajando pelo Brasil fui aprendendo mais, constatando mais, vivenciando três realidades: ator, pobre e negro, e cada um de *per se* já traz uma enorme carga de carências e reivindicações. De repente me vi na Bahia, que para mim sempre foi o estado mais negro do país, e aí tomei conhecimento de que o Iate Clube de Salvador não permitia a entrada de crioulo. Não dá para entender, dá?

Quem me levou para a TV Globo foi o ator e diretor Graça Melo, que foi quem organizou o primeiro elenco da emissora, isso em 1965. Conheci o velho Graça, como era chamado carinhosamente, quando participávamos do filme *Grande sertão: veredas*, dos irmãos Santos Pereira, que foi feito na cidade de Patos, em Minas Gerais. Os meus primeiros trabalhos foram em programas humorísticos. Num deles, uma vez, eu estava gravando uma cena em que a minha cabeça era o centro de um grande alvo e um ator jogava uma bola na minha testa. Quando a bola pegava em cheio eu dizia uma piada e a orquestra dava um acorde. Ao terminar a cena, o Pedro Paulo, que na época era estudante de medicina e trompetista da Orquestra da Globo, me pegou num canto e disse que eu não podia continuar fazendo aquilo, que eu tinha capacidade para coisa mais expressiva e menos caricatural de nossa raça. Ele também era negro. Fiquei com tanta vergonha que fui chorar no banheiro.

Daí em diante passei a procurar outros caminhos dentro da empresa, até que tempos depois o Daniel Filho, que ia dirigir o *Véu de noiva*, me convidou para ser o seu assistente, além do papel que eu teria. Um novo campo realmente se abria. Aliás sempre digo que o Daniel é o meu anjo e o meu demônio. Ele me ajudou a subir muitos degraus, mas de vez em quando me tira a escada. Foi durante as gravações de *Irmãos Coragem* que ele foi fazer a sua primeira viagem aos Estados Unidos. Um dia ele chegou para mim e comunicou:

— Você vai dirigir a novela.

Quase morri de susto.

— Mas Daniel, eu ainda não tenho experiência pra isso.

Ele nem deu bola para os meus argumentos, a decisão já estava tomada, eu ia dirigir de qualquer maneira. Claro que eu tinha uma estética, uma visão de vida, tinha adquirido ao longo dos anos um certo lastro cultural, mas achava que não estava preparado para dirigir uma novela que era o maior sucesso do Brasil e com o primeiro time de atores da emissora. E ele nem me avisou quando passaria a direção. Numa manhã, quando mal tinha se iniciado a gravação de uma sequência, ele, depois do ensaio, me passou o fone de comando e disse:

— Se vira.

Ato contínuo, saiu da cabine de comando e foi embora. E eu não tive outro jeito, abri o microfone e disse para a equipe técnica e para o elenco:

— Atenção, pessoal. É Milton Gonçalves quem está falando. A partir de agora eu estou dirigindo a novela, vou errar muito, mas tenham paciência comigo.

E foi aí que eu me dei mal: fui pedir licença mais uma vez. Alguns atores se dispuseram a me "ajudar", outros se prontificaram a colaborar mesmo, numa boa. Outros ficaram receosos, dado o sucesso da novela e o perigo que a passagem de direção poderia representar. Pude registrar as reações mais diversas na própria equipe técnica, na produção e nos setores de apoio. Porque uma coisa é trabalhar ao lado de um negro, outra coisa é trabalhar comandado por um negro, e só então eu vim sentir a diferença. Além do mais, eu morava modestamente num apartamento no Flamengo, não tinha carro e a estrela da novela ganhava dez vezes mais do que eu. Mas fui em frente, a Janete Clair confiava no meu trabalho, discutíamos as cenas previamente e o sucesso da novela não foi abalado. Tanto que quando chegou a vez da novela *O homem que deve morrer*, o Daniel me chamou outra vez e eu quis sair fora para não topar com alguns atores que tinham participado de *Irmãos Coragem* e com os quais eu tinha tido alguns problemas. Mais uma vez o Daniel insistiu e lá fui eu outra vez, certo que teria que engolir alguns sapos, como no caso de atores que iam discutir textos, pedir para alterar cenas diretamente com o Boni e a Janete e na hora de gravar eu era surpreendido com a mudança. Quando eu reclamava não faltava quem dissesse que aquilo era complexo de minha parte, porque eu sou negro e tenho mania de perseguição. Mas como eu estava mais armado psicológica e tecnicamente, fui vencendo todos os obstáculos.

Simultaneamente voltei a estudar, fiz o curso supletivo e entrei para a faculdade Helio Alonso para fazer o curso de Comunicação. Aliás, a Globo pagou todos os meus estudos, me ajudou a adquirir um título universitário, e com isso as pessoas passaram também a me respeitar mais. Ao mesmo tempo não deixa de ser irônico o fato de que, tendo sido até hoje o único ator da Globo a receber, no mesmo ano, os quatro maiores prêmios de cinema no Brasil, com o filme *A rainha diaba*, o departamento de jornalismo simplesmente ignorou o acontecimento. Naquele ano mesmo eu recebi o prêmio Estácio de Sá, da Secretaria de Cultura do Estado do Rio de Janeiro. Da organização, os premiados foram a fundação Roberto Marinho, o Boni e eu. Pergunta se eu recebi alguma cobertura dos telejornais da casa?

Tenho conseguido pouco a pouco uma maior representação do negro nas novelas e nos casos especiais em que posso sugerir alguma coisa. Eu sempre dizia ao Manoel Carlos, por exemplo, para que, quando ele escrevesse um personagem negro na novela dele, pusesse esse negro com família, com problemas reais, e isso foi o que aconteceu com o Otto de *Baila comigo*, cujo nome era uma homenagem do autor a um dos seus maiores amigos: Otto Lara Resende. E nas pesquisas que a Globo realizou, aquela família que era constituída por um negro, casado com uma branca viúva e com dois filhos, era um dos núcleos de maior apelo junto ao público. O próximo passo vai ser uma família negra numa novela ou num seriado, com as suas verdades, as suas angústias, as suas alegrias e os seus problemas, não descanso enquanto não conseguir que isso se torne uma realidade.

Desde pequeno que eu tinha a mania de paraquedismo. Eu tive um amigo chamado Bruno, que agora está em Ribeirão Preto, que sempre me incentivava quando eu já estava aqui no Rio, casado, com filhos e tudo. Entrei num curso mas minha mulher, a Oda, fez tudo para me desencorajar, com medo de que pudesse me acontecer alguma coisa. Eu fui fazendo o meu cursinho na moita e um dia, quando ela estava em Brasília com as crianças, eu realizava o meu primeiro salto. Juro que não há sensação mais bela e mais completa, é como se fosse um orgasmo infinito. Quando o instrutor me deu o tapa nas costas, que é o sinal, e eu me joguei no espaço, me senti enorme e mínimo ao mesmo tempo. Podia conversar com Deus, me sentir um homem e um pássaro, nem negro nem branco, um homem. E chorei.

Aniceto Menezes e Silva Junior
Arrumador e compositor popular

> "Tive a honra de pertencer à luta sindical desta categoria."

Minha vida sentimental foi sempre muito problemática. Eu namorei muito pouco, nunca chamei muita atenção do sexo oposto. Não sabia por que, agora sei.

O meu primeiro casamento foi aos 24 anos com uma jovem que pertencia à mesma escola de samba que eu, Na Hora É Que Se Vê, de Bento Ribeiro, onde eu saía todos os anos. Casei com ela em 1936 e nos separamos no mesmo ano. A mãe dela era muito exigente e os dois irmãos não eram gente, eram umas feras: o Praia Grande, da estiva, e o Santiago, que é sócio da Resistência, no Cais do Porto, e do Sindicato do Café. A minha sogra era tão grossa e indelicada que, na época do namoro, ela colocava o despertador em cima do móvel, marcado para as dez horas, ficava no mesmo cômodo com a gente, tomando conta da nossa conversa e, às vezes, até interferindo. Era demais. Depois do casamento ela me levou um dia à casa de um tal de seu Teófilo, funcionário dos Correios, ação adrede preparada. Este senhor se incorporou numa entidade das almas e apanhou um copo virgem, no qual mandou colocar água e depois as rosas brancas que ela tinha levado. Ele cobriu o copo, andou pra lá e pra cá, falou, aconteceu e, no ato em que descobriu o copo, surgiram dois mangangas; ele disse que aquilo era um trabalho feito por uma moça da qual eu tinha sido namorado, e mandou que pusesse numa encruzilhada. Na verdade, era parte de um trabalho que a minha sogra estava mandando fazer para levar à nossa separação, que veio acontecer pouco tempo depois, no mesmo ano do casamento. Eu mesmo fui, sem querer e sem saber, o instrumento para o meu próprio mal.

A segunda experiência foi com a Yara dos Santos, criatura que hoje em dia está morta. Nos separamos porque eu era muito ingênuo e tive diversos erros com ela. Ela está morta, não está aí para se defender, mas a minha consciência está presente. Nós nos separamos e eu fui o culpado. Ela queria porque queria ser mãe comigo, mas Deus achou que não deveria e nos separamos. Aí fui namorar e conviver com a filha do falecido João Capenga, fiz uma travessura e fugi para Coelho Neto, onde fui inquilino de uma família. Dai surgiu a minha união com uma senhora de epiderme contrária, clara. Ela tem sangue de espanhol, sangue de português e pugna um pouquinho para o italiano. Muito pouco, mas pugna também. Branca, mas de lábios finos, nariz afilado, logo se vê que é descendente de brancos também. Digo assim porque encontramos no Brasil brancos de pele clara, cabelos lisos, mas os lábios não são finos, são aqueles lábios grossos que indicam a origem africana. Essa senhora me deu quatro filhos, dois casais. Me deu Marli, me deu Ronival, me deu Roberval e me deu Rosilmor. Convivi com ela uns oito ou dez anos, mas poderíamos estar juntos até hoje.

Yara foi a mulher da minha vida. Mas depois tive outros romances. Convivi com uma loira, pernambucana e funcionária da Embaixada Árabe Unida. Eu trabalhava na rua Licínio Cardoso numa construção e, em certa ocasião, fiz uma viagem a Minas. Quando voltei, o vigia me falou que havia uma moça que toda noite se comunicava com ele, por telefone, e perguntava se ele morava sozinho — ele dizia que não, que o colega estava viajando, e ficavam naquela conversa durante minutos a fio. Como ela havia deixado o número do telefone, eu liguei para lá. Pelo meu linguajar desenvolto, correto, segundo ela veio a afirmar mais tarde, diferente do linguajar que ela admitia ser próprio para os mais humildes, ela me perguntou se havia algum inconveniente em que eu me descrevesse, e eu disse: em absoluto.

— Sou negro — respondi. — Tenho tantos anos de idade, sou beiçudo, feio, antipático.

Ela riu e contestou:

— Não acredito.

Então marcamos um encontro. Desconfiado que fosse uma armadilha, busquei escudo na pessoa do Dalmo da Mangueira, que, na época, trabalhava com carro de praça; ele foi até armado. Quando passamos pela porta da embaixada, eu disse para ele parar um pouco mais à frente. Neste momento, segundo a narrativa que ela me fez depois, estavam todas espreitando pela vidraça, ela e as colegas. Ao nos ver, ela pareceu surpresa:

— Eu não vou não. É negro mesmo.

Foi quando uma colega disse:

— Não, você vai porque ele te avisou que era negro e você não acreditou. Agora não vai deixar essa situação assim, não. Você vai lá falar com o homem.

Então ela desceu, chegou e disse:

— Boa noite.

— Boa noite. Eu sou o Aniceto. Você é a Maria das Graças?

— Perfeitamente.

— Qual o destino que vamos tomar?

— Você é quem sabe.

— Não. Aqui na Zona Sul eu sou cego. Nem através do tato eu caminho.

Ela disse o nome de uma boate e nos dirigimos para lá, onde agradeci e dispensei o amigo Dalmo. Entramos, sentamos e assistimos a um show. Mas eu estava notando que ela estava um pouco, como direi, *equidistante*. Então eu disse a ela:

— Você está me surpreendendo.

— Como assim?

— Porque o teu ênfase não está sendo apresentado neste momento, você está se mantendo muito *equidistante* de mim.

— É cisma — ela respondeu, me fitando com os seus olhos penetrantes.

— Admito.

Entabulamos uma conversa sobre generalidades, ela gostou da minha prosa e, em determinado momento, eu lhe disse:

— Olha, minha filha, vou te dizer uma coisa: eu não tenho complexo. O sangue que corre nas tuas veias é o mesmo que nas minhas corre também. Você não é brasileira? Eu sou. Esse é o caso em pauta. O sangue é o mesmo. Talvez haja, sim, uma diferença. De quê? Da tonalidade sanguínea. A cor é vermelha, mas o tom diverge. O tom do meu sangue pode ser mais apurado e o teu, um tanto mais frágil, mas é sangue brasileiro.

— Ah! Você assim está me magoando — ela obtemperou.

E eu corrigi:

— Não, não é esta a minha intenção. Estou tão somente posicionando a questão como deve ser posicionada.

Então ela se sentiu presa diante de tanto assédio, de tanta franqueza de minha parte, e se tornou mais compreensiva. No dia seguinte ela me telefonou, estava disposta a reunir o seu destino ao meu. E viemos morar em Nova Iguaçu, nesta mesma casa onde estou hoje, mas que na época estava um pouco abandonada, mato crescido, quintal descuidado. Era um domingo de Carnaval quando fomos chegando. Eu disse para a Maria das Graças:

— Esta é a minha casa, vai encarar o matagal?

Ela não pestanejou:

— Vou.

E encarou. Passamos o dia inteiro juntos e à noitinha eu lhe perguntei:

— Vai ficar?

— Vou ficar, não. Já estou aqui.

Pouco tempo depois ela deixou de trabalhar na embaixada. Meu pai sempre foi contrário a que mulher sua trabalhasse, e nunca deixei de fazer causa comum com o pensamento dele. Devo explicar melhor para não me comprometer com a comunidade que pensa de modo diferente, sempre respeito o raciocínio de quem quer que seja. Eu entendo o seguinte: quando um homem contrai família é porque se encontra em condições de suprir todas as necessidades do lar. Agora, se ele necessitar de um socorro, é justo que a sua esposa o auxilie, até seus filhos, por que não? Mas ele unir-se com o firme propósito de colocar a esposa para trabalhar também, eu acho um tanto quanto errado. Eu entendo que ele esteja explorando aquela criatura indevidamente.

Aqui ao lado residia uma vizinha que pouco serviço tinha a fazer em casa e se ocupava mais em tomar conta da vida alheia. Ela logo quis saber como e por que Maria das Graças, loira, e eu, negro, havíamos nos juntado. Tudo fez para que Maria desistisse de ficar. Mais tarde eu vim a compreender o porquê deste procedimento. Esta senhora tinha alimentado intenções com relação à minha pessoa. Ela era separada do marido e tinha algumas esperanças em relação a mim. Digo isto porque certa feita, de regresso de minha orgia, vim acompanhado por uma dama e, assim que entrei em casa, ela me chamou, pedindo que lhe desse assistência, que o tio estava bebendo demais, que se eu pudesse fazer alguma coisa por ela seria um grande favor. Eu atendi. Realmente o tio desta senhora estava completamente embriagado, correndo pelo quintal. Fui atrás dele e, não sem muito esforço, consegui convencê-lo a entrar no seu quarto. Notei qual era o ponto fraco, voltei em casa, apanhei uma xícara com cachaça e disse a ele:

— Vou lhe dar um gole, mas o senhor vai ficar quieto.

E assim aconteceu. Pouco depois ele ressonava como um infante justo. Então eu cheguei dentro da casa, pedi licença para aproximar-me do quarto desta senhora, cujo nome propositadamente omito, e disse-lhe:

— Dona Fulana, o seu tio está dormindo tranquilo.

— Chega aqui — disse ela.

Apareci na porta do quarto, e ela falou:

— Entra.

Estava deitada numa cama com muitas almofadas, com uma roupa transparente. Não obstante estar um pouco perturbado, agradeci. Mas ela insistiu:

— Agora eu o tirei de sua casa. Fica aí.

— Não posso deixar a minha casa abandonada — retruquei.

— Que nada, ninguém vai lá. E... tem mais uma coisa... As crianças não estão aí.

Compreendi a intenção dela, mas eu não poderia, ela não foi feliz. Feliz fui eu, porque se ela faz isso um ou dois dias antes de eu chegar acompanhado, teria caído naquele lago. Então, eu que sou um homem conformado, entendo que em meu socorro veio alguém do astral, do contrário teria me unido com aquela senhora, ainda que parcialmente, e o futuro eu não sei qual seria. Então fui para casa e ela deixou de falar comigo.

Assim como tive muitos amores, tive muitos empregos. Meu pai queria que eu estudasse, mas a verdade é que eu não me dava bem com as professoras e terminava saindo da escola. O que quis sempre foi trabalhar e, mesmo escondendo do velho Aniceto, eu conseguia. Trabalhei numa carvoaria em Bento Ribeiro, engraxei escondido na Cancela, fui funcionário de uma lavanderia para aprender a profissão. Aliás, neste período da lavanderia, como eu ficava com o corpo molhado muito tempo, contraí um forte resfriado, que os médicos diagnosticaram como reumatismo agudo. Mas aquilo foi mesmo feitiço que fizeram, eu tinha uma namorada e cismei de não mais querê-la. Ela, à guisa de vindita, mandou fazer um trabalho contra mim. Houve quem assistisse. Depois da lavanderia trabalhei como ajudante de ferreiro nas oficinas do Engenho de Dentro, e quando soube que o Sindicato dos Arrumadores do Cais do Porto estava distribuindo propostas, consegui a minha inscrição com um amigo que trabalhava na estiva. Estivador é o que trabalha a bordo dos navios. Arrumador é o que recebe a carga em terra e envia a carga para bordo. Este foi o meu emprego definitivo, onde fiquei até ser aposentado, em 1972.

Tive a honra de pertencer à luta sindical desta categoria. No ano de 1944 paralisei do armazém 11 ao 18, para chamar a atenção da Superintendência sobre a insignificância que nós ganhávamos. Eram vinténs, tostões, por saco carregado, um verdadeiro desrespeito à condição humana e trabalhista. Estávamos em pleno Estado Novo, em período de guerra, a famosa Polícia Especial, com seu gorro vermelho, cassetete de borracha e 45 do lado, rondando os guindastes, mas nada disso nos atemorizou. O presidente do sindicato, nesta ocasião, era o Elói Antero Dias, o Mano Elói, um dos fundadores da escola de samba Império Serrano. Aliás, a nata dos componentes do Império, naquele momento, eram estivadores e arrumadores. Entre outros posso citar o meu compadre Fuleiro, que foi também meu companheiro no Exército. Bem, mas voltando ao assunto da greve, eu assumi diante do presidente do sindicato e do representante do Ministério do Trabalho, que foi enviado para dirimir a questão, a liderança do movimento.

Fiz uma tabela de aumentos e levei à discussão. Por comodidade, diria mesmo subserviência, a direção do sindicato quis compor com a Superintendência do Cais do Porto e com o Ministério do Trabalho, alijando-me da mesa de negociações. Mas juntamente com outro arrumador, o José Mariano, conseguimos impor e fazer vitoriosa uma série de reivindicações que beneficiam a classe até hoje.

A permanência dos valores da nossa raça vem por meio do cultivo das expressões religiosas mais antigas. Para muitos o jongo é um ritmo, uma dança, uma forma musical, folclórica, mas se enganam. O jongo é das almas, que muitos chamam a linha do chão, é a mesma coisa. Quando o Santo Padre chegou aqui no Brasil, como aliás em todos os lugares que ele visita, qual foi o seu primeiro gesto? Beijar o chão. Para ele o chão é sagrado. Enquanto outros se ajoelham para beijar-lhe os pés ou as mãos, ele se ajoelha para beijar o chão. Se ele, que está representando o Cristo, a máxima entidade espiritual, chega a descer até esta simplicidade de oscular o chão, então o chão tem um valor que nós ignoramos. Por isso o jongo tem que ser dançado de pés descalços, em contato direto com a terra, e, de preferência, com trajes brancos ou, pelo menos, claros. O jongo proliferou como muita gente não imaginou. Dele saiu a chula, a capoeira, o samba, a macumba e muitas outras danças e religiões. Tudo vem do jongo. Tudo tem a sua raiz no jongo. Ele é o que de mais fundo tem a raça negra. Foi ele quem acompanhou os gemidos dos navios negreiros, os choros no pelourinho, amenizou a trabalheira no campo e alegrou as festas dos domingos. O jongo é o nosso próprio retrato.

O meu pai não era jongueiro, mas muita coisa aprendi com ele. Aliás, tudo o que eu tenho e sei aprendi com ele. Defeitos, não, defeitos aprendi aí, com o mundo.

Iléa Ferraz
Atriz

> "Você viver com dignidade, como artista negra, é muito difícil."

Faltavam exatamente quatro dias, apenas quatro dias para ele se formar em advocacia, e ele morreu. Meu pai, Cirilo, tinha setenta anos de idade e perseguiu a vida inteira o sonho de ser doutor. Deixou uma lição, um exemplo que é o meu norte: desistir jamais.

Nasci, fui criada, passei grande parte da minha vida em Cachambi, um subúrbio carioca que é meio anexo ao Méier. Sou uma suburbana convicta, a minha forma de ver o mundo é com o olhar de quem nasceu no subúrbio. Quer queiram ou não, a visão total é mais ampla, você vê tudo em seu redor e muito mais além.

Desde criança sempre quis ser artista e comecei a desenhar quando ainda nem caminhava, como disse minha mãe, Ilka. Minha grande obsessão é o desenho, uma folha de papel e lápis foram sempre um desafio para mim. Outra coisa que me fascinava era o circo, queria ser artista de circo, e só não fui porque nunca passou um lá perto de casa, senão eu teria fugido. Na época em que eu era menina não tinha escola de circo como tem hoje, eu ficava em casa me contorcendo, treinando para o dia em que pudesse pisar num picadeiro.

Eu estudei em várias escolas. Estudei no colégio Pássaro de Ouro, depois no Piratininga, num colégio de freiras e fiz a escola normal no colégio Heitor Lira e passei a estudar jornalismo na faculdade do mesmo nome. Paralelo a isto comecei a fazer um curso de teatro na escola Martins Pena, onde me formei, e era o que eu queria ser: atriz.

Mal saí da escola comecei a trabalhar, fiz um teste para a minissérie *Tenda dos milagres*, na TV Globo, e passei. Foi minha estreia. Quando acabou, eu e alguns colegas da Martins Pena fundamos um grupo de estudos e uma cooperativa. Montamos um espetáculo com a peça *Woisek*, de George Buttner, um clássico do teatro moderno, e apresentamos no SESC Tijuca. Pouco tempo depois, indicada pela Zenaide Silva, atriz com quem trabalhei na *Tenda* e que ficou minha amiga, conheci e fui dirigida por José Renato. Afinal eu estava no teatrão.

Casei, tive uma filha, mas não deixei de trabalhar nem no teatro nem na televisão. Muitas vezes minha filha ficava no camarim enquanto eu estava em cena, e na volta eu dava de mamar. Na TV Manchete tive oportunidade de fazer bons papéis, inclusive na novela *Helena*, cujo autor, Mário Prata, escreveu um personagem com meu nome. Fiquei muito feliz e lisonjeada.

Em 1993, eu e um grupo de artistas negros nos reunimos para fazer um ciclo de leituras no Museu da Imagem e do Som. Era com o repertório do Nelson Rodrigues, intitulado *As tragédias cariocas*, e fez muito sucesso no Rio. Cada vez ia mais gente assistir. Animados, montamos a *Doroteia*, também do Nelson, na Casa de Cultura Laura Alvim. Era a companhia Black in Preto, que tinha, entre outros, Luís Antonio Pilar, Cida Moreno, Carmem Luz, Sarita Rodrigues, Naira Fernandes, Ivan Alves, todos imbuídos da necessidade de criarmos uma companhia de repertório e cujo controle fosse nosso. Durou pouco, mas foi bom. Houve uma cisão e ficamos Pilar, Cida e eu, que continuamos buscando viabilizar alguns projetos. Foi quando apareceu a novela *Chica da Silva*, na Manchete: Pilar foi ser assistente de direção e eu fui escolhida para um papel de que gostei muito.

O passo seguinte foi o Festival de Teatro de Bolso na Casa Paschoal Carlos Magno, em Santa Tereza: queríamos entrar, mas estava todo mundo duro. Procura daqui, procura dali, me lembrei de um texto do Joel Rufino dos Santos, que eu tinha lido uma vez e nunca mais tinha esquecido, *Botija de ouro*. Criei uma encenação em cima da história, e na verdade fiz tudo, dirigi, atuei, com a Naira e a Cida, fiz a cenografia e o figurino. Eu acho que a *Botija de ouro* foi minha grande estreia como artista de teatro, e não só como atriz, mas como artista no sentido total.

Tenho um grande amigo que é o Thomas Back, um autor que reside em Recife. Eu disse a ele que gostaria de contar a história da feijoada, para complementar a *Botija*, e ele então escreveu *O cheiro da feijoada*, que continuo fazendo com o percussionista Juninho da Vale, há uns quatro anos. Tenho viajado o Brasil todo com ele. Apresentamos em escola, num projeto da UNESCO, em comunidades quilombolas, em seminários, fazemos para crianças e para adultos. Através do excelente texto do Thomas, eu conto a história do Brasil, faço um resgate de sambas históricos porém esquecidos, canto músicas de minha autoria. Tem sido muito bacana esta oportunidade de contar a minha história, a história do meu povo, da minha gente, com outro olhar. É impactante a reação que esse espetáculo tem dentro das escolas.

Fora isso, eu e o Luís Antonio Pilar, ainda no bojo do Black in Preto, fizemos um projeto chamado Em Quadros Negros, do qual vários cineastas e atores participaram. O mesmo se deu com a peça *Nunca pensei que ia ver esse dia*, que fizemos a convite do Antonio Abujamra, que na ocasião dirigia o teatro Glória. O texto é de uma autora escocesa chamada Rona Muno e me deu a excepcional alegria de ter sido indicada para o prêmio Shell 2003, na categoria de melhor atriz. Claro que eu fiquei muito feliz com a indicação, porque é muito difícil para um artista negro ter seu trabalho realmente visto e reconhecido, porque a gente tem poucas oportunidades, são raríssimas as oportunidades que a gente tem de protagonizar. Normalmente os artistas negros estão à margem dos espetáculos. Mesmo no meio teatral, muita gente embora me conhecesse da televisão, não conhecia um trabalho meu mais arrojado dentro do teatro.

Paralelo ao trabalho de teatro, eu sou artista plástica, eu pinto, desenho, faço ilustração de livros, tenho um que se intitula *Chica da Silva, mulher que inventou o mar*, que eu fiz com uma autora chamada Lia Vieira, também negra. A gente reconta a história de Chica da Silva, porque esse é o meu comprometimento como artista, inserir, contar, redimensionar o conceito do artista negro, do cidadão afro-brasileiro no campo das artes. Sempre que eu tenho oportunidade de botar a mão nos meios de produção eu estou falando um pouco disso, mesmo quando estou escrevendo.

Falar do aspecto do que é ser artista negro no Brasil é uma coisa delicada e difícil, não tem como fugir desse discurso. Seria bom se a gente não precisasse falar disso, mas o mundo não mudou, somos ainda artistas negros e como tal somos reconhecidos, e é assim que eu sou, eu sou uma atriz negra. Você sobreviver, viver com dignidade como artista negra é muito difícil, dignidade no sentido de poder ter acesso a uma boa moradia, a ter uma certeza de trabalho. A gente convive com isso de uma maneira muito ansiosa, temos que dar nó em pingo d'água, porque não temos acesso aos meios de produção. A gente tenta, eu tento de alguma forma fazer as coisas, outros também tentam, mas de toda forma o que a gente produz não é o suficiente para a nossa manutenção, é preciso participar dos meios de produção, senão você fica refém, vai ter sempre os menores papéis, os menores salários. No fim, é um reflexo da sociedade brasileira. Se você for ver, o artista negro em geral é mal remunerado, a regra é a má remuneração. Você tem que estar sempre discutindo e provando o seu lugar, o seu valor, é sempre uma discussão que parte de você, é complicado lidar com isso. Praticamente, é preciso criar alguma forma alternativa, que não seja só o teatro ou a televisão, para você se manter. Não são muitas as oportunidades. É particularmente difícil um artista negro ter a possibilidade de dar sequência ao seu trabalho, de exercitar o seu talento, amadurecer na profissão.

Eu acho que a grande saída é nós conquistarmos um espaço para determos os nossos meios de produção. Mudar o olhar, dar uma outra dinâmica dentro da cultura brasileira. E falar de discriminação é exatamente isso. Se você não tem acesso aos meios de produção, já está discriminado, já apontou a sua discriminação, está sujeito ao que te oferecerem, porque você não tem como mudar.

Eu faço parte hoje da Companhia dos Comuns. Eu e o Bando de Teatro Olodum, todo ano fazemos um fórum de performance negra, a que comparecem mais de sessenta companhias de artistas negros do Brasil todo, e a discussão é sempre a mesma, a dificuldade do grupo para se autoproduzir. O que precisamos é de políticas públicas que favoreçam a produção dos artistas negros, para que as companhias possam florescer e progredir.

Como cidadã, discriminação é a que acontece no dia a dia. É a que a gente sofre nos bancos, que a polícia nos faz, que sofremos por não ter acesso, não poder ir a determinados lugares. Não que você não possa ir, porque, em princípio, todo mundo pode ir a todos lugares públicos, mas é o olhar que debruçam sobre você. Quando se trata de uma pessoa que tem uma percepção maior da sociedade, que conhece os mecanismos para enfraquecer a autoestima, a resistência acontece. E as pessoas que não têm? Quando eu saio à rua, no meu bairro — agora moro no Flamengo — e vejo os meninos de rua, as meninas que se prostituem, vejo que a maior parte é negra, eu estou discriminada também, eu me sinto atingida. Quando eu vou entrar num banco e o segurança me faz voltar não sei quantas vezes, mesmo com minha bolsa vazia, que nem celular tem, ele está me enfraquecendo, me fragilizando, baixando minha autoestima ao nível zero. Um dia desses a mulher do compositor Nelson Sargento, dona Evonete, foi almoçar num restaurante do Leblon, e quando escolheu o prato o garçom disse logo o preço, na suposição de que ela não poderia pagar.

Uma das grandes maldades que a sociedade nos faz é não fornecer dados reais da nossa história, do cidadão afro-brasileiro, dentro dos livros escolares, não contar como foi o processo da escravidão, por que a sociedade brasileira tem esse desequilíbrio. A gente precisa ter acesso a isso na infância, para que na vida adulta saiba se fazer respeitar, sem sequelas e sem fragilidade.

Se eu não tenho a possibilidade de mostrar a minha história, de contar a minha história do meu ponto de vista, de mostrar como eu vejo o mundo, estão me mutilando como artista, como cidadã, e mutilando também a própria cultura do país. É uma luta diária, você acorda e tem que saber que está na luta, que está resistindo e conquistando, porque eu acho que ninguém tem que nos dar nada, nós temos que conquistar, que é pela possibilidade de estudar, galgar degraus na escala do progresso pessoal e coletivo, obter melhores salários. A possibilidade da conquista passa pela educação.

Eu estou sempre colocando a minha condição de cidadã na minha produção artística. Não é uma obrigação, é um sentimento, vem naturalmente. É claro que, quando o mundo mudar, eu serei sempre e só Iléa, uma artista. Não quero que me vejam de outra maneira. Essa é a minha definição e, como meu pai, não vou deixar de perseguir meu sonho.

Januário Garcia Filho
Fotógrafo

> "Por que me casei com uma branca e
> não com uma negra?"

Os cachorros dividiam a ração comigo, o que vem atestar que o homem é o melhor amigo do cachorro. Era uma casa em Santa Teresa, com um quintal enorme e mais de dez cães de tudo quanto é raça. A minha ocupação era tratar dos bichos, dar banho, limpar cocô, passear com eles nas redondezas — um de cada vez, naturalmente — e dar comida. O dono deles me dava o dinheiro para comprar fubá e aquela carne sem-vergonha de segunda, ou terceira, sei lá. Aí eu preparava aquela panelada e todos nós caíamos em cima. Cada qual no seu prato, é claro. Eu não podia desviar o dinheiro para comprar uma coisinha melhor porque a grana que o cara dava era a conta certinha, parece até que ele adivinhava. O máximo que eu fazia era transar um salzinho, um cheiro-verde, um tempero leve na parte que ia me caber, e assim fomos todos felizes durante algum tempo...

Eu tinha meus 16 para 17 anos e estava recém-saído do famoso SAM, Serviço de Assistência ao Menor, onde tinha ficado um ano e meio fazendo vestibular para marginal, no que, aliás, felizmente fui reprovado. Eu vim de Belo Horizonte para o Rio com uns dez anos. Meu pai, que eu não conheci, morreu louco quando eu ainda tinha dois anos e minha mãe, que teve a responsabilidade de me criar sozinha e a meus outros dois irmãos, um menino e uma menina, faleceu oito anos depois.

É óbvio que cheguei no Rio de Janeiro com a cara, a coragem e a vontade de ver o marzão, como todo mineiro. Arranjei uma caixa de engraxate e fui faturar uma graninha na avenida Atlântica, na Cinelândia e na Central do Brasil. Dormia debaixo de marquises, em bancos de praça e em estações de bonde. Quando comecei a fazer ponto na Central fiz umas amizades e arranjei para morar na favela que tem ali atrás, e lá consegui também um emprego mais estável — olheiro de boca de fumo —, o que já me dava um capital melhorzinho para a comida e a roupa. Eu sabia que não era aquilo que eu queria fazer, mas, na falta de coisa melhor, ia me arranjando como podia. A minha tarefa era avisar a rapaziada da boca através de um código, que era o seguinte: eu ficava soltando pipa no alto do morro. Quando a pipa era branca, era porque tudo estava legal, barra limpa; se a pipa era vermelha, era sinal de alerta, barra suja; e quando a pipa era preta, meu irmão, era a dica para todo mundo se mandar da área, barra suja por completo. Tinha também um outro lance: no dia em que estava chovendo não dava para empinar pipa, então a transação era com fogo, tipo índio americano. Eu fazia uma fogueira e os caras ficavam manjando porque só tinha dois avisos: quando a fumaça subia branquinha, tudo bem; agora, quando eu jogava óleo queimado e subia fumaça preta, já viu, né?

Com o tempo eu fui me enturmando, o pessoal da pesada tinha consideração por mim e sempre jogava um trocado a mais do que o combinado, e coisa e tal. Num determinado dia, não sei se eu estava de folga ou não, os homens chegaram de surpresa lá em cima e foi aquele pega pra capar, um corre-corre que não dava para entender. Aí uns caras passaram por mim e pediram para eu guardar as armas deles, eram dois 38 e uma navalha. Eu segurei mas dei azar, na primeira esquina que eu dobrei, na disparada, dei de cara com os homens. Fui para o SAM e cheguei lá como um indivíduo de alta, alta não, altíssima periculosidade. Era o menino dos 38. Para dar início à temporada fiquei logo trinta dias na solitária, não sabia quando era dia nem quando era noite, foi uma coisa realmente terrível, mas que me ajudou a me colocar diante da vida. Não é cascata não! Na falta do que fazer, refletia. Refletia sobre o que eu já havia passado e sobre o que eu pretendia com o meu futuro. O que tinha acontecido, tinha acontecido, só me restava ficar na minha e ver como poderia sair dali. E consegui sair, inesperadamente aliás. Com o tempo, o pessoal que dirigia lá o estabelecimento sacou que eu não era o que parecia ser, muito pelo contrário, e aí aconteceu um lance incrível: os caras de repente, numa boa, abriram a porta e me disseram: "Te manda que está tudo bem contigo, não tem nada não!"

E eu fui à luta. Foi quando consegui aquela boca com os cachorros e, um pouco depois, o emprego de entregador numa casa de flores em Botafogo. Eu frequentava a turma do bairro mas confesso que ficava um pouco retraído, não tentava namorar as menininhas porque eu tinha dois problemas: ser negro e ser entregador de flores. Eu via a minha condição, enquanto negro, de estar exercendo uma profissão de mão de obra não especializada, sabendo que tinha capacidade de exercer coisa muito mais competente que aquilo. Então eu ficava com vergonha. Na época eu já lia sobre fotografia, estudava o assunto, era a minha válvula de escape. Nessa altura eu não tinha consciência, como tenho hoje, do que é ser negro, assumir a palavra negro, porque quando eu pensava nela ou a ouvia, a identificação imediata era com vagabundo, coisas pejorativas e negativas. Gostava quando as pessoas me chamavam de escurinho, pretinho, neguinho. Eu curtia mais. Não há dúvida que eu tinha vergonha de ser negro e ainda por cima entregador de flores. Só agora, porém, neste instante, está me passando uma coisa pela cabeça: nunca me ocorreu sacar que havia uma barreira muito maior nessa época, que era eu não assumir a minha identidade enquanto negro. No fundo a minha vergonha era mais por ser negro do que entregador.

Nesta mesma época comecei a estudar para fazer o Artigo 99 e soube que no quartel dos paraquedistas eles recebiam voluntários com 17 anos. Fui lá, me candidatei e passei. Aí sim, no quartel foi que eu me abri realmente para o mundo, porque eu tinha uma casa, roupa, comida e passava o dia estudando e fazendo exercícios físicos para pular do avião. Tive uma relação muito grande com o general Hugo Abreu, que na época era o comandante, e virei uma espécie de *office boy* do quartel-general, entrava sempre na sala do comandante, ele conversava comigo e me dava conselhos. Aí realmente a coisa abriu para mim.

Na saída do Exército fui trabalhar num setor do Ministério da Agricultura, chamado Coordenação Nacional de Crédito Rural e Industrial, emprego que eu consegui por recomendação do general Abreu. O horário era legal e eu consegui continuar transando o meu assunto de fotografia, cinema, e ao mesmo tempo continuar os meus estudos até me formar no segundo ciclo. De lá ia fazer vestibular para comunicação, mas preferi cavar uma bolsa da Aliança Para o Progresso e estudar inglês, porque a maioria dos manuais de fotografia é em inglês; assim, durante cinco anos, fiz o curso completo, chegando até a lecionar depois.

Do lado da minha casa morava a socióloga Lélia Gonzalez, que recebia uma pá de gente, e na casa dela todo mundo conversava sobre os assuntos mais diversos. Lá eu conheci a Ana, uma jovem branca, estudante de filosofia, muito inteligente, com quem muitas vezes eu discutia a problemática do negro. Nossa amizade cresceu tanto que virou paixão, e nos casamos. Contra a opinião dos pais, sem o consentimento da família, mas compramos a briga e casamos.

Tudo bem, eu montei uma firma de arquitetura, desenho e reformas com mais dois amigos e fomos levando a vida. Mas de repente não deu mais para continuar com negócio de obras, com negócio disso e aquilo, e entrei num parafuso muito grande. Foi uma coisa que chegou ao nível existencial, com reflexos sobre o nível físico, comecei inclusive a ter sérios problemas físicos de bloqueamento de cabeça, problemas neurovegetativos adoidado. A Ana, que a esta altura era professora da universidade Gama Filho, sacou o que estava acontecendo e um dia chegou para mim e perguntou quanto tempo eu levaria realmente para transar o negócio de cinema e fotografia. Eu disse que, no mínimo, dentro dos conhecimentos técnicos que eu já possuía, precisaria de uns dois anos. Sem pestanejar, ela me respondeu que poderia aguentar todas as nossas despesas durante os dois anos. Disse para eu parar com tudo e me dedicar somente ao meu lance de fotografia. Além da Gama Filho, ela arranjou para trabalhar numa faculdade em Padre Miguel e tinha uma carga horária de quarenta aulas por semana. A primeira aula era às sete e meia da manhã numa faculdade e a última era às dez e meia da noite em outra. Ela saía de casa às cinco e meia e voltava às onze e meia da noite. Foi uma barra muito pesada para eu assumir esse negócio, de repente era a mulher que trabalhava, que trazia o dinheiro para casa, e eu ficava na posição de dona de casa, dirigindo a cozinheira e a faxineira. Enquanto eu fazia as minhas pesquisas fotográficas, ela trabalhava.

Fui entrando num processo de culpa muito grande, porque toda noite ela chegava arrasada de cansaço. Ao mesmo tempo enfrentávamos a incompreensão das pessoas: ninguém entendia por que ela se matava de trabalhar e eu ficava em casa. Um colégio israelita em que ela dava aula, o Scholem Aleichem, dispensou-a quando souberam que ela era casada com um negro. Era pressão por todo lado, e eu com medo de tornar a viver a mesma tragédia que eu tinha vivido quando, uns anos antes, um médico do antigo IAPC diagnosticou que eu estava com os nervos um pouco abalados e me deu uma guia de internamento para a Casa de Saúde Dr. Eiras, que foi o maior inferno que eu já tive na minha vida. Achavam que eu era louco e me deram eletrochoques até eu quase não aguentar mais. E não adiantava protestar, gritar que não estava louco, porque era pior. Nesses lugares, quanto mais você jura que não é louco, mais eles dão aquele sorriso condescendente, enfiam a camisa de força e continuam no festival do choque. Não fosse por um estagiário que gostava de fotografia e se amarrou no meu papo, eu estaria lá até hoje. Ou não? Tudo isso me vinha à cabeça quando, tarde da noite, a Ana voltava do seu dia de trabalho.

Demorou bastante, para mim toda a eternidade, a chegar o dia em que eu me senti voltando a ser um homem inteiro, quando, sem rodeios, disse a ela que só continuaria a trabalhar se quisesse. Finalmente eu estava chegando lá, meu nome no mercado de trabalho já começava a pintar, minha atividade crescia, eu estava me encontrando.

A Ana me deu uma força incrível, foi a única pessoa que realmente acreditou em mim. Mas eu também me perguntava: não teria ela feito tudo isso com pena de mim? Questionei muito o meu casamento durante o ano e meio aproximadamente em que eu fiquei entregue à minha preparação profissional. Não teria a Ana se casado comigo por influência do ambiente? Na casa da Lélia iam predominantemente pessoas negras, e lá ela era acolhida com todo carinho, as pessoas gostavam muito dela. O casamento comigo não seria uma maneira de agradecer por tudo isso? Muitas vezes me surpreendi com a indagação na minha cabeça: "Por que me casei com uma branca e não com uma negra?" Eu não obtinha respostas.

Foi aí que um neurologista amigo meu me recomendou fazer terapêutica de apoio; eu topei a ideia e fiz. Daí passei para análise mesmo, que fiz por seis anos. Foi quando eu comecei a sacar esse Brasil, entendeu? A minha própria análise foi um negócio muito incrível, de repente eu comecei a questionar os próprios caras do grupo com relação ao problema racial, porque eu era o único negro ali na jogada. E no que eu comecei a questionar, comecei também a enxergar, a perceber uma coisa muito importante: os dados que o analista tirava e jogava na minha cabeça eram dados brancos, cara, que não tinham nada a ver com a minha realidade. Aquilo estava muito bom para o cara branco e chefe de família da classe média, mas para mim não estava com nada. Criou-se então um certo mal-estar, o analista também percebeu que com relação a mim o negócio estava furado e me deu alta.

De qualquer maneira, a minha cabeça já estava bastante mudada. Ana e eu resolvemos ter filhos. Até então a gente ainda não tinha porque não sabia realmente onde estava pisando. Imagina se a gente bota um filho no mundo e de repente chega à conclusão que não dá mais e se separa? Seria uma coisa desagradável pra cacete. Então a gente foi numa boa, sem precipitação, quando chegou o momento em que, de repente, pintou o Aruam, que vai fazer cinco anos; depois veio o Ira, que vai fazer quatro; a Tainá, que vai fazer três anos; e ainda vem mais gente por aí... Estamos compensando o tempo.

Na intenção de botar na prática toda a minha preocupação com os problemas que envolvem o negro brasileiro, participei da formação do Instituto de Pesquisa das Culturas Negras (IPCN), do qual depois me afastei e passei a participar do Movimento Negro Unificado Contra a Discriminação Racial, numa forma de militância muito ativa. Mas ao mesmo tempo, devido aos meus compromissos profissionais, eu não podia atuar como um militante de responsabilidade. "Então, o que é que eu faço?", pensei. Eu estava atuando na minha área de trabalho. Passei a questionar o pessoal que estava próximo de mim, que era o pessoal que faz a cabeça de todo mundo, o pessoal da publicidade. Percebi que o Movimento Negro Unificado podia dar um grito ali na Cinelândia, numa reunião da Sociedade Brasileira de Pesquisa Científica, e poderia repercutir de certa forma. Agora, se um cara dentro de uma agência de publicidade de repente bota um anúncio que entra em todos os locais, em todas as revistas, na televisão, que atinge a milhões de pessoas, aí o recado é imediato. Os publicitários, eles mesmos, não sabem por que não usam o negro nas suas mensagens, são pessoas que sempre viram o negro dentro de suas casas como a lavadeira, o faxineiro, o empregado, e nunca imaginaram que, de repente, pode entrar um cara na agência deles, assim como eu, e dizer que é fotografo e exibir um portifólio de respeito. O queixo cai e o cidadão pergunta incrédulo: "É seu mesmo?" O pessoal parece que ainda não está acostumado que não e só futebol e música.

Venho me impondo na minha profissão ao mesmo tempo que alerto os publicitários com quem tenho contato sobre alguns perigos e distorções que só ajudam a cristalizar uma falsa ideia do negro. Já recusei muito trabalho apontando que a razão era a mensagem racista que a campanha ou o anúncio continha. E as pessoas, por uma questão de respeito, não me chamam para fazer este tipo de trabalho, mas não me cortam da agência. Sou chamado para outros. Levo papo com redatores, diretores de arte, tentando mostrar a eles como é importante para a verdade brasileira o uso do negro na mensagem publicitária. Não é só graças ao meu trabalho individual, é claro, mas já se pode notar que alguns progressos vêm sendo conseguidos. Já se vê um crioulo num anúncio da Coca-Cola, que na matriz cansa de botar, num anúncio de banco, de cigarro. Outro dia eu fiquei impressionado, num comercial da Mesbla tinha um pretinho sentado num sofá junto com outras crianças vendo televisão, na maior. Felizmente estão acordando. E o bonito é que não é na base da briga, na base da separação. É um negócio na base assim da integração, do esclarecimento. Acho que a comunidade branca de um modo geral sempre teve medo que o negro assumisse determinadas posições, pensando que a partir do momento em que ele as adquirisse, ia apelar para a revanche, ia aplicar a lei do retorno. E não é nada disso. Acredito que o pessoal já esteja percebendo. Pode ver que a maioria dos negros brasileiros que conseguiu alguma coisa nas suas profissões são todos caras que se fizeram. Não conheço ninguém da minha geração que tenha nascido na classe média; todos nasceram pobres como eu, foram em frente e conquistaram a sua posição, e as pessoas, de uma maneira geral, têm respeito. Hoje em dia eu transo com as principais agências de publicidade e fábricas de disco, já fiz capa para Caetano Veloso, Fagner, Belchior, Fafá de Belém, Raul Seixas, Tim Maia, Chico Buarque, uma pá de gente.

Uma coisa curiosa: o negro é tido como vagabundo, malandro e coisa e tal. Essa é a impressão estabelecida e generalizada, mas de repente, quando o cara consegue pular o muro, como se costuma dizer, e se posiciona dentro do que ele faz, parece que existe um respeito muito maior. E tem uma coisa, rapaz, que é muito importante: quando você pula o muro e se assume como negro, você deixa claro para as pessoas que você sabe da importância de ser negro.

Edson Arantes do Nascimento (Pelé)
Ex-jogador de futebol, o atleta do século XX

> "Aonde eu vou, onde eu entro, é um negro que está entrando."

É tudo mineiro lá em casa. Meu pai é de Campos Gerais; minha mãe, eu e meu irmão somos de Três Corações. Quando eu tinha quatro anos de idade nós fomos para Bauru porque meu pai foi jogar num clube de lá e foi até treinador de um time de camponeses. No interior de São Paulo sempre houve um racismo muito acentuado, mas em Bauru, crioulos, brancos e japoneses sempre se deram muito bem.

Como geralmente acontece nas famílias negras pobres, eu também fui trabalhar cedo para ajudar no orçamento da casa. A minha primeira ocupação foi vender pastel na estação. A dona Filomena era uma pasteleira de mão cheia e pagava uns garotos para vender a mercadoria, o que não era difícil, já se vendia pelo cheiro. E eu, felizmente, estava entre os garotos escolhidos.

A primeira referência que eu tenho sobre problema racial foram as conversas que eu ouvia do Jorge, irmão de minha mãe, que trabalhava na Lusitânia, um armazém que vendia de tudo e onde o meu tio fazia entregas em domicílio. O que eu ouvia era que, de vez em quando, tinha uma melhora para os empregados, mas meu tio nunca estava incluído. Aí então era que vinham as discussões: é por causa da cor, não é etc. Mas o fato me marcou muito, tanto que eu sempre me lembro dele. Além disso, meu pai, minha mãe e até minha avó, que morreu há pouco com 97 anos, sempre se queixaram de discriminação racial.

Eu tinha oito anos quando surgiu, na escola, o apelido de Pelé. O que eu briguei por causa dele não está no gibi. Não queria de jeito nenhum. Houve uma vez em que eu fiquei suspenso da escola dois dias porque me chamaram de Pelé dentro da classe e eu saí no tapa ali mesmo. Quanto à origem mesmo até hoje eu não sei. Tinha um goleiro, em Minas, que se chamava Bilé, e como no time lá da rua eu gostava de agarrar no gol, é possível que tenha sido por aí que o apelido apareceu. Eu xingava, esperneava, bronqueava, saía na mão, mas não teve jeito. Pegou.

Além de vender pastel para a dona Filomena, eu vendia jornal e engraxava sapatos na pracinha. Quando completei 11 anos fui trabalhar na fábrica de botas da dona Hercília, como pespontador. Foi o primeiro emprego em que eu fui registrado, sem deixar, no entanto, de fazer uns biscatezinhos. Foi nessa época que apareceu o Tim, técnico do Santos, para ver uns jogadores, e o saudoso Waldemar de Brito disse para ele:

— Olha, aí tem um negrinho que joga no juvenil que é bom pra chuchu. Vai ser um grande jogador, mas o pai dele não quer deixar ele sair porque ele tem só 14 anos.

O Tim não estava muito interessado, queria jogadores mais formados, com uma certa idade, que pudessem chegar no Santos e sair jogando logo. Mas no final das contas foram aproveitados três jogadores do juvenil, a linha quase completa: um menino que era o centroavante, o Picão, que era o ponta, e o Cangerê, um mulatinho que jogava muito bem. Na minha hora o meu pai não deixou mesmo:

— É muito novo — sentenciou.

Um ano depois o Waldemar de Brito fez um acordo com o deputado Athie Jorge Cury:

— Olha, eu tenho um menino aí, ideal pro Santos, que está com um time em formação, com gente nova etc. Eu acho que ele vai ser um grande jogador. Você podia fazer um teste com ele.

Aí o Cury falou com o Waldemar de Brito e cortou logo:

— Eu não quero garoto nenhum com 14 anos, 15 anos. Tenho mais de quinhentos crioulinhos aqui no Santos e não vai ser mais um que vai resolver o meu problema.

Não se dando por vencido, o Waldemar, que era fiscal de alimentos e estava lotado em Bauru, mas estava louco para ir para São Paulo, apelou:

— Olha aí, se ele aprovar, Cury, você arranja a minha transferência pra São Paulo. Está feito?

Eu entrei para o Santos e o Waldemar foi transferido para São Paulo. Embora o futebol tenha sido a minha meta inicial, certamente herança do meu pai, Dondinho, eu pensava em ser aviador. Atrás do campinho onde a gente jogava lá em Bauru tinha um campo de aterrissagem. E eu ficava ali, olhando, gostava muito. Mas a minha mãe achava que eu tinha que ser professor. Era uma glória, um professor crioulo.

Na rua onde a gente jogava bola de vez em quando uma vidraça era estourada, todo mundo se mandava, mas adivinha de quem era a culpa? Do negrinho filho do Dondinho. Podia ser qualquer um, mas já iam lá em casa fazer queixa para o meu pai, e muitas vezes eu nem estava jogando. São essas coisas...

Mas voltando à minha contratação pelo Santos, no dia em que fiz o primeiro treino, o falecido Lula, que era o treinador, disse logo que eu tinha qualidades. No dia seguinte treinei com o time misto, isto é, que tinha alguns profissionais incluídos. Meu treino foi ainda melhor e me contrataram no mesmo dia. Eu me lembro que não tinha calças compridas para viajar e foi um corre-corre danado. Meu pai teve que arranjar um brim azul e minha mãe fez uma camisa de saco de linhagem para quebrar o galho. E lá fui eu, meio assustado, meio contente, já com saudades da Neusa Sakari, filha de japoneses, a minha primeira namoradinha. Os pais dela não se importavam com o nosso namoro, mas alguns implicavam, não sei se por inveja, por brincadeira ou mau-caratismo mesmo, e diziam:

— Como é que é? Crioulo namorando japonesa?

Mas a gente nem ligava. Eu saí de Bauru com o coração deste tamaninho por causa da Neusa. Doce Neusa. Na revista *Pelezinho*, que o Mauricio de Souza fez, a japonesinha Neusa também está como um dos personagens.

Seis ou sete meses depois eu já estava progredindo no Santos, já tinha feito até gol no juvenil. Foi quando eu quis fugir da concentração para ver a Neusa, mas o roupeiro não deixou eu sair:

— Você está louco, rapaz! Pode ser multado, podem até te mandar embora, e você já está com a carreira quase feita. Não faz isso.

Por mais que eu argumentasse, não houve jeito, ele não me deixou sair. Fiquei na saudade.

A primeira namorada que eu tive em Santos conheci num dos dias mais infelizes da minha carreira. O Santos fez um campeonato juvenil e eu fui jogar. Como eu tinha pouca idade, joguei no juvenil num domingo e teve a decisão do infantil no outro domingo. Como era na faixa dos 14 a 17 anos, eu podia jogar. Já era um garoto conhecido mais ou menos pela torcida, já dava uma de profissional. Me puseram para ajudar o infantil contra o Jabaquara. Acontece que nós perdemos o título, eu perdi um pênalti e um montão de gols. E entrei para reforçar, imagina só. O que o pessoal me gozou...

Pois foi na saída do campo que eu conheci a Eunice, uma escurinha bonitinha que me balançou na hora. Mas eu briguei pouco tempo depois porque ela namorava um outro cara mais velho do que eu. Não gostei.

Aos 17 anos foi a minha estreia na Seleção Brasileira. Na Suécia só tem loura e elas adoram um crioulo. Você tem que se esconder porque elas não dão folga. Os jogadores mais experientes, o Mauro, o Bellini — que era metido a boa-pinta —, o Nilton Santos, todos eles falavam para nós, os mais escurinhos:

— O que é que vocês têm? Estou aqui com dólar no bolso e só vocês é que saem com as garotas?

Eu era garotão mesmo. As meninas que ficaram minhas amigas tinham também 16, 17 anos. Foi aí que começou a onda de que Pelé só gostava de loura. Ficamos dois meses na Suécia, o Brasil foi campeão, teve gente que até deixou filho lá, como o Garrincha, por exemplo, mas quem ficou com a fama de gostar de loura e só de loura foi o Pelé. Eu gosto de mulher que saiba e possa manter uma conversação agradável, inteligente, porque para sexo está cheio por aí. É importante ter um bom papo. Eu tenho a impressão de que as pessoas que até hoje batem nesta mesma tecla o fazem por racismo.

Eu não tenho nenhum problema dentro de mim, dentro do meu coração, contra o branco apenas por ser branco. Aprendi sempre a valorizar o homem por seu pensamento e suas artes. É a partir desta observação que a pessoa pode ou não ser minha amiga, merecer o meu respeito. Sempre disse que não sou de carregar bandeiras, menos ainda as que querem botar nas minhas mãos. Tenho consciência que se posso fazer alguma coisa pela minha raça é pelo esporte, como eu fiz, agindo da maneira como eu agi. Não adianta ficar só falando, da boca para fora, fazendo média com a plateia, como tem muita gente por aí fazendo. Brancos e pretos. Prefiro juntar gente num campo de futebol ou, através do contato pessoal, contribuir para um melhor condicionamento entre os homens. Aonde eu vou, onde eu entro, é um negro que está entrando lá. Se é um lugar onde negro antes não entrava mas entrou o Pelé, então a porta está aberta, o precedente também. Sabendo da influência que exerci nos mais jovens, sempre cuidei da disciplina, do bom exemplo, o que para muitos é apenas caretice.

Infelizmente no Brasil não se faz a diferença, por exemplo, entre o craque e a pessoa. Misturam tudo. Se você nos Estados Unidos vai a uma boate, a um restaurante, vai dançar com uns amigos, então é um programa nitidamente social. Aqui logo aparece quem escreva no jornal que você estava bêbado, dispersando energia etc. É sem dúvida nenhuma um reflexo colonialista, você tem que trabalhar, trabalhar, trabalhar. Nada de divertimento, principalmente se for no mesmo lugar do "sinhô". Por isso é que eu sempre me poupei, não por temor, mas porque queria salvaguardar a minha imagem de atleta.

Tem muita gente que quer me ver metido em política, ou que eu vá pegar a bandeira do racismo ao contrário, porque eu sou um bom jogador de futebol ou porque eu tenho nome. O que eu me propus foi fazer bem a minha profissão. Se todos os negros, se todas as pessoas, independentemente de cor, procurassem fazer bem a profissão deles, estariam fazendo muito pelos seus. Eu já fui procurado 500 mil vezes para entrar num partido político, mas eu nunca me senti preparado para a política. Então eu não vou entrar só porque sou o Pelé e desandar a fazer besteira. O dia em que eu entrar na política, pode ter a certeza que antes eu estudei muito, me preparei para fazer bem.

Esse negócio de me cobrarem posições e opiniões eu não ligo, falam tanta coisa que eu nunca disse ou fiz que se ligar mesmo vou ficar é maluco. Quando eu fui para os Estados Unidos, por exemplo, muita gente me chamou de mercenário, diziam que eu não devia ir, não devia deixar o Brasil etc. É que o brasileiro é muito sentimental, cobra demais de você. É sentimental mas esquece fácil. O Brasil é o país do já era, é o único país do já era. Veja o caso do Emerson Fittipaldi: depois de fazer o maior nome para o Brasil como campeão de Fórmula 1, resolveu fazer um carro nacional, investir numa imagem brasileira, e o que foi que aconteceu quando ele parou de ganhar? Quase não cumprimentavam ele na rua. O pessoal esqueceu tudo o que ele fez, todas as glórias e alegrias que ele deu ao povo brasileiro. E comigo ia acontecer a mesma coisa se o Brasil não tivesse sido campeão em 1970. Antes do campeonato era fácil ouvir dizer que o Pelé estava cego, que o Pelé não queria mais nada porque estava rico. Quer dizer, se o Brasil tivesse perdido a Copa, todo mundo ia esquecer o Pelé rapidinho. Muita gente pensa que eu fiquei com bronca do João Saldanha, mas não é verdade. Ele, os médicos, os jogadores, todo mundo sabia que eu sofro de miopia, apesar de que eu nunca precisei enxergar muito para matar uma bola. Mas sabe como é que é, ele disse que eu era míope e o jornal publicou que eu estava cego. São essas coisas. Nos Estados Unidos, um cara vai fazer um safári, mata um leão e volta com a orelha do bicho, ou mata um rinoceronte e traz a orelha, enfim, passam-se vinte anos e ele vai ser sempre um caçador. No Brasil você tem que matar um leão por dia e não vai ser caçador nunca.

Apesar da gritaria de que eu não devia ir para os Estados Unidos, estou certo de que lá estou promovendo muito mais o Brasil do que se estivesse só aqui. E tem a parte financeira, que ninguém gosta de discutir a não ser quando é o seu próprio caso. Na hora de pagar o imposto de renda não tem ninguém que me venha ajudar; quando eu tenho que comprar as coisas para os meus filhos, para a minha mãe, quando a gente tinha aquela vida dura, ninguém ia ajudar nem estava pensando nisso. Logo, financeiramente foi bom para mim, eu tive a oportunidade de dar educação para os meus filhos e promover o futebol e o Brasil. Mas o pessoal não entendia isso, aí eu passei a contar a historinha do leão.

Em 1974 eu não joguei pela seleção porque já tinha me despedido em 1971 e não quis voltar atrás. Eu falei para o Zagalo, para o João Havelange, falei com todo mundo:

— Olha, eu vou me despedir!

Todo mundo aceitou porque eles não esperavam que quatro anos depois eu continuasse em forma, e na hora eu senti isso. Não fizeram o menor esforço em me convencer do contrário. Naquele momento, se tivessem dito uma palavra talvez eu tivesse ficado, se bem que estava ainda um pouco mordido com aquelas histórias que precederam a Copa de 1970, mas eu adoro o futebol. Ninguém falou nada, todo mundo achou que ficava bom assim. Em 1974 eu continuava jogador no Santos, fui até o artilheiro esse ano. Aí os homens vieram em cima, e eu continuei firme: não vou. Difícil, mascarado, vaidoso, foi o mínimo que me chamaram. Fui até Brasília falar com o ministro Jarbas Passarinho, a chamado dele, mas resisti. Fui apertado de todo jeito e nessa época realmente eu tinha que pagar o imposto de renda, mas não teve nada a ver uma coisa com a outra. Apelaram até para patriotismo. Foi quando eu disse:

— Se o Brasil for para a guerra e precisar de mim, eu vou. Eu saí do Exército sem dar um tiro, mas conta comigo. Agora, não vem com esse negócio de patriota porque aqui não tem nada a ver uma coisa com a outra. Eu acho que já fiz o que tinha que fazer, e se tivéssemos perdido a Copa vocês já tinham se esquecido do que eu fiz durante 17 anos na seleção. Até o presidente veio falar comigo, foi uma situação meio chata. Os jornais ficaram naquela guerrinha do vai não vai, passei um mês difícil. Inclusive facilidades financeiras me ofereceram. Carros, grupos querendo me contratar para fazer propaganda de carro, mas o negócio não era dinheiro. Era uma questão de princípios. E, no entanto, nunca foi tão fácil. Eu poderia triplicar os meus bens e as minhas rendas se tivesse usado a desculpa do patriota, do brasileiro herói, bastava dizer que sim, já que estavam insistindo tanto etc., faturava uma nota de respeito com os contratos que choviam de todos os lados.

No que diz respeito à solidariedade com a minha classe profissional, nunca faltei. No governo Médici fui a Brasília com o Gilmar, o Dudu, para reivindicar a melhoria de condições e previdência social para o jogador brasileiro. A questão do passe foi outra briga em que eu também entrei, com o Nilton Santos, o Gilberto e outros mais. Só que eu acho que isso é uma obrigação e eu não tenho que estar bradando para os quatro cantos o que eu estou fazendo. Se fizesse era cabotinismo, mas como não faço, tem uns engraçadinhos que cobram. Cobram não, dizem que eu sou insensível, só quero tratar de mim etc. É triste ver como estão por fora.

Hoje em dia eu constato que a situação do crioulo no Brasil já melhorou muito, deu uma subida, há mais consciência. Infelizmente a infraestrutura do sistema não dá muita condição. O analfabetismo, por exemplo, continua sendo a maior epidemia para o negro brasileiro. De qualquer maneira, vamos galgando pouco a pouco os escalões sociais. Eu pessoalmente sempre defendi a tese de que é evidente que existem alguns resquícios de racismo em certas pessoas, o cara é racista e pronto. Tem gente que não gosta de português, tem gente que não gosta de judeu e tem gente que não gosta de negro. Mas mesmo estes têm que aguentar evidências contra as quais nada podem. No dia 15 de abril de 1981 eu recebi em Paris o prêmio O Esportista do Século. Quem recebeu foi o Pelé, um negro. Um negro brasileiro. São essas coisas...

Helena Theodoro
Professora universitária, doutora em filosofia

> "A sociedade criou, ela mesma, uma série de chavões e estigmas, e nos força praticamente a não decepcioná-la."

— Passa uma vaselinazinha no cabelo, filha.

Esse foi o "conselho" que eu recebi no primeiro dia de aula no Instituto de Educação, de uma professora que cismou com o estilo *black power*. Estávamos no início anos 1960. Cheguei em casa e contei para o meu pai, que contemporizou e me disse para prender o cabelo, porque isso não faria nenhuma diferença. Eu era a única aluna negra.

Nasci no bairro da Tijuca, numa família típica de trabalhadores urbanos. Minha mãe era funcionária dos Correios e Telégrafos, e papai era torneiro mecânico no então Ministério da Guerra. Os dois se conheceram no Liceu de Artes e Ofícios, estudando à noite, ele para técnico em contabilidade e ela no curso técnico básico.

Sou filha única. Meus pais me ensinaram desde criança que estudar é a solução. Sem estudo, dizia meu pai, nada se consegue. E por isso, tanto um quanto o outro fizeram diversos cursos ao longo da vida. E isso foi parte da herança que eu recebi.

Cresci vivendo no meio de atividades políticas e da consciência do que é ser negro em nossa terra. Meu pai pertencia a uma célula do Partido Comunista e me explicava tudo o que acontecia naquele momento em que o povo exigia Constituinte com Vargas, que preconizava a volta de Getúlio Vargas, afastado do poder nas eleições de 1945. Lembro que, ainda menina, eu ia na passeata pela avenida Rio Branco. Mas ia também aos concertos da Orquestra Afro-Brasileira do maestro Abigail Moura e assistir a mamãe cantar no coral da Associação dos Servidores Civis do Brasil.

Sempre estudei em escola particular, onde, infelizmente, se contavam nos dedos os estudantes negros. Só passei a estudar em escola pública no ginásio, já no segundo grau, quando fui para o Instituto de Educação, e lá também eram raras as negras. Na minha turma eu era a única. Meu sonho sempre foi ser professora, aliás, era a minha brincadeira predileta. Por isso fiz exame para o Instituto, que só aceitava alunas vindas de escolas particulares, e, na verdade, poucas famílias negras podiam arcar com as despesas de uma escola como o Instituto Guanabara ou o colégio Paiva e Souza, que eram de bom nível e dos menos caros.

Meus pais não descuidavam da minha educação extraescola, estudei balé com a famosa bailarina e professora Tatiana Leskova, e durante 11 anos estudei piano no Conservatório Brasileiro de Música. No exame final, o Conservatório exigia que o aluno executasse duas obras de livre escolha, uma de autor brasileiro e outra de autor estrangeiro. Eu então escolhi uma peça de Francisco Mignone e outra do argentino Alberto Ginastera. Foi um deus nos acuda, não aceitaram, e com a alegação mais furada que se possa imaginar: Mignone porque era muito moderno e Ginastera porque sua música era muito metafórica. Não tive dúvida, disse que não mudava o que eu tinha escolhido e que eles ficassem com o diploma. E ficaram.

Nesta época eu tinha contato permanente com jovens autores argentinos e fazia parte da Associação de Jovens Pianistas. A gente tocava no *Clube do guri*, que era um programa de rádio de grande audiência em que tocava, por exemplo, um menino chamado Nelson Freire. Estávamos todos com mais ou menos 15 anos de idade. Meu passo seguinte foi participar na Rádio MEC, do programa *Tarde estudantil*, que era apresentado por um secundarista chamado Paulo Alberto Monteiro de Barros, hoje o nacionalmente conhecido Artur da Távola. Quem também sempre participava era o Arnaldo Jabor, que dirigia o jornal *O Metropolitano*, órgão da União Metropolitana de Estudantes, e me convidou para escrever alguns artigos, o que me deu grande alegria: eu, secundarista, escrevendo para um jornal de universitários. Meu pai ficava todo bobo, porque ele sempre achou importante a agregação, o sentido associativo, não à toa ele era um dos fundadores do Renascença Clube, que foi fundado na casa da hoje advogada Sebastiana Arruda.

Às reuniões iam vários negros de classe média, nível universitário, militares de patente e funcionários públicos. Não obstante o caráter sociorrecreativo do clube, não há dúvida de que havia também uma certa preocupação política. Muitos dos associados tinham ligação com o Partido Comunista do Brasil e faziam parte da célula do Instituto de Aposentadoria e Pensão dos Industriários (IAPI), onde meu pai era contador. Naquela ocasião — estou falando do início dos anos 1960 —, a consciência da negritude estava chegando ao Brasil através do movimento criado por Léopold Sedar Senghor, Leon Damas, Aimé Cesaire, intelectuais negros de ex-colônias francesas que se preocupavam em trabalhar a estética negra nas várias vertentes artísticas. Dos Estados Unidos vinham os ecos do *Black is beautiful*, dos Panteras Negras e da luta pacifista de Martin Luther King Jr. Tudo isso mexia com o meu imaginário.

Eu tive uma consciência muito grande, desde muito cedo, que era uma mulher negra em um mundo branco, com valores e exigências que eu tinha que compreender e aos quais eu teria, quando fosse inevitável, que aderir. Meus pais sempre insistiam que eu não podia ser apenas boa no que decidisse fazer, tinha que ser muito boa, para poder ser considerada boa. Outro ponto essencial que foi sempre destacado entre os meus familiares era a maneira de superar a desvantagem herdada, era a gente ter o domínio de uma cultura que, em princípio, pertence a todos, mas que na verdade, pelo menos naquele tempo, o sistema educacional ignorava. Era indispensável que conhecêssemos a cultura negra. Negra e indígena.

Meu pai era filho de índia cinta-larga com mulato. Um fato aconteceu com meu pai e meu tio, quando eles ainda eram pequenos, e só vieram saber e entender anos depois. Minha avó deixou meu avô e seguiu a vida dela. É que dentro da filosofia tribal as mulheres tinham autonomia para largar seus parceiros quando se apaixonassem por outro. E era o que tinha acontecido. Os filhos ficavam para trás porque ela não ia levar os genes do ex-marido, achava que com certeza o outro maltrataria as crianças. Quando soube deste e de outros acontecimentos eu compreendi que estava assentada sobre duas culturas e, mais que lidar com elas, teria que saber interpretá-las.

Por isso eu tinha que cimentar a minha independência. Para tanto, eu teria que criar minha base econômica, e estudar era o caminho. Com 18 anos eu comecei a trabalhar na rádio MEC e tive sorte de entrar no quadro de funcionários estáveis seis meses depois. Quando saí do Instituto de Educação, já estava empregada no estado da Guanabara, que depois se tornou município. Eu tinha então dois ordenados, que quase equivaliam ao salário do meu pai.

A minha entrada na Faculdade Nacional de Direito abriu uma série de caminhos que eu passei a trilhar com prazer e naturalidade. Sem dúvida o Centro Acadêmico Cândido de Oliveira (CACO) foi um deles. Todo mundo sabe a importância desta associação, que sempre esteve nas melhores lutas do país por liberdade e democracia. Foi assim durante a vigência do Estado Novo e continuou sendo quando se instalou o golpe militar de 1964. Fui muito visada porque os chamados órgãos de segurança sabiam das atividades políticas da minha família. Na rádio eu escrevia programas, mas não podia falar ao microfone. Trabalhei no Projeto Minerva, que era uma programação de alfabetização pelo rádio, em cadeia nacional, e bati de frente com Jarbas Passarinho, então ministro da Educação, porque sugeri a utilização do método Paulo Freire, àquela altura cassado, exilado, mas com seu método sendo aplicado em vários países. Simultaneamente ao meu curso de direito pela manhã, em que tive um professor inesquecível, José Pompilio da Hora, negro, formado em Roma na cadeira de direito romano e mestre de muitas gerações, à tarde fiz um de pedagogia que me credenciou para ser professora de direito e legislação em várias faculdades e universidades, como a Gama Filho, onde lecionei durante 31 anos.

Com base no que aprendi com a minha família, jamais deixei de acreditar que só pela educação podemos alçar os degraus da ascensão social. Por isso, essa matéria sempre me interessou. Diria mais: seduziu. E esta foi a causa das viagens e dos cursos que fiz na Alemanha, com uma bolsa da Fundação Conrad Adenauer, na RAI (Rádio e Televisão Italiana) e na BBC de Londres. Foram meses de muito aprendizado e contato com pessoas incríveis que me abriram largos horizontes.

Na década de 1970, saí do silêncio imposto e passei a apresentar na rádio MEC o programa intitulado *Origens*. Foi resultado da minha compreensão e adesão ao candomblé. Tudo começou quando li uma entrevista de Juanita Novaes dos Santos, contando a sua experiência educacional com a minicomunidade no terreiro Axé Opô Afonjá, onde seu marido Deoscoredes dos Santos, para todos o mestre Didi, era Assobá (sacerdote de Abaluaê) e Alapini (sacerdote-chefe), do culto dos Egunguns, na ilha de Itaparica. Escrevi uma carta entusiasmada para ela e pouco tempo depois tive o prazer de conhecê-la aqui no Rio, na casa do professor Muniz Sodré. Nasceu entre nós uma grande amizade que incluiu meu então marido, Ney Lopes e meus filhos Maurício e Neyzinho. Um novo mundo se abriu diante de mim. Muitas respostas encontrei no candomblé, desde razões atávicas até perspectivas futuras.

Mas não pense que essa transição foi calma e serena. Com a eclosão do AI-5, decreto militar que, a partir de 1968, cerceou a liberdade no Brasil no seu sentido mais amplo, começaram a ser estruturadas entidades que depois adeririam ao Movimento Negro Unificado. Havia muita discriminação, muitos achavam que eu por ser uma negra de classe média e formação acadêmica, não era, por assim dizer, "uma negra autêntica". Por outro lado, os meus colegas achavam que eu não era uma "acadêmica" no sentido lato da palavra, porque trabalhava com cultura negra, incluindo as religiões de cunho africano. E o pessoal dos terreiros me olhava atravessado porque eu não era nem filha nem mãe de santo. Quer dizer, eu estava mal em todos os lados. Era um peixe fora d'água. Não me encaixava nos parâmetros preestabelecidos.

De repente eu pensei: espera aí, eu sou de classe média sim! Não posso falar da experiência de uma mulher favelada porque nunca fui favelada. E isso não é pecado. Os próprios negros têm de entender que não devem criar guetos. Não existe esse negócio de negro autêntico e negro não autêntico. O espaço do negro é o espaço da pessoa humana. Somos todos factíveis ou falíveis como todo mundo. Competente ou incompetente, dependendo de sua área de domínio.

Na universidade Gama Filho, eu fui a primeira mulher a criar uma carreira universitária e chegar ao posto de titular, isto contrariando algumas expectativas. A exigência era ter 15 anos de vida universitária e formação básica acadêmica, e eu tinha apenas quarenta anos de idade. Mas já tinha defendido doutorado, publicado os livros *Negro e cultura no Brasil* (1987) e *Espiritualidade das mulheres negras* (1996), escrito o verbete "negras" para o *Dicionário das mulheres brasileiras*, além de dezenas de artigos para a revista *Sankofa*, palavra da etnia Akan (da África Central), que significa resgate no sentido de que "nunca é tarde para voltar e apanhar o que ficou para trás; sempre podemos retificar os nossos erros". Fiz também um curso de capacitação de professores, dado na UERJ, que foi condensado em dois volumes e onde são abordados aspectos da cultura e da religião negras no Brasil. Enfim, cumpri todas as etapas necessárias para ser professora titular. No momento estou envolvida com a temática sexo e cultura negra, assuntos ainda difíceis quando estão juntos. Fiz um mestrado em sexologia para falar sobre aspectos étnicos e nesse período eu focalizava tecnologia educacional e didática da sexualidade.

Hoje se discute muito a questão das cotas nas universidades. Estive na Conferência de Durbah, na África do Sul, e acompanhei as discussões e a aprovação dos protocolos que tiveram como resultado a criação da Secretaria Especial da Promoção da Igualdade Racial (SEPIR), no governo Fernando Henrique, efetivada no governo Lula. Esses protocolos fazem com que o Brasil tenha uma série de programas políticos de governo que implicam um desenvolvimento de atuação da sociedade para igualdade racial, para igualdade de oportunidades do ponto de vista educacional. No Brasil não temos uma pirâmide educacional, o que temos, na verdade, é um funil educacional. Para cada cem jovens brasileiros, apenas 0,06% ingressam num curso universitário. Isto quer dizer que não temos nenhum jovem inteiro, são necessários dois grupos de cem, duzentos alunos, para ter um ingressando na universidade. Isso não passa pelo processo da cor, é a demanda educacional. Para os jovens negros, então, essa oportunidade é muito menor.

A possibilidade de avanço para a comunidade negra não está ligada objetivamente ao problema social, é um problema de falta de oportunidade real determinada pelo próprio governo. Existem documentos que comprovam que desde o início da nação brasileira os negros foram alijados do processo. Isso porque não se queria um Brasil negro, a visão era europeizada. É uma incongruência, somos o primeiro país de população negra fora da África, e os problemas que nos afligem, e por extensão a todo o povo, vêm desde a abolição, há mais de 120 anos, quando abriram as porteiras, mas disseram: não vamos dar transporte, não vamos dar escolas, não vamos dar saúde, não vamos dar moradia. Houve os retornados, que na África estabeleceram uma nova civilização baseada nos princípios da vivência brasileira. Os que ficaram, fincaram, por sua vez, uma cultura que se expandiu do núcleo original. E aí vem a sabedoria da alimentação, das folhas e das ervas, e os meios próprios para a subsistência e a saúde.

E isto sem se falar no incomparável talento artístico que cria, nas escolas de samba, sessenta, oitenta composições dentro de um tema dado pelo carnavalesco. É uma capacidade de pensar, criar, fazer poesia, compor, mostrando uma habilidade de se aglutinar, tirar do nada a felicidade de estar juntos, de compartilhar o sofrimento e transformá-lo em alegria, de dar a volta por cima. Essa é a capacidade do negro brasileiro.

Não uso mais vaselina no cabelo.

Manoel Dionísio
Professor de danças populares

"Aprendi que ser negro não é defeito."

Quando eu era menino, lá em Além Paraíba, Minas Gerais, perdia horas e horas vendo como os bichos se mexiam. E tinha muitos pelas redondezas. Vacas, bois, cavalos. Eu gostava de observar as feições deles, como eles reagiam a uma simples mosca ou à voz de comando de alguém, como os músculos se retesavam ou se distendiam, denunciando a reação deles. Mas meu encanto maior era com as aves e os pássaros, especialmente com a incrível mobilidade e a liberdade para voar. No fundo eu queria era imitá-los, a todos. E isso só se dançasse.

Quando viemos para o Rio de Janeiro, fomos morar na favela da Praia do Pinto, na Lagoa Rodrigo de Freitas, e em péssimas condições. Pouco tempo depois houve o famoso e terrível incêndio, que desalojou todo mundo, inclusive o pessoal lá de casa: ficamos com uma mão na frente e outra atrás. Aliás, a história desse incêndio nunca foi devidamente esclarecida, se teria sido por acaso ou criminosamente induzido por alguém do então governo Carlos Lacerda. A verdade é que ficamos no chamado "olho da rua" e fomos arranjar abrigo no morro do Pavão-Pavãozinho, em Copacabana. E esse bairro tão famoso, que mexia com a minha imaginação lá no interior de Minas, foi o que deu a virada na minha vida.

Um amigo me falou sobre as aulas de dança afro-brasileira que aconteciam no salão da Estudantina Musical, conhecida gafieira carioca, que fica na Praça Tiradentes. Fui até lá e conheci Mercedes Batista, bailarina e professora que estava formando o balé que levaria seu nome. Foi o norte de que eu precisava. Naquela época — e durante muito tempo —, a Mercedes era a única bailarina negra do corpo de baile do Teatro Municipal do Rio de Janeiro e, certamente, do Brasil. Raramente ela dançava, porque não tinha papéis para negros, e olhe que ela era bonita e dançava bem. Mas justo por isso. A saída que ela encontrou foi fundar a própria companhia, o Balé Folclórico de Mercedes Batista, inspirado na americana Katherine Dunham, que criou o primeiro grupo de danças étnicas dos Estados Unidos, transpondo para o palco ritos e lendas afro-americanos. Quando eles se apresentaram no Rio de Janeiro e em São Paulo, foi um grande e inesquecível acontecimento. Pela primeira vez viam-se bailarinos negros, homens e mulheres, com uma técnica impecável e própria, que dançavam tendo como base atabaques, cantos e músicas do folclore e dos rituais de origem africana, transplantados para os Estados Unidos. Aquilo fez um grande efeito sobre nós, aspirantes a bailarinos. Quando encontrei Mercedes e seu pessoal, foi como se eu tivesse descoberto uma família à qual eu sempre havia pertencido, mas da qual estava desgarrado.

Muita gente achou que era um ato de extrema coragem, porque querer dançar sendo homem e negro era coisa que não passava pela cabeça da maioria das pessoas. Alguns achavam que eu era homossexual, aliás homossexual não, viado mesmo, que era como as pessoas diziam. Não dei a menor bola, fui em frente. Encarei logo uma coreografia chamada Mondongo, que era o grande desafio para qualquer iniciante. Me dei bem, Mercedes gostou do meu porte — tenho 1,86 metro — e me admitiu na companhia. Era tudo o que eu queria. Dei início a uma carreira que ainda não terminou, apesar de eu ter dois filhos, Sidney Martins Dionísio e Magda Angélica Martins Dionísio, quatro netos e um bisneto.

O poeta senegalês Léopold Sedar Senghor, no poema "Cantos da Sombra", que está citado no livro *Les Hommes de la Danse*, de Keita Fodeba, criador do Balé do Senegal, diz:

> Eles nos chamam os homens do algodão, do café e do óleo,
> Eles nos chamam os homens da morte,
> Nós somos os homens da dança,
> Cujos pés se revigoram batendo no solo duro.

E é assim que eu me sinto. Digo tranquilamente, e sempre repito, que nunca trabalhei. Sempre dancei, o que para mim não é trabalho. Meu entrosamento com as danças religiosas afro-brasileiras foi total, eu mesmo ficava impressionado. Nunca havia frequentado terreiros de candomblé ou macumba, só depois. Mas quando os atabaques tocavam, magicamente eu começava a dançar. Especialmente os toques para Xangô e Omulum, eram os solos que eu tinha no espetáculo do balé da Mercedes.

Em 1963, quando a escola de samba Acadêmicos do Salgueiro desfilou e venceu com o enredo Chica da Silva, de Fernando Pamplona e Arlindo Rodrigues, eu estava lá. Vivi aquele extraordinário momento, que foi a apresentação do minueto coreografado por Mercedes para o seu grupo. A imprensa caiu de pau, fomos todos acusados de macular a autenticidade do desfile incluindo passos de balé clássico como *chassé* e *pas-de-bourreux*. O que os detratores não perceberam, ou não quiseram perceber, é que a coreografia estava rigorosamente dentro do enredo, porque, segundo a história, Chica da Silva zombava dos fidalgos usando seus trajes e suas danças. De qualquer maneira, o fato foi um impacto e o Salgueiro conseguiu uma das mais belas vitórias de sua história, inclusive eternizando Isabel Valença, destaque da escola e mulher do presidente Osmar Valença, como a lendária figura de Chica da Silva. Foi nessa que eu descobri uma nova paixão: o Salgueiro e as escolas em geral.

Esta foi a principal razão de os produtores de um espetáculo da Rhodia, famosa fábrica de tecidos de São Paulo, me convidarem para participar do show-desfile que estava sendo montado para o exterior. O elenco era composto por cantores, modelos, bailarinas e bailarinos, negros e brancos, e eles estavam precisando de um bailarino que também tivesse intimidade com a linguagem do samba. E lá fui eu para a Europa, tendo, entre outras, a função de *dance captain*, como é denominado o responsável pelo corpo de baile. Era o ano de 1971. Começamos pelas cidades da então Alemanha Ocidental e seguimos depois para Itália, França, Portugal, Espanha. Foram 12 anos dançando em vários palcos do chamado Velho Mundo. Por contrato, de dois em dois anos eu vinha ao Rio. Era penoso não ver minhas crianças crescerem e perder as festinhas de aniversário. Mas não tinha outro jeito.

Tenho consciência de que aprendi bastante, não só diversos idiomas como também adquiri experiência profissional e formação pessoal que me valem até hoje. Constatei que a dança brasileira de caráter folclórico, especialmente a de origem afro, é respeitadíssima nos diversos países europeus. E sobretudo uma coisa: ser negro não é defeito.

Fizemos espetáculos especiais nas mais prestigiosas casas. De um em particular me recordo, porque foi motivo de muito orgulho para todos os integrantes da nossa companhia. A *gala*, como são chamados na França espetáculos especiais, foi no Casino de Paris, onde reinava como estrela absoluta a vedete negra brasileira Watusi, que durante muitos anos liderou as revistas que atraíam milhares de espectadores. Ela sem dúvida foi um dos maiores nomes do *show business* francês por mais de dez anos. Seu retrato de corpo inteiro cobria praticamente toda a fachada do prédio, e pelas ruas de Paris, a partir do aeroporto de Orly, viam-se enormes fotos suas.

Quando voltei definitivamente para casa, reencontrei-me com o mundo do samba. Passei a frequentar os ensaios de diversas escolas, a começar pelo meu Salgueiro, é claro, e assistir aos desfiles. Aliás, sempre apreciei muito a exibição dos mestres-salas e porta-bandeiras. Noel Canelinha e Alice, do Império Serrano; Benício e Wilma, da Portela; Delgado e Neide, da Mangueira; Hélcio PV e Dóris do Salgueiro; isto sem esquecer o Bicho Novo, da Estácio.

A convite do Carlos César Ribeiro, na ocasião diretor de operações da Riotur, fui nomeado em 1988 assistente técnico e coordenador dos desfiles dos blocos. Era um emprego formal, mas eu estava no meu ambiente. Além do mais, foi o que me deu ensejo de criar uma coisa que passou a ser a razão do meu viver: a escolinha de mestres-salas e porta-bandeiras.

Com já disse, curti sempre a dança do primeiro casal da escola e minha preocupação era com a continuidade daquela qualidade a que estávamos todos acostumados. A dança de mestre-sala e porta-bandeira sempre foi muito intuitiva, baseada na criação da dupla, no entrosamento que eles estabeleciam entre si, a partir dos ensaios. Mas o meu maior temor era com o troca-troca que havia passado a existir. Às vezes um bom casal se desfazia porque ele ou ela era contratado para outra escola, e o trabalho que vinha sendo feito ia pro brejo.

O curso começou na sede da Federação dos Blocos Carnavalescos do Rio de Janeiro, em 1990, com oito casais, valorizando sempre as pessoas das comunidades. Tive logo o apoio de muita gente boa de que não posso esquecer: Irene da Portela, Adilson Independente, Soninha Maria Batista e Soninha da Mocidade. A Liga Independente das Escolas de Samba (LIESA) entendeu a proposta e também apoiou imediatamente. O mesmo aconteceu com a RIOTUR, que nos cedeu uma área no Sambódromo, onde estamos até hoje, há 18 anos. No momento temos 356 alunos, entre crianças, adolescentes e adultos, além de um grupo de crianças especiais, portadoras da síndrome de Down, que nos foi enviado pelo hospital Sara.

A minha maior alegria... o mais correto seria dizer a *nossa* maior alegria, porque tenho um pequeno grupo de colaboradores abnegados e conscientes... é ver o número de mestres-salas e porta-bandeiras formados em nossa escolinha que estão desfilando no grupo especial. Só para citar alguns: Diego e Alessandra, da Portela (ela recebeu um Estandarte de Ouro); Mara e Mosquito, do Salgueiro; Alessandra, da Acadêmicos da Rocinha; Tiago, da Aprendizes do Salgueiro; e Marcelo, da São Clemente.

Na esteira da escolinha nasceu o Espaço Cultural de Carnaval e Cidadania, que mantém uma exposição permanente de trajes e adereços, apresentação do desfile do ano corrente (em DVD) e suvenires para os visitantes, que atingem a média de 8 a 12 mil por mês.

Para concluir, um dos meus momentos de glória no desfile é quando eu apresento o primeiro casal de mestre-sala e porta-bandeira para os jurados. Se não me segurarem eu danço junto.

Raimundo Souza Dantas
Jornalista e ex-embaixador brasileiro em Gana

"Onde estão os heróis negros?"

Quando fui preso por causa do roubo que houve num grande armazém lá da nossa cidade, senti na hora que era por eu ser negro. Eu tinha 13 anos de idade e lá em Estância, no interior do estado de Sergipe, não havia muitos negros. Por essas e por outras é que não gosto da minha infância, porque tinha tudo para ter sido uma infância feliz e não foi. Porque eu era um negro.

Estância era chamada a cidade-jardim. Cortada por três belos rios, sempre se vangloriou de ter recebido o imperador Pedro II. Gilberto Amado, nas suas memórias de infância, relata com carinho a presença de Estância na sua meninice e se expande em invocações cheias de poesia. Tinha muitos prados para se correr, uma paisagem linda para se admirar, os rios para banhos e brincadeiras, mas nada disso marcou a minha infância. No Porto de Areia a garotada ia soltar pipa, mas aquele negrinho ficava sempre meio de lado, espiando, triste, empinando a pipa dos outros quando ela caía, mas nunca governando, comandando, brigando com outra no ar, isso não lhe era permitido.

Minha mãe era uma grande lavadeira, passava uma camisa a ferro como ninguém. Ainda me lembro que ficavam tão alvas, tão imaculadas, que os donos nem vestiam logo, guardavam-nas, de tão bem lavadas que estavam por dona Porfíria, como era conhecida na cidade inteira minha mãe, que hoje vive aqui no Rio num apartamentinho que eu comprei para ela na

Penha. Meu pai foi trabalhador de enxada e depois alfaiate. Vivíamos pobremente mas com dignidade. Fui matriculado em alguns dos melhores colégios da cidade, mas eu não era um garoto feito para o estudo, para a escola formal, ela me angustiava. Tanto que só me alfabetizei aos 18 anos.

Mesmo antes do episódio da prisão eu tinha vergonha de ser negro, daí não haver nenhum exagero quando eu digo que não gosto da infância que tive. Ela foi cruel, carente, carregada de todos os problemas não só de um menino do Nordeste, como também de um menino negro do Nordeste, para quem perspectivas melhores praticamente não existiam. É aí que nasce e se desenvolve uma segunda natureza, moldada pelas circunstâncias externas, pela marca dos estereótipos que vão se somando à sua personalidade porque o meio ambiente inculca, determina, estigmatiza. Eis por que fui me tornando um menino melancólico, que não sabia dançar, não sabia brigar, não sabia como se integrar com os outros da mesma idade.

Eu tinha um medo terrível, permanente, porque era voz corrente que tudo de ruim era coisa de negro. E para mim isso era muito mais ampliado pelo fato de ter um tio, o José Vicente, que foi um grande chefe do destacamento e que caiu no banditismo, não por motivos sociais, mas por problemas políticos locais. Ele não era um bandido de chegar e arrombar, depredar, nada disso. Meu tio só lutava contra facções políticas contrárias. Mas na cidade todo mundo falava — do tio José Vicente, do tio Raimundo, do Mundinho — e isso me fazia, decerto, muito infeliz. Mas a infelicidade maior estava no ambiente, a infelicidade maior estava nas coisas da cidade, a infelicidade maior estava na maneira como o negro era tratado, porque em nosso país — isso é muito curioso — o preconceito racial se manifesta em escala maior no Nordeste, nas cidades mais longínquas, onde os negros exercem as profissões menos dignas, onde são os burros de carga, onde são o objeto para dar lucro. E por isso eu fugi.

Por volta dos 18 anos, ainda na cidade onde nasci, fui trabalhar nos fundos de uma tipografia e foi aí, com esforço próprio, no contato direto com os tipos, com a profissão de tipógrafo, que aprendi a ler, num processo que eu mesmo inventei. Até então eu não tinha nenhuma consciência de raça. Era um negrinho que uns consideravam inteligente e outros olhavam com desconfiança, mas tinha também outros que achavam que eu devia ser ajudado porque era esforçado, honesto etc. Vez por outra eu podia notar algumas resistências que se mostravam na admiração de como eu estava vestido ou na maneira como eu me relacionava com as pessoas. Gente que achava que, pelo fato de eu ser negro, devia ter um tipo de comportamento que eles julgavam ser próprio do negro. Ficava transparente que eles não admitiam que eu me comportasse como uma pessoa normal, sem os cacoetes e os clichês que nos atribuem.

Fugi para Aracaju, onde começou o meu grande aprendizado. Pela primeira vez me vi sozinho, sem a presença de pai e mãe, nem da legenda do meu tio José Vicente, que de certo modo me protegia. Fui sacristão do cônego Freitas, que muito me ajudou, e arranjei o emprego de tipógrafo no jornal *Correio de Aracaju*, de propriedade do advogado Luiz Garcia, que depois foi até governador do estado. Minhas primeiras experiências com problemas sociais, o meu aprendizado na luta sindical, foram vividas nessa ocasião, em contatos com a União dos Trabalhadores do Livro e do Jornal. Conheci pessoas conscientes do seu papel, trabalhadores gráficos, dirigentes de sindicato que tinham uma certa influência na cidade. Fiquei girando entre eles, sem ser notado, mas procurando notar tudo, conhecendo professores, escritores, uma porção de gente que se dispunha a lutar para mudar a situação. Passei por vários estágios da profissão e terminei a minha vida profissional na capital do meu estado de Sergipe sendo revisor do *Diário Oficial*.

Foi nesta função que eu conheci os jovens estudantes do Atheneu Pedro II, que fundaram um jornal chamado *Símbolo*. Prestei-lhes serviços na feitura do jornal e, conversando com eles, ditava coisas da minha tia, a velha Rita, que tinha feito o papel de minha avó contando aquelas histórias das antigas comunidades negras do Sergipe. Tinha um rapaz, que se chamava Walter Sampaio, que copiava tudo e depois me dava para eu ler e ver se precisava acrescentar alguma coisa, e assim eu me descobri escritor, através da tradição oral, usando os recursos dos meus antepassados. Apareci no jornal *Símbolo*, com duas ou três coisas muito incipientes, mas muito importantes — ao meu ver — porque tinham a tradição da minha raça. E isso foi reconhecido recentemente pelo romancista Armindo Pereira, que fazia parte daquele grupo de estudantes. No seu livro mais novo ele diz que, dentre as pessoas que fizeram o *Símbolo* importante, na meia dúzia de números que foram editados, está Raimundo Souza Dantas, em virtude de suas histórias ditadas, suas histórias de fundo moral.

Da mesma forma como senti a necessidade de deixar Estância, por angústia, por me sentir estrangulado, começava a ter a mesma sensação em relação a Aracaju, precisava dar um passo mais à frente. E esse passo era o Rio de Janeiro. Sem documentos e sem recomendações, não havia maneira de arranjar um emprego dentro daquilo que eu sabia fazer. Resultado: fui ser gari, varrer as ruas do Rio de Janeiro. Eu que, àquela altura, já tinha até pretensão a escritor, sentindo que tinha muita coisa para contar, que dentro de mim nascia e latejava uma sensação de dizer por escrito as coisas que eu vinha acumulando. De gari fui trabalhar na Ilha da Ferrugem, raspando cascos de navio, fui vendedor de maçã no mercado, até que um dia eu estava bebendo qualquer coisa num botequim do Beco dos Barbeiros, quando apareceu o Joel Silveira, que eu conhecia de Aracaju. Ele me levou para a sua casa em Laranjeiras, me arranjou uma carta de apresentação para uma firma e aí começou uma nova fase na minha vida.

A recomendação do Joel era para me arranjarem um lugar de tipógrafo ou linotipista na editora Brasil-América, mas eu não estava familiarizado com a maquinaria que eles usavam, de maneira que fui mesmo ser vigia do prédio. Seis meses depois, porém, me atualizava com as máquinas, comecei em nova função e pouco depois era revisor, passando mais tarde a ser secretário da redação do grande consórcio, das várias publicações da editora.

Mas enquanto tudo isso transcorria eu não tinha me curado do complexo de inferioridade por ser negro, grandes problemas existenciais me atormentavam. Até os 18 anos eu era virgem, virgem mesmo na expressão da palavra, era um rapaz profundamente tímido, nunca tinha namorado. Uma série de problemas se somava: econômicos, de inibição pessoal e de ser negro. Em compensação todo o meu tempo disponível era para trabalhar, trabalhar, trabalhar, estudar, ler tudo que era possível, teve uma época até que eu fiquei gravemente doente. Havia uma força maior, uma vontade não apenas de vencer pura e simplesmente, mas uma necessidade de afirmação que me levava a essa busca tremenda, a um quase desespero. E se tudo isso por um lado formava o caráter, a personalidade, por outro me mantinha alienado do verdadeiro problema, tudo aquilo acontecia porque eu era um negro no meio dos brancos, semianalfabeto, sem trânsito, um homem com uma carga de complexos, de preconceitos, de ansiedades, de angústia, de muitos sonhos, de limitações, de desejos, tudo me transformando quase num pequeno monstro. A escalada aparentemente rápida, do ponto de vista interior, foi muito sofrida, cruel mesmo. Ainda nesta fase da editora Brasil-América, do Adolfo Aizen, eu tive uma coluna no *Suplemento Juvenil* que era emendada, corrigida por dois ou três tipógrafos meus amigos, pessoas cujo relacionamento humano e profissional me ajudaram muito.

Preocupado com a problemática que me envolvia, entrei para o Partido Comunista, o que considerei depois um tremendo equívoco, tanto que mal entrei já estava querendo sair, porque não era exatamente o que eu estava pretendendo, não atendia às minhas ânsias. No entanto, foi importante, porque se eu não tivesse passado por lá não teria compreendido que, para solucionar o problema do negro, não podemos contar nem com o Partido Comunista nem com os partidos liberais de centro, tradicionalistas. A gente fica num impasse e eu sempre estive dentro dele, e toda a minha formação, quer pessoal, quer ideológica, foi espremida pelas duas grandes forças que não querem resolver o problema, pelo contrário, querem usá-lo como argumento. Os partidos políticos brasileiros nunca tiveram sensibilidade para o problema do negro, nem o Partido Comunista, nem o Partido Socialista, de João Mangabeira, nem o Partido Trabalhista, de Getúlio Vargas, nem a União Democrática Nacional, de Virgílio de Mello Franco, nem o Partido Republicano, de Arthur Bernardes, nem o Partido Libertador, de Raul Pila. Eu me lembro de uma frase de Maurício Grabois, dirigente e deputado comunista, que disse certa vez que o problema do negro não existe no Brasil, o que existe é o problema do proletário, do trabalhador. E isso não é verdade, o problema é esse, mais o racial.

Eu já tinha dois livros publicados, o romance *Sete palmos de terra* e *Agonia*, livro de contos, quando conheci o escritor Edson Carneiro. Nós nos tornamos muito amigos e foi através dele e da Madalena, sua mulher, que conheci a Isolina, irmã dela, que pouco depois seria minha mulher. Nos conhecemos e casamos no período de um mês. Eu fiz exatamente aquilo que depois iria aconselhar ao meu filho e à minha filha: casamento não é o fim, é o meio. Às vezes a gente não casa por amor, o casamento por amor não digo que seja errado, mas é aquele que é mais fácil de não dar certo. Mas o casamento que a gente faz por necessidade um do outro, de apoio mútuo, para os dois trabalharem visando a alguma coisa, esse tem uma solidez definitiva. Isolina e eu trabalhávamos como loucos — ia usar um termo que me faz ficar irritado comigo mesmo — trabalhávamos como negros... Ela era costureira mas não sabia nada de serviços de casa, cozinhar, arrumar etc. De minha parte, eu não sabia, não tinha a menor experiência de como tratar uma mulher. No primeiro ano de casamento tivemos o nosso primeiro filho e eu escrevi mais um livro, *Começo de vida*, contando todo o meu aprendizado profissional, a minha alfabetização. Foi um livro do qual o Ministério da Educação comprou 40 mil exemplares, o que me valeu uma campanha terrível do Partido Comunista, dizendo que eu tinha me vendido por 40 dinheiros. A *Tribuna Popular*, que era o órgão oficial do Partido, e no qual eu já havia colaborado, publicou o meu nome todo em minúsculas, me expulsando formalmente do Partido, se bem que eu já estava afastado havia muito.

Eu percebi que a minha trincheira era outra. Embora fosse homem de esquerda, sempre fui individualista, e a prova disso é todo o meu processo de formação, todo o meu aprendizado: eles se desenrolaram no território da afirmação pessoal. Mas nunca fui infiel àquilo que eu considerei sempre mais saudável do ponto de vista ideológico. Continuo um homem de esquerda, apesar da incompreensão de alguns. Tem muita gente aí que está radicalizando o problema do negro, fazendo disso o seu viver cotidiano, até mesmo sua profissão. Consideram-me um indivíduo de posição mais à direita, mas isso não me impressiona, acho que estou sendo sensível, permeável às condições brasileiras.

Quando houve a Assembleia Nacional Constituinte, em 1946, eu trabalhava no *Diário Carioca* e tinha convivência frequente com Pompeu de Souza, Paulo Mendes Campos, Nelson Rodrigues e Otto Lara Resende. Na hora de destacar um repórter para cobrir os debates da Assembleia, o Prudente de Moraes, neto, que era o chefe de reportagem política, me escalou. Trabalhei no Palácio Tiradentes até 1960. Vivi como testemunha e como repórter, às vezes até mesmo como protagonista, todo o processo político-parlamentar do país. Fiz reportagens com homens como Nereu Ramos, Souza Costa, João Agripino, Afonso Arinos, Ranieri Mazzili. Conversei quase diariamente com Benedito Valadares, durante cinco ou seis anos mantive permanente contato com o velho Arthur Bernardes, que era o presidente da Comissão de Segurança Nacional, tenho anotações que dariam um livro. Enfim, privei com todos os personagens de maior importância na vida política e parlamentar brasileira. E essa foi a minha universidade, fiz desses homens os meus professores, com eles aprendi quase tudo. Neste quadro, onde eu era o único jornalista negro credenciado no Palácio Tiradentes, conheci o então deputado Jânio Quadros, que me foi apresentado por José Aparecido e pelo jornalista Castello Branco, que na época era o meu chefe de reportagem. Se bem me lembro, Jânio fez uma ou duas intervenções na tribuna da Câmara, mas a maior parte do tempo levava lá atrás, nas últimas bancadas, conversando com os jornalistas. A sua inteligência me seduzia, os seus pontos de vista me impressionavam, ao mesmo tempo em que eu ficava observando que os negros que transitavam por ali eram contínuos, ascensoristas, e que o único deputado negro que tinha visto havia sido o Claudino José da Silva, do PCB, enquanto o partido fora legal. Eu observava, mas confesso que o problema não tinha repercussão maior nem mesmo dentro da minha literatura, em que os personagens negros não eram os mais importantes. Mas isso acontecia também porque ninguém mencionava o problema, ou pelo menos não considerava que isso fosse um problema. O próprio Bernardes me disse uma ocasião: "A minha velha ama comia na mesa, ao meu lado."

Durante a campanha de Jânio para presidente eu o acompanhei por todo o estado do Rio, fazendo a cobertura para o *Jornal do Brasil*, o *Diário*

Carioca e o *Estado de S. Paulo*. E porque já tinha tido uma aproximação com ele na Câmara, era sempre distinguido com participação nas conversas pós-comícios, que varavam a madrugada nos hotéis onde a comitiva se hospedava. Quando ele fez o seu comício em Volta Redonda, que foi um negócio fabuloso, incrível, eu estava em outra cidade fazendo um levantamento e mandei para o *Estado de S. Paulo* uma reportagem que dizia: "Jânio Quadros perde no estado do Rio, mas ganha em Volta Redonda e no resto do país". Isto foi posto em manchete e, como realmente aconteceu, creio que este vaticínio ficou na lembrança dele. Um mês depois da posse, eu recebi um telefonema de Brasília em que um dos secretários do presidente me dizia: "O Jânio mandou perguntar se você não vem tomar posse." Eu tinha sido nomeado oficial de gabinete, foi publicado no *Diário Oficial* e eu não tinha nem tomado conhecimento.

Quando cheguei a Brasília e me apresentei ao presidente ele me falou de um projeto, que era a formação de uma assessoria para relações com países africanos. Tinha convidado o Cândido Mendes e outros, e gostaria de me aproveitar também, mas que por enquanto eu fosse ficando por ali, no gabinete. Nesse meio-tempo, mandou que eu estudasse inglês, passou a me enviar livros específicos, até que um dia me convidou para participar de uma delegação que faria o trabalho de levantamento do mercado com os países africanos. Por motivos políticos, quem foi chefiando a delegação foi o deputado Coelho de Souza, mas o presidente determinou que eu ficasse no Palácio encarregado de manter o contato com a delegação que ia à África, porque tinha outra tarefa para mim.

Enquanto isso, todos no Palácio tinham a minha presença apenas como uma atitude demagógica de Jânio, não me davam muita importância. Fora o Castellinho e o José Aparecido, os outros creio até que achavam graça de ver um negro nos corredores do gabinete presidencial. A bem da verdade devo dizer que com os militares era diferente, dentro da sua disciplina eles me atendiam e entendiam que eu era um funcionário oficial de gabinete e que era para valer mesmo. O general Pedro Geraldo, que era chefe do Gabinete Militar, e o Faria Lima, que era subchefe do setor da Aeronáutica, conversavam constantemente comigo, forneciam todas as facilidades que o presidente tinha ordenado em relação a mim. Tive acesso às pesquisas sobre a África, manuseei informações não secretas, mas reservadas, fiquei com uma soma de informações tal que muito me ajudou no meu trabalho e muito me auxiliou mais tarde, quando fui indicado e aprovado para embaixador do Brasil em Gana. O Itamarati me recebeu com todas as reservas: além de não ser da *carrière*, ainda por cima eu sou negro. Humildemente comecei um aprendizado para poder desincumbir-me da missão que o presidente me dava. Era evidente que estava em causa o fato de eu ser negro, mas isso deixaria de ter importância à medida que eu pudesse ter a atuação que ele esperava de um representante seu numa área à qual ele pretendia dar uma grande importância diplomática e comercial. Não foi fácil a campanha que se moveu contra este ato de Jânio: "Por que na África e não na Suécia?", um jornal perguntou. Sobreveio o episódio da renúncia e a tumultuada passagem para o período João Goulart, cujo governo confirmou a minha indicação por Jânio Quadros. E então, só então, viajei para Accra, capital de Gana.

Quando fui assumir o meu posto, tive que enfrentar logo de início a má vontade e o boicote do então Encarregado dos Negócios, diplomata Sérgio Corrêa do Lago, que tardou dois meses a me entregar a residência oficial do embaixador, numa afronta e indisciplina tais, que causava espécie em todo o corpo diplomático. Fiquei morando num hotel, mandando repetidos telex para o Itamarati, recebendo sempre a renovada promessa do Encarregado de sair "dentro de alguns dias", e a situação perdurou até quando, por livre e espontânea vontade, ele resolveu se mudar. Isso sem falar na assessoria omissa e nas informações erradas que o *staff* me dava.

Fiquei à frente de nossa representação diplomática em Gana de setembro de 1961 a janeiro de 1964. O governo brasileiro me deu a condição mais alta que alguém da minha raça e da minha origem já havia tido, mas ao mesmo tempo me deu condições de verificar que ser embaixador negro não era tão importante quanto ter a consciência do problema da emancipação negra. Foi uma experiência inesquecível, tremendamente enriquecedora, altamente elucidativa. Essa circunstância me levou a uma compreensão mais realista, mais adequada do que é realmente o problema da África em face das comunidades negras do resto do mundo, da diáspora negra. Reajo como brasileiro nato, não sou africano desterrado, mas não posso deixar de considerar que é importante o que acontece na África, do ponto de vista de independência.

No meu livro *África difícil*, resultado da minha experiência e das minhas observações, procurei traçar um panorama daquela realidade, dos nossos contatos, da importância da nossa presença, da presença brasileira. Também da nossa convivência e até da semelhança física que ocorre com descendentes da mesma tribo, como no meu caso, que sou originário dos Axantis. Gana teve um príncipe com quem me pareço muito — segundo os retratos pintados que existem —, cuja lenda diz que ele foi levado para além-mar como escravo mas que um dia voltaria. Isso fez com que o Rei Premph II, sua mulher, suas concubinas, suas filhas e seus príncipes, durante os três anos que eu passei em Accra, me cumulassem de gentilezas e cuidados diários, me distinguindo com um status de realeza.

É preciso viver 100 anos na África. Mas é preciso também fazer do nosso país uma democracia racial e não a balela que aí está, institucionalizada. Até certo ponto ela existe para algumas minorias, mas não existe para o negro, que não recebe os dividendos daquilo que lhe deve a sociedade brasileira. A democracia racial não se torna efetiva sem que sejam efetivas a democracia política, econômica, social etc. Por isso o sentido da luta hoje em dia é para que se criem condições para uma verdadeira e insofismável democracia completa, global, total.

Arlindo Cruz
Cantor e compositor

"Gente da sua cor não entra na minha piscina."

Olha, Deus é testemunha de que eu tentei, tentei. Poderia ser aviador, estudei um ano e meio, entre 1978 e 1979, na Escola Preparatória de Cadetes em Barbacena e na Academia da Força Aérea, em Pirassununga. Levava o assunto a sério, mas não tinha queda para ser militar. Se bem que as noções que eu tenho de responsabilidade e disciplina confesso que adquiri naquela época. Poderia ter sido economista, fiz um semestre na Universidade Rural, mas era longe. Eu saía de Cascadura, pegava um trem para Campo Grande, depois pegava um ônibus até Seropédica para começar a estudar. Numa dessas arrumei uma namorada no meio do caminho, entre uma condução e outra, e já ficava por ali mesmo. Poderia ter sido tesoureiro da Caixa Econômica Federal, fiz concurso, passei e trabalhei lá dois anos e pouco. Poderia ser escritor, prestei vestibular para a UFRJ, para fazer letras, fui admitido, estudei um ano e saí.

Era o cavaquinho que estava no meu caminho.

Nasci em Marechal Hermes e me criei na Piedade. Lá em casa a música tinha uma presença permanente, além de ser um grande fator de aglutinação familiar. Meu pai tocava violão e me ensinou a tocar cavaquinho; minha mãe, Araci, cantava divinamente. Meus padrinhos e meus irmãos Acir e Amir, todos os tios, entre eles o Ari da Liteira, que foi mestre-sala da Portela nos anos 1950, e o Valtenir, que foi um dos grandes compositores, também da Portela, e que emplacou os sambas "Lendas e Mistérios da Amazônia" (1970) e "Festa da Aclamação" (1977) — todos tinham música no DNA.

Festa na minha casa não tinha radiola, como era comum na época, o negócio lá era samba ao vivo, muitas vezes com instrumental improvisado, chorinho do bom, partido-alto, em que meu avô versava com meu pai, que por sua vez desafiava meu avô materno João Bambu, um craque. Ele era um dos valentes da Piedade, bom no verso e na pernada. Não havia aquela covardia que há hoje. No máximo o bom malandro tinha uma navalha, não é que nem hoje, que os caras sacam armamento pesado, parece até que estão no Iraque.

Musicalmente falando eu tenho uma herança genética especial. Meu pai foi amigo e tocou com o Candeia, meu grande ídolo. Muitas vezes ele era muito radical, mas tinha lá suas razões. Por exemplo, ele não admitia que o filho casasse com uma moça branca: "Pode namorar, mas tem que casar com uma negra, tem que continuar a história da nossa história." Não foi à toa que ele foi um dos idealizadores do Grêmio Recreativo e Cultural Escola de Samba Quilombo, para bater de frente com a comercialização das escolas de samba e para preservar a nossa identidade cultural, promovendo a difusão de manifestações folclóricas como o maculelê e o jongo.

Depois de algum tempo, papai me apresentou ao inesquecível compositor Candeia, e eu passei a acompanhá-lo também. Posso me gabar de que tinha um ouvido muito legal, ouvia uma música duas, três vezes, quando muito, e já estava tocando. Aprendi a dominar, harmonicamente falando, o cavaquinho. Aprendi a ler pauta, cifra principalmente, e estudei violão uns dois anos na escola Flor do Méier, com o professor Joaquim Nagely. O Bezerra da Silva também estudou lá. Quando fui trabalhar com o Candeia, gravamos um disco intitulado *Roda de Samba*, e no cavaquinho quem estava? Eu. Mesmo na época de Barbacena, nunca perdi o contato com ele. Todo fim de semana estávamos juntos na casa dele e sempre tinha samba novo. Eu ficava me deliciando, ouvindo, tirando a melodia para acompanhá-lo quando fosse cantar num show ou num encontro com a rapaziada.

Foi na Escola Preparatória que eu comecei a compor, especialmente numa época em que não dava para eu vir ao Rio todo fim de semana. Aquela saudade ficava roendo, não tomava contato com as composições mais recentes, e aí não teve jeito, comecei a rabiscar uns sambinhas para compensar a ausência. Claro que ainda era uma coisa meio amadora, mas sobrou alguma coisa que dava para ouvir, eu e os outros. Nesta época estavam muito em voga festivais de samba, e o Sambola, que era uma casa de shows da família Scafura, na Piedade, entrou na onda. Eu escrevi uma composição e com ela emplaquei o primeiro lugar: o título era "Meu samba", e abordava a questão social e contra preconceitos. A letra diz:

> O meu samba é fácil de entender,
> Pra você que olha tudo e nada vê
> Você olha a moeda e não vê o seu revés,
> Olha o céu, não vê a terra,
> Olha a mão, não vê os pés,
> Olha a paz, não vê a guerra,
> Olha a vida sem morrer,
> É por isso que o meu samba
> Não diz nada pra você,
> Ele não é acalanto de quem vive
> Por viver.
> Mas por enquanto pode sorrir,
> Pode sonhar, que mais cedo ou tarde,
> Meu samba vai te acordar.

Éramos eu, Richa, Acir Marques, Abel Mário e Ronaldo Batera. Era um grupo muito legal, com uns negões bons de peso assim como eu, e a gente botou o nome de Misto Quente. Era uma turma da pesada, literalmente.

O bloco carnavalesco Cacique de Ramos já estava entrando em minha vida. No início eu só participava do desfile, não era compositor da casa, como se dizia. Saíamos eu e meu irmão Acir. A gente se divertia muito, mas de vez em quando o pau comia. Um dos desfiles memoráveis foi o de 1972, quando o bloco saiu cantando o samba de João Nogueira, "Amor, não me leve a mal", e o conflito na avenida Presidente Vargas foi total. Nessa época, a rixa entre o Cacique e o Bafo da Onça era um dos pontos altos do carnaval de rua, fazia parte da cultura carnavalesca. Quem entrava na frente amarrava o desfile para prejudicar o outro. Do lado do Bafo estava o excelente cantor e compositor Osvaldo Nunes, que era bom de briga como ele só. E do nosso lado tinha o Neoci, o próprio João Nogueira e outros menos votados. Quando a gente entrava na frente do Bafo fazia a mesma coisa. Demorava um tempão, para o pessoal e a bateria ficarem horas fazendo firula. Era uma provocação, claro. Sinto um pouco de saudade disso, um samba tinha muito de paixão. Mas, por outro lado, é bom que acabaram as brigas, hoje em dia os dois blocos desfilam na maior tranquilidade. Também o número de componentes diminuiu sensivelmente. Antes ninguém saía com menos de 3 mil, até 6 mil pessoas. Hoje em dia, chegar a 1.500 já é uma proeza. Mudou, quem põe aquele número é o Suvaco de Cristo, o Simpatia é Quase Amor. No sábado de Carnaval de 2008 o Cordão do Bola Preta reuniu 500 mil foliões na avenida Rio Branco.

No Cacique nasceu o grupo Fundo de Quintal, criado pelos irmãos Ubirani e Ubiraci. Um deles era mais conhecido como Bira Presidente, porque ele era o presidente do bloco. Com o Fundo eu adquiri a minha maioridade como compositor; de cara foram 12 músicas, gravadas entre outros pela Beth Carvalho e pelo conjunto Exporta Samba. Alcione também gravou samba meu. O Fundo de Quintal foi um divisor de águas. A história do samba, como gênero musical, a partir dele tomou outro rumo, revelou talentos, quebrou preconceitos, valorizou a presença do negro como artista de primeira grandeza, capaz de reunir centenas de milhares de pessoas; além de vender muitos milhares de discos, claro.

Por falar nisso, eu atualmente tenho muita preocupação com esta questão de etnia e samba. A gente tem filhos e fica um pouco temeroso. Por exemplo, na Europa tem tido muitas manifestações racistas, que lembram os tristes momentos do nazismo e do fascismo. Na Alemanha tem uns caras intolerantes que, quando o time deles joga contra times que têm negro, eles ficam xingando, imitando macaco, jogando casca de banana e por aí afora. É sujo e desumano. Aqui mesmo, em nosso país, acontecem coisas inacreditáveis. Não faz muito tempo, li nos jornais que em São Paulo, na capital, um grupo de *skinheads* atacou um negro com porrada de soco inglês, golpes de barra de ferro e chute na cabeça. Sabe por quê? Só porque ele era negro.

Quando eu estudei na Escola Preparatória tinha pouquíssimos alunos negros. Na minha turma tinha uns 15 que iniciaram o curso, mas só dois se formaram, sendo que muitos desistiram porque sentiam algum tipo de discriminação. Eu saí porque quis, mas no início da minha vida profissional, como músico, enfrentei algumas situações desagradáveis. Quantas vezes o porteiro do edifício me barrava e eu tinha que dizer a ele: "Eu não vim tocar, não, sou convidado do dono da casa." Aí o cara engrenava outra: "Por que está com instrumento?" Eu respondia sempre da mesma forma: "A madame não entra com bolsa de compras? Então meu instrumento também tem que entrar." Mas com o tempo as coisas mudam para a gente, logo que a gente alcança alguma notoriedade na nossa profissão. O que se passa a ouvir, então, é: "Ele toca cavaquinho pra caramba!", "Ele joga bola pra caramba!", e por aí vai. Passamos a ter um salvo-conduto.

Mas sabe o que me preocupa muito? É um debate que agora está sempre presente. Eu vejo muito televisão, quando estou descansando, esperando a hora do show. Volta e meia o assunto é cotas. Um dia desses vi uma jovem baiana da Negritude Socialista se posicionando contra. Ela acha que o negro precisa de mais do que isso, e que o problema é antes de tudo social. No mesmo programa uma outra defendia a ideia de que uma reparação é necessária, e logo. A dívida que a sociedade e o Estado brasileiro têm conosco é imensa.

A história do negro no Brasil é de muito sofrimento, a desvantagem é muito grande. A esmagadora maioria nunca teve acesso a boas escolas, bons livros, nunca teve acesso a nada, nem a boa moradia sequer. Boa alimentação nunca teve, o negro sempre sofreu muito. Aí vêm os índices de marginalidade, de criminalidade e tudo que a gente já sabe. É verdade que muitos irmãos nossos dão mole, como se diz na gíria. Às vezes se deixam levar. Eu também já vivi essa realidade dentro da favela; vivi no Morro do Fubá, em Cascadura, e vi muitos colegas e amigos serem atraídos pelo crime. A sedução é muito forte.

A minha preocupação maior é com os meus filhos, porque já tenho cinquenta anos. Tenho dois filhos, Flora e Arlindinho, que está em idade escolar. Quando a gente veio morar aqui, no Recreio dos Bandeirantes, há uns 12 anos, isso aqui não era a décima parte do que é hoje. Eram poucos condomínios. Tinha uma família que morava na casa ao lado, e a menina, filha do dono da casa, fez amizade com meu filho menor. Os dois tinham por volta dos seis anos de idade. Um dia ela convidou os amiguinhos: "Vamos tomar banho na piscina lá de casa!" O Arlindinho se encaminhou todo prosa, aí ela disse a frase fatal: "Gente da sua cor não entra na minha piscina." Olha que merda!

O garoto ficou bolado, sem saber o que pensar. A Babi (Bárbara Barbosa Macedo), minha esposa, ficou absolutamente passada. Quando eu cheguei em casa o clima lá estava pesado. Quando o pai da menina soube, só faltou morrer de vergonha. O mais grave é que ele era negro, um pouco mais claro do que eu, mas negro. Precisava ver a cara dele. Juro que fiquei até com pena. Ele, com os olhos cheios d'água, dizia:

— Meu Deus, não sei de onde minha filha tirou isso. Eu não sei o que aconteceu. Por favor, me desculpa.

Logo depois era Natal e nós fizemos uma festa aqui em casa. Veio o grupo Molejo, a Beth Carvalho e vários sambistas. Em certo momento puxamos um partido-alto e o mote foi o seguinte: "Aqui não tem raça, aqui é casa de sambista." Apesar disso, o Arlindinho ficou praticamente um ano e meio sem ir brincar na rua. Dá para imaginar? Uma frase roubou um ano e meio da vida do meu filho. Trabalhamos muito a cabeça dele, foi uma luta para acabar com o trauma. Agora ele já superou, é o rei do condomínio. Mas foi brabo.

O que eu me preocupo em fazer é em conscientizar meus filhos, minha família, sobre a nossa cultura, os nossos heróis, a nossa história, para compensar o que a escola não ensina. Mostro para eles como as escolas de samba suprem essa deficiência apresentando enredos que focalizam episódios e figuras que ajudaram a definir a nossa nacionalidade.

Glória Anselmo
Professora

> "Na minha casa eu fui educada acreditando que homem branco com mulher negra só quer se aproveitar..."

Roupa lavei muito, e engomar até que eu faço bem. Aprendi com minha mãe, que teve que optar por fazer esses trabalhos para fora para ajudar a criar três filhas, e ainda costurava em casa. Desde pequena, sendo a mais velha, ajudava no que podia, mas entre o tanque e o ferro de engomar minha ideia fixa era ser jornalista. Era meu sonho, meu maior sonho. Achava uma profissão importante, significativa, que lidava com a surpresa e a emoção. Mas a vida, como sabemos, tem os seus reveses, e para ajudar a custear meus estudos resolvi montar uma classe de reforço escolar na minha casa.

Fiz o curso de formação de professores à noite, no Colégio Estadual Pandiá Calógeras, em São Gonçalo, que era pago, um fator complicador para uma família pobre. Antes estudei no colégio estadual Rodolfo Siqueira, da segunda à quarta série, e fui uma aluna exemplar, sempre com boas notas — ai de mim se não fosse assim. Papai e mamãe sempre diziam que para subir na vida a gente tem que estudar. Na escola primária tive algumas dificuldades em função da questão racial, porque as crianças brancas sempre achavam que os meninos e as meninas negras eram menos inteligentes, menos capazes. Por causa disso levei muita bronca e alguns petelecos, porque tinha sempre que tirar 100, era uma exigência da família. Diziam: "Noventa e nove não é ótimo; 99 pode ser muito bom mas não é ótimo.

Não esquece que sendo negra você precisa ser ótima." Isso era um discurso muito forte dentro de casa, até porque todas as minhas tias e primas não tinham formação além da quarta série e eu acabei me destacando. Terminada a quarta série, eu teimei com meus pais que queria continuar estudando, queria fazer o ginásio. Mas ginásio naquela época era pago, então felizmente arranjaram uma bolsa no Colégio Estadual Pandiá Calógeras. Mas tinha as despesas com livros e material, então eu me sentia na obrigação de ter meu próprio dinheiro, daí a ideia de dar aula em casa. Aos 17 anos me formei, e aí a diretora da escola, que era minha professora, arrumou logo um emprego numa escola particular, porque eu era uma aluna dedicada, responsável, aquelas coisas. E lá fui eu trabalhar na rede particular de ensino.

Trabalhei um ano sem que assinassem minha carteira. Só descobri isso bem depois. Aquele primeiro ano de trabalho foi um ano perdido do ponto de vista da minha vida profissional, só no ano seguinte é que a situação foi regularizada. Depois de dois anos nessa escola fiz concurso para auxiliar de enfermagem para um hospital federal, só que eu não tinha curso de enfermeira, nem de auxiliar, nem de nada, mas tirei o segundo lugar e fui chamada para trabalhar no hospital Antônio Pedro. Só que eu não aguentei a rotina hospitalar; sou muito sensível, somatizo, não houve jeito de continuar.

Depois meu pai, através de um amigo, me conseguiu um emprego na SulAmérica Seguros. Eu já estava com vinte anos e pensei em fazer faculdade. Já que eu gosto de magistério, pensei, comecei essa trajetória, então vou fazer uma faculdade de administração escolar e abrir uma escola para mim. Só que a minha mãe morreu de repente, minhas irmãs ainda estavam novinhas, e a faculdade teve de ser adiada. Mas por mais que a vida negasse oportunidades eu não desistia nunca. Eu tinha um plano.

Lá na SulAmerica tinha um colega que era sobrinho do meu chefe. Era um rapaz branco e ele se apaixonou por mim. Eu acabei gostando dele também e começamos a namorar escondido de todo mundo. Só que escondido de todo mundo não por causa dele, mas por minha causa. Na minha casa eu fui educada acreditando que homem branco com mulher negra só quer se aproveitar, engravidar e abandonar, e esse medo me fez terminar uma bela relação. Tão bela que ele nunca mais quis falar comigo. Eu terminei o namoro sem explicação que justificasse. Ele queria até ir à minha casa, conhecer meu pai e a família toda, mas eu desisti dele. Fui eu que acabei com o namoro, ele nunca mais me dirigiu a palavra. Trabalhávamos na mesma seção, mas nos tornamos estranhos. Soube pelo tio dele que ele nunca entendeu por que fiz aquilo, ele me amava de verdade.

Para minha sorte, sempre fui uma pessoa muito inteligente, muito estudiosa. Eu gosto do conhecimento acadêmico, sou apaixonada pelo conhecimento. Fui trilhando minha vida. Quando eu tinha 25 anos e as minhas irmãs já estavam quase adultas, resolvi fazer uma faculdade de pedagogia por conta do meu segundo sonho; queria ser dona de uma escola. Fiz um curso de três anos na Associação Salgado de Oliveira, que hoje é a Universo, e em 1987 me formei em administração escolar, como supervisora e professora de magistério.

Um ano depois meu pai pegou leptospirose e morreu repentinamente. Minha vida virou de ponta-cabeça. Saí de minha casa, e fui morar num apartamento alugado, por questões de segurança. Comecei a trabalhar em três lugares diferentes. Eu tinha uma jornada de trabalho que começava às sete da manhã e terminava às dez da noite. Assim foi durante cinco anos, e cuidando ainda das minhas irmãs, que já estavam mocinhas, mas ainda não trabalhavam. Não faltava quem sugerisse: "Bota essas meninas pra trabalhar em casa de família, bota pra trabalhar em qualquer lugar." Eu repudiava a ideia e dizia claramente: "Não, não vou fazer isso com elas, elas vão estudar, se formar, estudar até quando elas quiserem, porque estudo pra nós é valor. Então enquanto elas quiserem, vão estudar." Minhas irmãs fizeram o ensino médio e não prosseguiram os estudos por opção pessoal. Essa jornada louca, essa vida louca foi até 1994, trabalhando em três lugares, três turnos diretos para ter uma vida decente, para dar uma vida decente para elas.

Por dentro de toda essa história de vida, tem também uma história de religiosidade que começou quando eu tinha de 15 para 16 anos. Eu era católica como a minha mãe e aí comecei a ter uns comportamentos estranhos, um aspecto doentio, emagrecendo muito, às vezes desmaiando. Até que acabaram descobrindo que eu deveria retomar as minhas raízes africanas, no que diz respeito à religiosidade. Passei a frequentar um centro espírita e 13 anos depois "fiz a cabeça", como se diz no candomblé. Sou mãe de santo, mas não abri terreiro nem nada. Continuo frequentando uma casa da linha de Angola, e a vida continua.

Em 1997 voltei a estudar e fui para a Universidade Federal Fluminense para fazer pós-graduação, pois eu já tinha uma graduação em pedagogia. Fui aceita no grupo Alpha, que é um grupo que discute a questão da alfabetização dos alunos das classes populares. Depois de completar a pós-graduação emendei no mestrado no próprio grupo de pesquisas. Fiz um trabalho complexo, discutindo a questão da formação de professores. Acabei escolhendo a orientadora mais difícil, que é a professora Regina Leite Garcia. Embora ela tivesse uma reflexão mais comprometida com as classes populares, nós duas não conseguimos estabelecer uma relação amorosa nesse contexto de orientanda e orientador porque ela sempre me cobrava uma postura como negra, como mulher, dizia que eu me escondia, que eu era frágil, que tinha que tomar uma atitude diante do mundo. Foi um desafio muito grande concluir o mestrado, mas eu fiz dentro do prazo, três anos.

No dia da minha defesa, aconteceu um outro episódio muito impactante, vamos dizer assim. Eu trabalho falando da formação de professores para alunos das classes populares. Aí a mesa se pronunciou sobre o trabalho e no final a orientadora pediu a palavra. O orientador não deve se manifestar no dia da defesa, mas no meu caso ela precisava falar. E falou. Disse que não sabia lidar com a diferença, que para ela havia sido um desafio muito grande me orientar, porque ela não sabia lidar com uma pessoa que ligava para ela às 11 horas da noite e que, ao chegar na casa dela, tirava o sapato na porta. Tomei um susto. Eu nunca liguei para a casa dela às 11 horas da noite e nunca tirei o sapato na porta da casa dela. A única coisa que aconteceu foi que um dia eu cheguei lá e, como sou muito sinestésica, gosto de sentir as coisas, e o piso era de uma pedra bonita, interessante, tirei o sapato para sentir aquela textura. Aí ela chegou e disse

"Ué, tirou o sapato?" E eu disse: "Essa pedra é muito interessante: Estou sentindo." Foi a única vez que isso aconteceu.

Na verdade ficou uma marca muito dolorida. Eu tinha levado minhas alunas para assistirem à minha defesa, já que o tema interessava a elas diretamente. Claro que elas ficaram atônitas, sem entender nada. Nem elas, nem meu marido, nem minhas colegas professoras. Eu também tinha comprado várias flores para enfeitar a mesa, e, quando as meninas entraram com os arranjos, a professora Regina foi logo dizendo: "Isso só pode ser coisa da Glória mesmo", achando que as flores eram para mim, e no entanto eram para ela e para todos os professores que estavam à mesa. No final, eu disse que independentemente de qualquer resultado da defesa, eu queria agradecer àquelas pessoas a oportunidade de viver aquela experiência numa universidade pública, fosse meu trabalho aceito ou não.

Eu terminei a dissertação praticamente sozinha, a professora Regina não teve tempo de ler a conclusão nem a introdução, porque ela estava muito preocupada com uma outra orientanda que ela ia defender. Aconteceu um negócio até engraçado, porque acabaram sendo marcadas as duas defesas para o mesmo dia e quando ela se deu conta ficou irritada comigo: "Como é que agora eu vou pra defesa da Fulana, como eu vou ler a tese da Fulana, se tem a sua defesa?" A minha resposta foi simples: "Professora, a senhora é que decide isso." Aí ficou uma mácula entre nós. Eu a respeito muito, quando a encontro trato com o devido respeito, merecido, mas acho que ela foi extremamente injusta, ainda mais sendo ela uma pessoa com o discurso que ela tem, que é o discurso de defesa das classes trabalhadoras, enfim, dos fracos e dos oprimidos. Mas aprendi muito também. Como dizia minha mãe: "O que não nos mata só nos fortalece." Eu aprendi muito nessa relação, nessa experiência. Hoje sou mestre em educação pela Universidade Federal Fluminense.

Não vou negar que em determinado momento da minha vida eu tinha até uma certa vergonha de ser negra. Queria muito ter a pele branca, os cabelos lisos para ter mais oportunidades, para me sentir mais acolhida, mais respeitada do ponto de vista das relações sociais de modo geral. Hoje em dia posso afirmar tranquilamente que tenho a minha condição étnica resolvida. Venho pesquisando muito, venho estudando muito e venho brigando muito em todos os espaços por onde passo.

Eu não comungo de uma concepção que se organiza a partir de guetos, eu penso que toda adversidade precisa ser valorizada, reconhecida e respeitada. Afinal de contas, para começar somos todos seres humanos. A ciência diz que a nossa história começou na África, então não tem um ponto de valor? Tem, mas essa história não se fecha na África, então se alarga, se abre, precisa ser contada nas suas múltiplas versões. Há uma versão hegemônica que é a visão europeia, mas as outras versões precisam emergir também e serem reconhecidas, valorizadas, respeitadas, ninguém precisa ser chamado de neguinho, de cabelo duro, de macaco, de indígena. As pessoas são seres humanos e é nessa lógica que eu caminho. A minha matriz de discussão é a matriz cultural.

Do ponto de vista das relações interpessoais, é desafiante ser diretora de departamento e negra ao mesmo tempo. Alguns desafios se colocam, mas eu queria me reservar o direito de não falar sobre isso, por uma questão ética.

No ambiente em que eu trabalho, com os colegas com quem eu convivo, acontecem coisas muito divertidas. Por exemplo, a pessoa bate na porta da sala, estamos eu e a Solange, ela sabe o nome da diretora, aí entra, olha para a Solange e diz: "Eu queria falar com a senhora dona Glória." Eu sorrio e digo: "Glória sou eu."

Edson Santos

Ministro da Secretaria Especial de Políticas
de Promoção da Igualdade Racial

> "Você vai entrar de terno branco numa
> carvoaria, não pode sujar o terno."

Quando apresentei um projeto na Câmara Municipal do Rio de Janeiro, em 1993, onde cumpria o meu segundo mandato, instituindo o dia 20 de novembro como feriado em homenagem a Zumbi dos Palmares, foi um deus nos acuda. Fui acusado de racista, separatista, radical, para citar apenas os adjetivos mais leves ou publicáveis, mas eu estava convicto de que era necessário apresentar e lutar por aquele projeto. Muitos não compreenderam que meu desejo era abrir uma discussão sobre o assunto, porque, por extensão, ia-se discutir a questão do negro no Brasil. Essa questão é que a exclusão social atinge de uma forma muito dura a população negra. A gente teve a abolição da escravatura, mas em lugar de recebermos um pedacinho de terra para cultivar, e assim garantir o sustento da família e contribuir para o desenvolvimento econômico do Brasil em bases humanas, simplesmente abriram as porteiras e ainda promoveram a imigração asiática, europeia, já num regime de assalariados. O negro ficou excluído de todas as oportunidades que foram oferecidas aos imigrantes. Como consequência, só poderiam ficar na base da pirâmide. Eu acho que essa dívida que a sociedade brasileira tem para com a população negra tem que ser paga de imediato, é preciso resgatar essa dívida de uma forma muito acelerada. Já demorou muito.

Entrei na política estudantil na Universidade do Estado do Rio de Janeiro (UERJ), em 1978, quando participei da comissão que cuidou da reorganização da União Nacional dos Estudantes (UNE), que tinha sido destruída pela ditadura militar. Na ocasião, muitos líderes estudantis foram presos ou mortos. Em maio de 1970 eu tive a honra de participar do Congresso de Reorganização da UNE, que foi realizado em Salvador. Aí começou a minha militância política. Fui do Diretório Central dos Estudantes da UERJ, vice-presidente da União Estadual dos Estudantes do Rio de Janeiro, e depois de casado fui morar na Cidade de Deus, para participar do movimento comunitário.

Em 1980, nós organizamos na UERJ, na semana de 13 de maio, uma Semana do Negro. Era a primeira vez que acontecia uma iniciativa assim na universidade. Houve um debate sobre a questão racial no Brasil, o que causou uma grande polêmica, até com alguma exacerbação de ânimos. Ali me despertou a vontade de conhecer a problemática racial, as suas raízes, e que tipo de intervenção a gente deveria ter no sentido de livrar o Brasil desse mal. Eu entendo que a discriminação e o preconceito são uma doença que acomete a sociedade, e na maioria dos casos por ignorância das pessoas. O que temos de fazer é ter uma atuação no sentido de educar, de esclarecer a população de uma forma geral, mostrar que o homem não pode ser discriminado pelo simples fato de ter a cor da pele escura.

Quando eu estava no colégio Camilo Castelo Branco, uma vez a professora de português chamou minha mãe para reclamar de mim. Eu era bagunceiro, confesso, mas quem não era? Nossa família era pobre, meu pai trabalhava como faxineiro do Jardim Botânico quando eu nasci e minha mãe era empregada doméstica; nunca escondi isso, nem nunca tive vergonha. Pois a tal professora aconselhou minha mãe a me tirar da escola e arrumar um emprego na feira, para carregar carrinho e bolsa de compras de madame. Ela ficou tão indignada que queria até dar uns tapas na mulher. Eu era o único aluno negro da escola. Estamos falando de 1967, e naquela época ainda era um privilégio cursar o ginasial e não era comum encontrar negros nas salas de aula. O máximo era ir até a sexta série. Com certeza a professora achava que eu já tinha ido longe demais.

No movimento estudantil também era raro estudante negro, talvez eu tenha sido um dos primeiros a atuar no primeiro plano. Cheguei a ser vice-presidente da União Estadual dos Estudantes, mas mudei de foco quando fui morar na Cidade de Deus. Cheguei lá querendo aprender. Primeiro a gente chegava com aquela pretensão de estudante, vindo da universidade, achando que tem resposta pra tudo. Apanhei muito, aprendendo bastante com as pessoas, e acho que foi o momento mais importante da minha vida política. Eu aprendi a ouvir, ouvir a experiência de quem vivia ali.

Hoje ainda existem os vagões chamados triagens, que eram exatamente para fazer a triagem das pessoas que queriam morar lá. Nós iniciamos um trabalho com os diretores do Conselho de Moradores da Cidade de Deus, no sentido de fazer com que o governo estadual implantasse uma política habitacional para resolver o problema de moradia daquela gente. Era comovente ver pessoas exercitando sua paciência mesmo tendo esperado quase vinte anos para vislumbrar a possibilidade de uma solução. Foi uma lição que eu prezo até hoje.

Uma coisa que eu procuro cultivar é a capacidade de ouvir as pessoas. Baseados nas opiniões e até nos conselhos do pessoal da Cidade de Deus, construímos um projeto habitacional com o governo Leonel Brizola, com o apoio decisivo do companheiro secretário de Habitação que era o Caó, Carlos Alberto Oliveira, aquele mesmo que fez a lei que caracteriza o racismo como crime inafiançável. Não há dúvida de que foi o embrião de muita coisa que depois aconteceu na esfera federal.

Quando a gente se inicia na política, pensa que é só ter vontade que as coisas aconteçam, mas infelizmente não é bem isso. É preciso atentar para vários detalhes, as condições existentes, o que as pessoas estão pensando, querendo, e adequar a nossa intervenção.

Conheci o Paulo Lins nessas circunstâncias. Ele estava na equipe da antropóloga Alba Zaluar, fazendo pesquisa para levantar os dados sobre a violência no local. Ele me impressionou pela determinação e honestidade com que conduzia o trabalho, e esse trabalho resultou, vinte anos depois, no excelente livro *Cidade de Deus*, que deu origem àquele filme magnífico.

Muitos dos depoentes que depois viraram personagens, como o Maná Galinha, o Zé Pequeno, já morreram. Todos morrem muito cedo.

Não havia uma organização muito grande do crime nessa comunidade. Tinha atuação de quadrilhas lá dentro, com lideranças fortes, mas elas não se envolviam na nossa vida comunitária e nós também buscávamos estabelecer uma certa distância na nossa atuação. Havia respeito e, acredito até, admiração no trabalho que a gente estava desenvolvendo. Hoje não sei se seria possível, dada a presença mais ostensiva da criminalidade. A associação de moradores foi vista no início como dominação, como um instrumento de poder nas comunidades. O crime organizado enxergou isso e agora interfere de uma forma muito direta na organização, na indicação de lideranças para assumir funções nas associações, o que não acontecia naquela época. Acho que o fato de não ter envolvimento do crime organizado com as associações comunitárias foi o que possibilitou que nós tivéssemos condições de realizar um trabalho que resultou no fato concreto de as pessoas terem suas casas. Quase trezentas famílias tiveram acesso a uma casa decente.

Fui para o Partido Comunista do Brasil, o PC do B, como filiado em 1980. Minha primeira eleição como vereador foi em 1988, conquistada no dia 15 de novembro. Minha alegria só não foi total porque meu pai faleceu um mês antes, e o que ele mais queria era votar em mim, seu filho. Ele sempre dizia: "Você vai entrar de terno branco em uma carvoaria, não pode sujar o terno."

Minha primeira função foi ser indicado como vice-relator da lei orgânica do município, grande responsabilidade. Foi um desafio. Tinha que demonstrar logo que não estava ali para fazer jus ao estereótipo: o negro está ali para fazer graça, um cara que gosta de sambar, sabe cantar samba, contar piada, enfim, um cara legal. Tivemos brigas homéricas, até tiro ameaçaram me dar, mas nada me abalou. Acredito que consegui impor respeito junto aos meus colegas. Não respeito pela força, mas pelo esforço de fazer um trabalho que credenciava o coletivo, a própria Câmara diante da população. Ela que é tão malfalada e vista com maus olhos. Quando saí candidato ao Senado recebi uma moção afirmando que muito me emocionou: mais de trinta vereadores assinaram uma moção que eu deveria ser senador pelo estado. Tive 1,766 milhão de votos, sendo quase 900 mil na cidade do Rio de Janeiro.

Creio que tive a maturidade de não tratar essa expressiva votação como um troféu, mas utilizá-la de forma a ajudar o Partido dos Trabalhadores, que foi o partido que me deu a condição de ser candidato ao Senado. Utilizei isso para potencializar a atuação do PT, ajudar a população, porque hoje eu sou uma pessoa muito conhecida no estado do Rio de Janeiro, mesmo não tendo sido eleito, me tornei uma referência para um vasto setor da população, e isso é uma responsabilidade, não posso me dar ao luxo de decepcionar esse pessoal.

Nunca tive problemas dentro do partido, nada acintoso. Mas tive resistências. Corria como verdade absoluta que tanto eu como qualquer liderança negra do PT não teria voto na zona sul do Rio. Era comum se ouvir: "A Benedita não entra na zona sul, o Edson também não." Mas a eleição de 2002 acabou com esse tabu. Inclusive foi quando o PT teve a maior votação numa eleição majoritária de sua história, no setor médio da zona sul. Então a visão preconcebida de dizer que não teríamos espaço para dialogar com o segmento médio da sociedade caiu por terra. Felizmente conseguimos acabar com esse mito.

Voltando à época da Câmara dos Vereadores, preciso lembrar que consegui inserir na Lei Orgânica, como fruto de uma proposta do movimento negro, o Conselho Municipal de Defesa do Direito do Negro, e conseguimos aprovar a lei que estabelece o feriado de 20 de novembro. Foram cinco anos de luta permanente, mas finalmente conseguimos. O prefeito César Maia disse que não ia cumprir, nós fomos à Justiça em 1995, no tricentenário da morte de Zumbi, e fizemos com que se cumprisse a determinação judicial. Depois ele recorreu e conseguiu ganhar aqui no Tribunal de Justiça. Aí nós recorremos ao Supremo Tribunal Federal, que nos deu ganho de causa, restabelecendo o feriado. A partir do ano 2000 nossa cidade foi a pioneira no estabelecimento desta data como celebração dessa grande liderança que foi Zumbi dos Palmares.

Na minha avaliação, o feriado do Zumbi deu visibilidade à questão do negro. Ter um feriado para homenagear um líder, um herói, é uma coisa que chama muita atenção. Eu já fui a muitas escolas para falar sobre ele. Agora menos, felizmente, mas havia muita gente que não tinha a menor ideia de quem havia sido Zumbi e da sua importância.

Como consequência, outras figuras negras exponenciais passam a ser alvo da curiosidade e da atenção de jovens e da comunidade acadêmica Um deles é o João Cândido, o marinheiro que acabou com o castigo da chibata na Marinha brasileira. Tem um excelente livro do jornalista Edmar Morel que conta tudo direitinho. Ele liderou o que ficou conhecido como a revolta da chibata, e a nossa Marinha sempre ignorou a sua figura. Por todos os títulos, João Cândido é um herói nacional, e deve ser cultuado e reconhecido pela população brasileira. Só agora ele mereceu uma homenagem em forma de monumento na Praça 15 — inaugurado pelo presidente Lula no dia 20 de novembro de 2008, dia da Consciência Negra.

Há quem critique o fato de eu não ser militante de nenhum movimento negro, mas eu apoio o Movimento Negro Unificado, o Instituto de Pesquisa da Cultura Negra (IPCN), que está um pouco esvaziado, e outros, mas acho que minha atuação tem que ser mais ampla, tenho que apoiar os mais variados segmentos que lutam contra a discriminação racial e social no Brasil.

Hoje, à frente da SEPIR, estou tendo a oportunidade de lutar para que se tornem realidade tantas coisas que fazem falta no nosso alicerce como nação. Temos aí o debate sobre as cotas, mostrando que a gente vai ter que se organizar de forma autônoma, num movimento social, para chegar a uma forma ideal que atenda à nossa realidade. Admiro o trabalho do frei David, ele teve o cuidado de colocar pré-vestibular para negros e carentes. Porque existe uma demanda social muito grande no Brasil que atinge não só a negros, mas também aos não negros. Está na hora de formatarmos um novo projeto de nação, um projeto de Brasil, um Brasil que seja generoso com seu povo.

Frei David
Educador

> "Houve uma fase na história da igreja católica em que negro era alguém que não tinha alma, era coisa."

Somos sete irmãos, três moças e quatro rapazes; eu sou o do meio. Minha família é toda muito católica, mas quando eu disse que queria ingressar na vida religiosa, foi um deus nos acuda, por mais paradoxal que essa evocação possa parecer. Meus pais sempre imaginaram ter todos os filhos casados, muitos netos correndo pela casa, esse sonho que é comum na maioria das famílias. A minha disposição quebrava a expectativa de todo mundo. O pessoal achava que eu devia estar sendo influenciado pelos padres da comunidade, pois eles tinham uma postura de luta social que me envolvia e encantava.

Meu pai era negro, comerciante, homem muito firme, muito convicto, guerreiro. Minha mãe era branca, mistura de português com espanhol, mulher decidida, corajosa, objetiva. Os dois baianos. Os nossos vizinhos, tanto em Nanuque, interior de Minas, no Vale do Jequitinhonha, onde eu nasci, quanto em Vila Velha, no interior do Espírito Santo, onde eu me criei, eram todos negros. Alguns mais claros, outros mais escuros, mas na verdade negros. Havia família brancas, mas, como nós, eram pobres. A lembrança que me ficou desta época, ainda que eu não tivesse plena consciência ou capacidade de analisar, é que a vergonha de ser negro era geral. Para meu pai, uma estratégia que ele usou, talvez inconscientemente, foi se afastar de todos os familiares negros dele e se aproximar radicalmente dos de minha mãe, a ponto de eu e meus irmãos conhecermos bastante a família da minha mãe e termos pouca referência do lado paterno.

Naquela favela em que vivíamos, em frente à nossa casa morava uma família de origem italiana, muito branca, o que me chamava muito a atenção. Por serem muito claras as crianças, e pobres como nós, se sujavam com facilidade e as carinhas sujas ficavam um pouco parecidas com as nossas. Nesse convívio meus pais faziam grande esforço para que eu e meus irmãos evitássemos brincar com as crianças de nossa cor e nos aproximássemos e brincássemos com os italianinhos. Foi ali que se solidificou em mim aquilo que, depois, eu consegui botar para fora, que é a ideologia do embranquecimento. No fundo essa experiência é a que vive grande parte do povo afro-brasileiro, que é levado a negar seu povo e a querer imitar os brancos, criando e desenvolvendo em si a tal ideologia do embranquecimento. Essa visão ainda é predominante em boa parte da sociedade brasileira, tanto em afrodescendentes quanto em eurodescendentes. Imagina-se, de maneira errada, que quanto mais você se aproximar do branco mais você tem chance de sucesso, e quanto mais se aproximar do negro, mais tem chance de fracasso. É uma realidade, mas temos que mudá-la.

O grande elemento provocador deste desejo de mudança foi a miséria, ou seja, percebi que o povo estava cada vez mais pobre, e aí então cresceu em mim — isso foi no ano de 1964, com o golpe militar — a ânsia de contribuir de alguma maneira. Um dos poucos espaços de esperança de movimentação e de luta era a Igreja. E nesse contexto, vendo a posição da Igreja, vendo a necessidade de trabalhar essa questão, começou a nascer em mim o desafio vocacional franciscano católico.

Eu fiz meu ensino médio em escola técnica federal, que naquela época era de altíssimo nível. Prestei vestibular para engenharia, na Universidade Federal do Espírito Santo, e passei. No entanto, foi na fase da busca vocacional, do apuramento vocacional. Tinha uma grande vontade de investir no campo da engenharia, especializando-me mais para o lado da arquitetura, mas ao mesmo tempo me balançava a vontade de participar de uma luta concreta, a partir do sacerdócio engajado.

Na verdade, antes de entrar para o sacerdócio eu optei pela experiência franciscana de viver. Devo dizer que Francisco de Assis me marcou muito. Logo, primeiramente fui franciscano, e, diria por tabela, assumi o sacerdócio católico. Entrei para o seminário dos franciscanos no início de 1976, lá no Espírito Santo, mas, passando no processo seletivo, fui encaminhado para o seminário de Guaratinguetá, em São Paulo. Cheguei em março e em maio vivi a primeira crise vocacional, vamos dizer assim, a primeira vontade de voltar para minha casa. Isso aconteceu no dia 13 de maio. Os colegas, a maioria de origem europeia, resolveram comemorar a data da abolição no refeitório.

Eram 38 seminaristas e de afrodescendentes éramos uns oito ou nove. Foi então que eles colocaram uma mesa no centro do salão, enfeitaram com um navio negreiro e disseram que nós, naquele dia, deveríamos sentar ali. Admito que eu tinha uma visão social bastante apurada, mas minha visão racial era um pouco ingênua, tênue, fragilizada. Quando um deles disse: "Os negros devem se sentar nessa mesa!", eu permaneci onde estava, numa lateral, com outros eurodescendentes. E aí o que estava comandando a "homenagem" bradou: "Falta alguém na mesa. Quem está faltando? É o David." Uma meia dúzia deles me pegou na mesa e me levou para a mesa central. E aí foi o momento de dor. Eles me machucaram muito, porque eu não tinha consciência racial e me chamaram publicamente de negro. Assim que me soltaram dei um chute na mesa, derrubei pratos, jarro de água, o simulacro de navio e corri para meu quarto. Espumava de horror e chorava. Imediatamente comecei a arrumar minha mala com as poucas coisas que eu tinha. Aquele foi o primeiro momento em que me deparei para valer com a questão do racismo e em que começou a nascer um novo David.

Eu acho o seguinte: a questão racial nem é uma questão só do povo negro, afro-brasileiro, não é um drama, não é uma missão só do negro trabalhar, lutar e enfrentar a questão racial brasileira, é uma missão de toda a sociedade. O meu formador, a quem muito devo, frei José Fritzen, alemão, teve neste episódio um papel fantástico. Foram avisar-lhe que eu estava muito nervoso, que poderia cometer algum desatino, e ele foi me ver. Quando viu que eu estava fechando a mala, me perguntou por quê. E aí travou-se um diálogo muito incômodo:

— Porque me chamaram de negro, e eu não gostei. Isso me ofendeu.

— Se você quer ir embora, pode ir. Só que, quando eu lhe entrevistei, você me disse que queria ser franciscano para lutar pelo bem, para perdoar, para construir uma sociedade de paz. E no primeiro teste você está pendurando as chuteiras...

— Está difícil ficar.

— Você quer ir embora, pode ir, no entanto fique mais uns três dias para então olhar para o rosto desses seus amigos que o ofenderam e perdoar. Depois então, vá embora.

Aí eu fiquei numa situação delicada, porque eu estava muito machucado, não fisicamente, claro, mas espiritualmente. Se eu fosse embora eu estaria dizendo para mim mesmo que não tinha vocação franciscana, e se eu ficasse, não queria encarar aquelas pessoas que haviam me ofendido. Eu estava em crise. Crise braba.

Resolvi aceitar a orientação do frei José. Fiquei. Ele então me escalou para o trabalho comunitário de tarde, junto com um grupo, para colher frutas no pomar. Eram vários grupos de seminaristas, e, por coincidência ou não, o grupo que estava colhendo frutas comigo era o pessoal que havia me ofendido. E eu estava fazendo o trabalho com eles lá no pomar. Quando terminamos, e eu estava entrando na casa, frei José me chamou:

— David, daqui eu observei que você não olhou pra eles, não os perdoou. Você não ajuda a criar um clima de envolvimento. Olhe, eu hoje não vou dar aula à noite fora da cidade, vou estar aqui e gostaria de conversar com você.

Quando cheguei no escritório dele, ainda meio ressabiado, o papo começou com amenidades:

— Esse time do Flamengo está muito bom, você não acha?

Momentos depois ele me perguntou:

— Você tem aí a foto da sua mãe?

— Tenho sim — respondi.

Abri a carteira, tirei a foto e mostrei.

— Sua mãe é branca?

— Minha mãe é branca, eu também sou branco.

Ele então mudou de assunto. Falou em praia, elogiou as praias do Espírito Santo, disse que gostava de ir à praia de Itapuã para pegar uma corzinha. O papo foi em frente, chegamos a rir, e de repente ele perguntou:

— Você tem a fotografia do seu pai?

— Ter eu tenho — disse —, mas não está comigo aqui.

— Não está? Está onde?

— Na minha mala, lá no quarto.

— Você não quer ir buscá-la? Já que você vai embora e eu conheci sua mãe pela foto, agora quero conhecer seu pai, ainda que seja pela foto, também.

Tentei desconversar, dizendo que estava no fundo da mala (olha o lugar do negro no meu inconsciente: no fundo da mala). Frei José insistiu docemente e aí não teve jeito, fui buscar a foto, que, envergonhado, apresentei a ele. Ele pareceu não se surpreender:

— Parabéns, seu pai é negro.

Aquilo me criou um conflito: parabéns por ter um pai negro? E eu escondia no fundo da mala. Comecei a chorar — de vergonha, tensão e insegurança.

— Olha, David. Você é vítima de uma doença grave, você foi contagiado. A sociedade impingiu essa doença em você e ela se chama ideologia do embranquecimento. Só tem uma solução, um remédio, e está em você, na sua mente. Se você trabalhar essa questão na sua mente, com certeza vai atacá-la e vencê-la. Veja meu caso, sou de origem alemã, leio constantemente livros sobre meu povo, suas histórias, seus heróis. Estou sempre alimentando e vivenciando a minha cultura. E você, faz a mesma coisa?

Constrangido, eu disse que não. E comecei a chorar, me lembrando intensamente do meu pai, recordando que ele também era uma vítima da ideologia do embranquecimento. Senti que estava iniciando um caminho que não sabia aonde ia dar. O fato concreto é que me deparei diante dele, aquele alemão, me ensinando a ser negro. Eu, que não queria ser negro e agora haviam me falado que não era mais branco. Eu estava sem base, acabou minha história, perdi o chão. E nesse contexto aceitei a água que ele me trouxe, bebi e fui dormir muito quebrado.

No dia seguinte a primeira coisa que eu fiz foi ir à biblioteca. Era uma biblioteca imensa, com muitos livros. Comecei a buscar algum livro sobre o negro, e não encontrei nenhum. Fui procurar o frei José e lhe disse da minha decepção. Imediatamente ele tomou a iniciativa de ir a uma das livrarias da cidade. Compramos livros de vários autores sobre a questão negra, e para mim foi um renascimento. Passei a ler avidamente o primeiro livro, que era sobre a saga do quilombo dos Palmares. Que revelação! Não tinha nada a ver com o que eu tinha aprendido nos bancos escolares, que enfatizava a imagem do negro submisso, subserviente, acostumado e adaptado à escravidão. E com essa leitura eu encontrei o negro real, aquele de que eu gostaria de ter tido referência desde o início de minha experiência consciente.

Pouco tempo depois li a obra *O negro no Brasil, da senzala à Guerra do Paraguai*. Esse livro me marcou tanto que eu propus ao meu amigo e professor Leonardo Boff, na época já uma figura importante, com ideias desafiantes, um dos mais respeitados teólogos do Brasil e do mundo, fazermos um seminário sobre o negro no Brasil. E fizemos.

Como estudante de teologia e filosofia, organizei na faculdade o Grupo de União e Consciência Negra, cujo objetivo era debater, partilhar, refletir sobre a realidade brasileira, e também a Pastoral Operária. Minha militância começou finalmente a tomar corpo e preencher a minha existência. O curioso é que descobri que na comunidade negra tem três correntes. A primeira é do negro que vivencia uma situação de omissão e não quer mudar, não quer sair dessa situação em que se encontra, fica no conformismo. A segunda é o grupo que tem informação, percebe, mas sua estratégia é o individualismo, quer estudar, progredir na vida e tem uma consciência muito relativa em torno do total da questão. E o terceiro é o grupo que escolhe mexer, se deixa queimar e nascer de novo. É como você pegar um matinho, um pasto que está seco por falta de chuva, queimar e dali nascer um broto com novo vigor. É isso que acontece com esse terceiro grupo, que me faz muito bem, porque me ajudou e está ajudando até hoje.

Dissabores tive muitos e ainda os tenho. Agora menos, mas em 1981 houve uma tremenda chuva em Petrópolis e mais de mil famílias perderam tudo. O então ministro Mário Andreazza disse que ia reconstruir as casas em três meses, e quando se completaram setenta dias fomos aos morros e favelas convidando o povo para uma assembleia que seria realizada no dia em que completasse o prazo. Aí os poderosos começaram a me chamar de padre comunista, agitador, subversivo, e fizeram tanta pressão em cima do bispo que ele resolveu me expulsar de Petrópolis.

Fui para a cidade de Duque de Caxias e lá introduzi componentes da cultura afro-brasileira no ofício da missa. Minhas vestes tinham algumas cores que remetiam ao vestuário africano, mudei o órgão para atabaques acompanhando os cânticos litúrgicos e na oferenda entravam objetos da simbologia dos cultos afros, além de frutos colhidos na região e instrumentos de trabalho. Muita gente estranhou, mas o fato é que a população local se viu mais integrada na cerimônia sacra. A igreja católica trabalhando com o povo afro no Brasil não podia, a meu ver, continuar impondo a cultura europeia com o ser de Deus em Jesus Cristo. Era fundamental desembrulhar, deixar Jesus aparecer e deixar cada cultura acolher Jesus conforme seus valores. E foi esse o processo que realizamos, trazendo Jesus para falar ao povo de ascendência afro a partir de sua própria cultura.

Várias dioceses, vários bispos proibiram meu trabalho. Dom Eugênio Sales, cardeal arcebispo do Rio de Janeiro, mandou uma carta proibindo a realização de encontros com padres, religiosos e seminaristas negros, à qual meu grupo e eu respondemos: "Dom Eugênio, o senhor é bispo, meu superior hierárquico, no entanto meu coração e minha mente estão em crise. A quem devo obedecer, ao senhor ou a Deus que quer justiça, igualdade e direitos iguais?" Isso me custou a proibição de celebrar missa no Rio de Janeiro.

Tudo isso, todos esses episódios, a solidariedade que recebei em vários momentos, tudo foi o grande caldo de cultura que teve como resultado o projeto Educação e Cidadania para Afrodescendentes e Carentes, a Educafro, que levou ao nascimento de pré-vestibulares comunitários aqui no Rio, em São Paulo e em várias cidades brasileiras. Hoje são mais de 2 mil no país inteiro.

Sabemos que a educação é a nossa maior aliada para vencer obstáculos e derrubar barreiras. Só na PUC do Rio já conseguimos até o momento 575 bolsas de estudo de 100%, a instituição é uma grande parceira. E aí como é que esse povo afrodescendente, como é que esses brancos pobres respondem? Respondem com qualidade total. Se você soma e tira a média da nota acadêmica desses alunos que estão na PUC e divide, você vai perceber que ela é superior à média dos alunos pagantes. Isso, portanto, confirma que o que falta para o nosso povo é oportunidade.

É necessário que se tenha consciência de que dá para o Brasil ser um país bom, agradável, feliz e integrado, se fizermos uma reparação de toda escravidão, humilhação e exclusão impostas a determinado setor no Brasil. É hora, portanto, de todos investirem mais e mais nessa causa. A comunidade negra nacional não quer separação, quer integração, com direitos iguais. E com certeza vamos conseguir.

José Vicente
Advogado e reitor da Unipalmares

"Quem não serve para mudar o social,
não serve para ser sociólogo..."

Meu pai era boia-fria. Minha mãe também. Ele mineiro e ela fluminense. Encontraram-se na cidade de Marília, em São Paulo, onde eu nasci. A região era nos anos 1950, como ainda é hoje, um local onde se concentrava a necessidade da mão de obra agrícola, principalmente nas lavouras de café e amendoim. Sou o caçula de seis, três homens e três mulheres. Sendo o mais novo, era poupado. Não trabalhei tanto, ficava debaixo do pezinho de café, ali, esperando a hora de mamar. Mas minha hora não tardou em chegar. Como em toda família pobre, quando a criança ganha corpo, tem capacidade física, já passa a ajudar no ganha-pão. E comigo não foi diferente. Os meus irmãos, os irmãos da minha mãe, todos trabalhavam tradicionalmente na lavoura.

Por insistência e iniciativa de dona Isabel, minha mãe, fui para um jardim de infância. No fim do dia ela ia me buscar na casa de uma família que havia se prontificado a tomar conta de mim até que ela chegasse. Era um pessoal muito bom e que tinha muita preocupação com educação e leitura, e quando passei para o primário, a briga era para ver quem me ajudava a fazer a lição, o dever de casa.

Como todo menino pobre de interior, trabalhei em muitas coisas diferentes. Fui engraxate, entregador de jornal, de encomendas, vendedor de limão, de biscoito, até que fui trabalhar de entregador num açougue. E eu tinha uma bicicleta para fazer o serviço. Todo jovem queria ter uma bicicleta e eu tinha uma só para mim, para ir à casa dos fregueses.

O bairro onde morávamos era muito pobre, paupérrimo, e extremamente violento, se chamava Morro do Querosene. Marília é uma cidade de muitos morros, que são, claro, habitados pela parte mais pobre da população. O que significa dizer: pelos negros. Era ali que os caminhões de boias-frias estacionavam para levar e trazer os trabalhadores. Tinha várias mercearias no local, que vendiam mantimentos e o produto que servia para iluminar as casas, o querosene. Daí o nome do morro. Como em qualquer outro local, havia de tudo, gente boa e gente ruim. Meus melhores amigos eram de lá. Houve ocasiões em que a gente ia trabalhar de boia-fria, mais por onda do que por necessidade. É que as meninas acompanhavam os pais no plantio e na colheita, e, entre um balaio de café e outro, sempre dava para arriscar uma piscadinha de olho. Mas, a sério, a gente dizia uns para os outros: Não queremos esta vida para sempre. O sonho da maioria era ser advogado. Começou de brincadeira, mas depois se tornou uma resolução. E isso foi bom, porque nos afastou da zona perigosa, dos espaços do morro onde imperavam droga, tiroteio, a morte, toda a sorte de violência. Eu e minha turma nos esmerávamos no estudo e na leitura. Naquela época, para o pobre estudar tinha dificuldades, não há dúvida, mas podia-se contar com a escola pública e o incentivo para ler histórias clássicas e os fascículos semanais de autores estrangeiros e as fotonovelas.

De duas coisas eu sempre gostei desde moleque: leitura e música. E Marília sempre foi famosa por suas bandas marciais. Tinha pelo menos três de alta qualidade, mais conhecidas como fanfarras. Participar de uma banda dava um grande status. Era um espaço em que o jovem conseguia se destacar da multidão. "Eu toco na banda" — isso era o maior salvo-conduto para iniciar uma conversa com uma garota. Isso sem contar que algumas bandas eram mistas, e aí a festa era total. Outro detalhe importante é que a banda viajava para outras cidades, quer dizer, para quem tinha todas as limitações financeiras, poder fazer isso era uma coisa fascinante. Ter garotas bonitas do lado, visitar novos lugares e ainda tocar o instrumento de que você gostava era tudo que um jovem queria. E eu tocava bumbo. Depois passei para o trombone e aí foi fundada a banda de música da Associação de Ensino de Marília. A diretoria trouxe uns garotos de outras bandas, que já tinham alguma experiência. E eu estava nessa. Com isso formou-se o embrião de uma das grandes universidades de Marília de hoje. Você entrava na banda, tinha uma bolsa e ainda um emprego da universidade. Eu sempre tive muitos estímulos para estudar e continuar estudando, tinha as mulheres, tinha a banda, tinha a bolsa e tinha o emprego.

Foi então que surgiu a época dos festivais no interior, motivada pelo que acontecia na capital. Era a possibilidade de um maior desenvolvimento como músico; além do quê sempre se poderia ganhar um dinheirinho a mais com os prêmios que eram oferecidos. De repente passei a compor. Fiz uma música, gostaram, e aí passei a participar dos festivais. Teve um que era apresentado pelo Osmar Santos e fazia eliminatórias em todo o estado. Uma das sedes regionais foi Marília. Inscrevi uma composição, e não é que cheguei até a semifinal, e tirei o segundo lugar? Isso fez com que eu fosse para São Paulo, participar da grande final, que foi realizada no Teatro da Universidade Católica (TUCA).

Quando cheguei foi um choque. Luzes, espelhos, fumaça, noite agitada, boemia, aí eu pensei:

— Este é o meu lugar. O que é que estou fazendo em Marília?

Mas ainda não era o momento. Voltei para a minha cidade e para a banda. E o que aconteceu? Houve uma demissão em massa na Associação de Ensino de Marília e dissolveram a banda. E agora?

As pessoas sempre me diziam: "Você tem ótimo físico para ser um força pública." Era o policial militar da época. Segundo afirmavam, eu ia ganhar três vezes mais do que poderia ganhar em qualquer atividade civil. Fiquei pensando: "Não dá liga, poeta com três oitão na cintura, não funciona. Tô fora, não vou."

Não passou muito tempo e surgiu a notícia de um concurso para a Polícia Militar, em São Paulo. Segundo diziam, os aprovados seriam aproveitados na sua cidade de origem. Fui, passei e me mandaram para... São José do Rio Preto. Era para cursar a escola preparatória. Fiquei um ano em São José, e quando voltei para São Paulo, onde seria dada a designação definitiva, falei com uns vereadores conhecidos em Marília, que me garantiram: "Fica calmo, você vem prá cá." Estou esperando até hoje...

A ordem do comando foi direta: "Todos os soldados que se formaram nessa turma, por razões de força maior, em vez de irem para a sua cidade de origem, vão ficar na capital." Fui morar no bairro de Santana, na casa de uns amigos com quem havia morado numa república em São José do Rio Preto. Era uma área de barzinhos, um ao lado do outro, e a gente morava em frente ao Zanzibar. Aí, não deu outra. Trabalhava na polícia de dia e à noite era no bar tocando violão. Virei um boêmio policial.

Nesse meio-tempo, meus amigos antigos, cada um seguiu seu caminho. Um deles já estava terminando a faculdade de direito, o outro estava fazendo educação física. Um dia vieram me fazer uma visita em São Paulo e me questionaram: "Como é? Esqueceu o nosso trato? Você vai ou não completar os estudos?"

A ficha caiu. Voltei para a escola, terminei o terceiro colegial e logo em seguida fiz o vestibular para direito, passando para a Universidade de Guarulhos. Continuei policial e larguei a boemia. Um dos meus professores, dr. Sisínio de Toledo, que era juiz da Justiça Militar no estado e na cidade de São Paulo, onde tem um tribunal que só julga policiais militares, tinha dificuldade de retornar à noite para casa. Uma noite ele perguntou se havia na turma algum aluno que morava em São Paulo, e eu me apresentei. Foi sopa no mel. Eu andava sempre durango, muitas vezes pedindo carona, e assim resolvi também o meu problema. Conversa vai, conversa vem, numa ocasião ele me perguntou se eu não gostaria de arranjar um lugar para fazer estágio. Eu disse que era policial e que isso dificultava. Aí ele me ofereceu para fazer estágio com ele na Justiça Militar. Significou que saí da rua, deixei de fazer ronda e passei a trabalhar de terno e gravata em regime de meio expediente. Uma maravilha.

Quando me formei em direito, senti que cumpria meu destino. Pedi baixa da polícia, me vali das muitas amizades que havia feito na Justiça Militar e passei a advogar.

Eu advogava e quando saía da Justiça Militar, a três quarteirões estava a Escola de Sociologia Política. Eu passava, olhava, mas não entrava. Uma noite entrei e adorei. Disse para mim mesmo: "Vou enfrentar mais essa." Lá eu conheci e encontrei a Ruth Lopes, a Raquel Lopes, e a semente da

Sociedade Afro-Brasileira de Desenvolvimento Sociocultural (Afrobras) foi germinada nesta ocasião.

A muito custo, consegui montar um escritório e estava tocando meu barco, quando fui — na verdade todos fomos — atropelado pelo Plano Collor, que confiscou a grana de todo mundo. Ainda assim consegui aguentar uns noves meses e me casei nesse meio-tempo.

Então surgiu um concurso para delegado de polícia. Na verdade, um vizinho que tinha sido meu colega na Polícia Militar, tinha muita vontade de ser delegado e não tinha condições de pagar um curso preparatório. Estava desanimado em estudar sozinho e me pediu para estudarmos juntos umas duas horas por dia. Quando marcaram o dia do concurso ele se ofereceu para pagar a minha inscrição em troca do favor que lhe tinha feito. Eu agradeci, mas não aceitei. Ele insistiu, insistiu, porque teríamos a possibilidade de confrontar as respostas, avaliar as dificuldades etc. Acabei aceitando e fazendo a prova. Eu passei e ele não. E veio o dilema: escapei da Polícia Militar, e vou para a Polícia Civil? Evidente que o salário atraía, então eu me determinei a ficar lá durante o furacão Collor, depois voltaria a advogar.

Quando eu assumi, estava em voga a discussão sobre direitos humanos, e foi quando criaram a Delegacia de Polícia pela Democracia. Claro que fui o primeiro a me inscrever. Daí passaram-se dois anos até que o grupo que ganhou a eleição para a direção da Associação dos Delegados, que era o órgão de representação da classe, foi o dos Delegados pela Democracia, e me convidaram para ser o diretor cultural.

Até então eu não tinha a consciência formada sobre o movimento negro. Tinha uma percepção, uma visão pessoal, mas não tinha participação, nunca fui militante. Na própria Escola de Sociologia Política, a minha entrada não teve esse significado, foi adquirido ao longo do curso. Por sinergia, os negros começaram a se juntar, para debater, discutir temas que nos pareciam pertinentes. Aí ganhamos a eleição do diretório acadêmico. Mesmo assim eu estava muito limitado, porque era delegado de polícia. Tinha que ter certos cuidados. Mas nos juntamos e desenhamos um projeto cujo lema era: "Quem não serve para mudar o social, não serve para ser sociólogo, então se você está aqui, pode tratar de inventar um projeto de como faria alguma coisa melhor do que está ou como você revolucionaria alguma coisa." Aí, com essa discussão fizemos palestras, seminários, debates com professores, grupos de estudos etc.

Quando o curso terminou, veio a pergunta: "E agora, que vamos fazer?" Não podíamos jogar fora todo aquele trabalhão que havíamos conseguido realizar, essa era a percepção de todos. Já havíamos desenhado um projeto concreto, que era a preparação de vestibulandos negros para a USP. O projeto se chamava CAIS, para levar o negro até um porto seguro, e saímos para montar o curso. Para desenvolver esse trabalho tínhamos obrigatoriamente que nos transformar em pessoa jurídica, cada um tinha que tirar um pouquinho do bolso, para comprar material, objetos para sala de aula, imprimir nota fiscal, caderno, apostila, alugar um espaço, e assim nasceu a Afrobras. Esse foi o nosso primeiro trabalho. Passaram-se oito meses e o curso explodiu, porque era baseado naquele romantismo: eu contribuo com X por mês, você contribui dando aula, eu limpo a lousa, você lava parede. Tudo muito bonito, mas dois meses depois a equipe já estava pela metade.

O caminho foi reformular tudo, recomeçar do zero. Se bem que dos alunos que estudaram conosco, acho que dois ou três conseguiram entrar na universidade, mas nem na USP foi. A defasagem era tão grande que para entrar na USP teriam que ficar uns dez anos no curso preparatório. Então decidimos inverter o processo: vamos pegar os jovens que estão nas universidades ou estão prontos para entrar na universidade privada e vamos pedir bolsas: assim, mesmo que não seja na pública, o aluno vai estar na escola. Foi quando criamos o projeto Mais Negros nas Universidades, que justamente batia na porta das universidades privadas. Nós mostrávamos as estatísticas e dizíamos: "Temos esse grupo de jovens negros, você vai dar 50% ou 100% de bolsa?"

E assim chegamos a um momento com setecentos bolsistas. Tinha dez universidades que concediam bolsa e chegamos a setecentos bolsistas. E o desafio se fez presente: "Escuta, por que também não começamos a nossa universidade? Temos que fazer a gestão de setecentos bolsistas, temos alunos potenciais aqui, está na hora." E aí nasceu o embrião da Unipalmares, hoje uma realidade concreta e indiscutível. Neste ano de 2008 formamos 126 alunos, jovens negros que já saem empregados. Foi uma bela e comovente cerimônia realizada no dia 13 de março, com a presença do presidente Lula e sua esposa, do vice-presidente José de Alencar, do governador do estado de São Paulo, José Serra, do prefeito da cidade de São Paulo, Gilberto Kassab, do ex-governador Geraldo Alckmin e da secretária de Assistência Social e de Direitos Humanos do Rio de Janeiro, Benedita da Silva, ambos paraninfos da turma, além de vários ministros de Estado e autoridades de todos os níveis de governo.

Nos Estados Unidos a primeira universidade negra foi fundada em Tuskegee, Alabama, em 1881, por Booker T. Washington. Aqui demoramos, mas chegamos. Atualmente temos 1.800 alunos e cem professores, dos quais cinquenta são negros. A Unipalmares é uma universidade aberta para todos. O que nós temos é uma política de prerrogativa para negros. Sessenta por cento do espaço é disponível para negros, se assim houver, se fizerem o processo seletivo, se passarem no processo seletivo. Não é uma benesse, o aluno tem que brigar para entrar, tem que estar preparado.

Outra atuação paralela nossa é o troféu Raça Negra, que existe desde 2003. Já naquela discussão na época da Escola de Sociologia Política a gente debatia muito esse problema da invisibilidade do negro, essa falta de disposição ou prática de homenagear, prestigiar, de reconhecer o talento e o valor de figuras da nossa comunidade.

Fazemos isso com imenso prazer, orgulho mesmo, sem esquecer o glamour e a elegância. Nem deixar de gritar: Valeu, Zumbi!

Maria de Lurdes Coelho Prats
Bailarina folclórica

"...o pensamento é ficar nua, nua, nua, rebolar, rebolar, rebolar, e não querer mais nada."

O homem branco brasileiro, o homem da sociedade, pelo que eu ouço e vejo por aí, não assume a mulher negra. Ele quer, ele gosta de uma mulher negra ao lado dele, mas escondido. A grande maioria não assume. Pode até montar casa, dar cobertura total financeiramente, ficar a vida inteira junto, mas casar não. Tenho muitas amigas aí que estão nessa situação, mas elas também são culpadas porque aceitam; se bem que a gente não pode recriminá-las porque esta foi a maneira que elas tiveram para conseguir o conforto material de que necessitam.

Eu sou casada com um homem branco e brasileiro. O nome dele é João Anastácio Garreta Prats, é filho de espanhóis e tem o nome artístico de Jonas Garret. Durante 11 anos, já casados, eu não conheci a família dele, tinha medo que não me aceitassem. Eu pensava nos três pontos que tinha contra mim: classe social, a minha cor e o fato de ser ele bem mais velho do que eu. Ninguém entenderia aquele amor louco. Eu estava apaixonadíssima por ele e ele também por mim, e eu ficava com medo. O importante era o que nós estávamos sentindo um pelo outro, ninguém tinha o direito de interferir, eu achava que nem mesmo a família. Por isso preferia não conhecê-los. Agora eu já conheço todo mundo, nos damos muito bem e sinto que eles gostam de mim. Não é que se esforcem para isso, não, eles gostam mesmo. E são importantes, tem advogados, médicos, fazendeiros, gente de mente muito esclarecida. Me adoram, me acham a mulher mais maravilhosa do mundo. Então, tudo bem, graças a Deus.

Eu acho que muitas vezes o negro não dá muito valor ao próprio negro, porque todo crioulo que eu tentei namorar quando mocinha não deu certo. Eu não casei com um branco deliberadamente porque quis casar, porque fiquei cercando, cercando, até arranjar um. Não foi isso, não. Esse com quem eu me casei foi o único homem que me amou pra valer, me valorizou. Ele tem aquele tipo bem europeu, branco avermelhado, cabelo grisalho, tipo de galã italiano, é muito bonito, então até hoje tem gente que fica olhando, imaginando que eu seja um caso dele:

— Ih! Vai ver que deixou a mulher em casa e está curtindo com uma tremenda crioula.

Eu me divirto. Logo assim de saída, quase ninguém admite que sejamos marido e mulher, mas eu não dou muita bola, não.

Tenho tido a sorte de conciliar a minha vida de casa com o trabalho, porque eu vejo no meu trabalho uma coisa que eu quero muito, que eu respeito muito, da qual eu gosto demais e que não vejo assim como uma brincadeira. Sempre quis ser artista, foi uma opção que fiz desde menina. Desde que eu virava tijolo no forno do meu pai, que tinha uma pequena olaria no interior do estado do Rio. Hoje tenho marido, filha, genro e netos e posso dizer que me sinto realizada. Não é que o Jonas goste do meu trabalho, mas ele respeita as coisas que eu faço. Ele, sobretudo, me respeita, acha que eu devo fazer o que eu realmente gosto, não tolhe os meus movimentos, não castra a minha liberdade de ser humano. O meu trabalho é feito com seriedade, tenho dançado em inúmeros shows, dentro e fora do país, sempre com o maior profissionalismo e dignidade.

Já enfrentei barras terríveis, porque há uma ideia generalizada de que mulher que trabalha em show é necessariamente mulher de programa, isto é, que está sempre disponível para sair com quem aparecer. E isso é um terrível engano. Ainda mais quando se trata de crioula ou mulata, aí mesmo que o pessoal acha que pode deitar e rolar, no sentido total da expressão. Não vou negar que há hoje em dia uma certa mercantilização da mulher negra, a começar pela ideia que a maioria dos homens tem de que ela é a mais sensual, a mais quente etc. Esquecem-se de uma coisa primária, banal, que é a de que toda mulher é a mais sensual, é a mais quente para o homem de quem ela gosta com todas as suas forças.

A própria negra colabora para a manutenção deste estado de objeto sexual que há anos vem se impondo. Eu tenho surpreendido a muita gente pelo fato de ser negra, casada, com família constituída e trabalhando como bailarina folclórica. É claro que, a essa altura, o meu marido tem todas as possibilidades para me manter em casa, sem fazer nada. Mas esse não é o meu negócio. Eu gosto do palco, gosto de viajar, o que tenho feito constantemente pelas Américas e pela Europa, difundindo a arte do meu país e aprendendo cada vez mais. É preciso usar a cabeça, e o que acontece com a maioria das negras do nosso meio artístico é que elas não têm muita consciência, só pensam no corpo, a cabeça não funciona. E esse é, sem dúvida, um grande problema, que gera muitos outros. Tem que pensar o seguinte: Eu tenho um corpo maravilhoso, mas também sou maravilhosa por dentro, a minha cabeça está pensando outra coisa. Mas não, geralmente o pensamento é ficar nua, nua, nua, rebolar, rebolar, rebolar e não querer mais nada. Ao menos é preciso levar em conta que daqui a pouco não tem mais nada para usar. O corpo passa.

Eu adoro ser negra, porque só dei sorte na minha vida sendo negra. Sou uma pessoa muito feliz, muito feliz comigo mesma, me adoro, me amo, sei lá, eu acho que sou uma mulher maravilhosa. Acho que não gostaria de ser branca o tanto que eu gosto de ser negra. Sou amada por todos, tenho muitos amigos. Toda hora, toda hora eu gosto de mim, acho que sou sensacional, sei lá, eu tenho um negócio dentro de mim que eu vivo jogando amor para fora, para todo mundo. Eu me amo. Toda hora estou me amando, me amando, me amando. Acho bom me amar, eu gosto. Se eu não sou importante, não sou famosa, é porque não lutei para isso. Talvez tenha me acomodado, mas para conciliar meu trabalho e meu lar era necessário que assim fosse. Mas não tenho nenhum arrependimento, estou me sentindo muito bem. Estou de bem com a vida e todo dia eu rezo para continuar assim. Eu sou a rainha da minha casa.

Tudo que vem do negro é muito forte, é o canto, é a dança, é o trabalho. E isso emociona e anima, me dá a certeza de que somos uma parcela importante, a nossa contribuição é muito expressiva. Enfim, ser negro não é defeito.

O que é indispensável agora é que a mulher negra brasileira se conscientize de que ela é importante, de que ela é uma mulher igual às outras. Ela é mãe, é esposa, é amiga, é companheira, ela é tudo e não tem consciência disso. Poucas negras sabem o quanto valem, a grande maioria delas continua socada no trabalho caseiro, na cozinha e no tanque, se anulando, ou naquela ilusão da beleza física e se esquecendo de procurar saber mais, participar das coisas. A negra tem que acordar, é preciso que ela acorde para não continuar vivendo num verdadeiro exílio racial, pois todo mundo sabe que a democracia racial não existe, é uma ilusão. A sociedade não fará nenhum favor em deixar o negro se desenvolver plenamente. Durante muito tempo temos trabalhado a favor dos outros, está na hora de trabalharmos a nosso favor. Sem rancor e sem mágoa — porque negro não tem mágoa de nada —, mas certos de que merecemos a igualdade humana.

Deoscoredes Maximiliano dos Santos (Mestre Didi)
Sumo sacerdote do Axé Opô Afonjá e dos cultos dos eguns

> "A cultura negra continua nas mãos dos seus donos..."

Sou sumo sacerdote do Axé Opô Afonjá e dos cultos dos eguns, mas, se dependesse do meu pai, que era alfaiate em Salvador e veio tentar a vida no Rio de Janeiro, eu hoje seria da Aeronáutica, talvez até oficial. Esse desejo do meu pai causou uma crise em nossa família, porque minha mãe não deixou que eu viesse para a Base Aérea e por isso papai não voltou mais para casa. Por mim eu teria sido pianista, a minha aspiração era estudar música, ser músico, mas em Itaparica, onde vivíamos, não tinha piano, não tinha professor, e, mesmo que tivesse, nós não tínhamos dinheiro. Mamãe tinha uma quitandazinha que foi a minha primeira galeria de exposição; eu fui aprender o ofício de carpina e com um mês de trabalho fiz uma banda de caixilho, que é uma janela, com veneziana, e botei lá na quitanda. Foi um sucesso, o mestre ficou muito orgulhoso e minha mãe, contentíssima. Nessa ocasião minha mãe começou a frequentar o terreiro do finado Marcos Teodoro Pimentel, que fazia a adoração dos eguns — o culto dos ancestrais — e que depois foi meu mestre, aquele que me passou todos os fundamentos e conhecimentos da seita.

Eu só estudei quatro anos no colégio, mas não troco por muita gente que fica aí estudando dez, vinte anos. Trabalhei de carpinteiro no Palácio do Governo, até que me aborreci com um engenheiro. Depois arrumei um emprego num escritório de empreiteiros de estiva, onde trabalhei 22 anos consecutivos. Quando fui pleitear o lugar me mandaram fazer um teste que consistia em bater uma carta a máquina. Como eu sempre fui um catador de milho, comecei a bater a carta às nove horas da manhã e ao meio-dia ainda estava lá. Mas o pessoal viu a minha boa vontade e me deu o emprego...

Muito cedo entrei no candomblé, era uma determinação que já estava traçada mesmo antes de eu nascer. Com a morte de Mãe Aninha, Eugênia Anna dos Santos, primeira Iyalorixá (mãe de santo) do Axé Opô Afonjá, assumiu a liderança da casa a minha mãe de sangue, Maria Bebiano do Espírito Santo, a Mãe Senhora. Mesmo antes do falecimento de Mãe Aninha eu tive dois títulos dados por ela. Um foi na casa de Iya Grimbora, um orixá da nação Gruncis, e o outro de Bope Oya. Fui confirmado Asogba Ile Obaluaê, quer dizer, eu sou o sumo sacerdote do culto de Obaluaê. Nessa ocasião ela me disse que eu tinha que cuidar dos emblemas, das obrigações, dos símbolos deste orixá, e foi quando eu comecei os primeiros experimentos na recriação dos símbolos, ou armas, como alguns chamam, feitos sempre com o mesmo material: taliscas de palha de palmeira ou coqueiro, couro, búzios e palha da Costa. Muitos desses trabalhos foram adquiridos por muita gente e eu também expus, como no Festival dos Direitos Humanos, em Lagos, no ano de 1969; em Gana; no Senegal; em Paris, no Salão dos Passos Perdidos, na Unesco; em Londres; em Ingelheim, na Alemanha; em Buenos Aires; no Museu de Arte Moderna, do Rio; e no Parque Anhembi, em São Paulo. Sempre dentro do mesmo tema, isto é, o Xaxará de Obaluaê, vou fazendo trabalhos novos, interpretações pessoais, porém associadas à simbologia do culto.

De vez em quando eu ouço umas conversas de que daqui a pouco não vai ter mais preto no candomblé, os brancos vão tomar conta etc. etc. Para começar, eu não gosto muito de usar essa denominação: preto. Preto é tinta, é qualquer coisa que não tem significado nenhum. Negro é que é bom, o certo, apesar de dizerem que quem fala assim, negro, são os subversivos. Mas negro é a raça, preto é uma cor de tinta. Mas voltando ao assunto, nos lugares aonde eu vou não noto esse problema que ficam falando por aí. A cultura negra continua nas mãos dos seus donos, o que não impede que outros tenham acesso a ela. Acesso até onde é permitido. Sou partidário de que se aumente a informação sobre a nossa presença e influência, daí já ter feito um pequeno vocabulário intitulado *Iorubá tal qual se fala*, *Contos negros da Bahia*, *Contos crioulos da Bahia*, *Contos nagô*, *Contos do Mestre Didi* e um livro-objeto feito com o grande pintor baiano Lenio Braga, que a Fundação Cultural vai tirar em edição popular, porque a tiragem inicial foi limitada a cem exemplares.

No culto dos eguns, que é o culto dos ancestrais, eu tenho a posição de Alapin, sumo sacerdote. Esse culto é sediado na ilha de Itaparica, no Agboula, na Bela Vista e no Tum Tum, no Barro Vermelho, porque são dois terreiros, apesar de serem uma família, e fica um perto do outro. Mas o culto se espalha por toda a cidade, aliás a Juanita, minha mulher, tem até um trabalho publicado na *Journal de La Société des Americanistes*, do Museu do Homem, intitulado "Ancestral Workship in Bahia — The Egun Cult", que tem todas as anotações da época, de quantos terreiros funcionavam etc. É uma atividade religiosa que leva muitos e muitos anos.

Ano passado, no dia 2 de dezembro, que é o dia do meu aniversário, fundamos em Salvador uma sociedade ligada aos ancestrais da minha família, com o nome de Ilê Asipá, que quer dizer Casa dos Asipas. Já tem estatuto e tudo, e as suas preocupações são zelar pelo patrimônio cultural, manter intercâmbio com associações congêneres no país e no exterior, promover publicações que interessem à sociedade, realizar cursos, seminários, simpósios e, o que é muito importante, manter e continuar a religião afro-brasileira com todo o seu volume de instrumentos de culto, com absoluto respeito pela liturgia, deixados como legado pelos antepassados do axé, da família Asipa de Alapin, Marcos Teodoro Pimentel, e de Alagba Olucutum Arsênio Ferreira dos Santos, que foi o meu pai.

Gostaria agora de contar uma história: Eu sempre ouvia minha mãe e várias pessoas mais velhas descendentes de africanos dizerem que nós descendíamos de uma das famílias reais do reino de Ketu. Porém, eu nunca dei importância e achava até ridículo comentar o assunto com outras pessoas. Pensava que tudo aquilo que eu ouvia com referência a minha família real — ainda mais levando em consideração as dificuldades que os negros sempre tiveram para manter e preservar a tradição afro no Brasil, principalmente na Bahia — fosse um pretexto para se afirmar, fazendo o culto e a nossa religião afro-baiana mais respeitada e conceituada no meio social. Até que me foi concedida pela Unesco uma bolsa, por intermédio do Centro de Estudo Afro-Oriental (CEAO), da Universidade da Bahia, para fazer uma pesquisa comparada sobre arte sacra da África Ocidental no Brasil, na Nigéria e em Dahomey, durante um período de três meses.

Assim foi até que no dia 6 de janeiro de 1967 embarcamos, eu e minha mulher Juana Elbein, do Research Fellow, do Institute for Study of Man, de Nova York, que também obteve uma bolsa na ocasião para colaborar na pesquisa. Chegamos a Lagos no dia 7. Três dias depois, viajamos para Ibadan, onde, depois de termos nos apresentado ao professor Robert G. Armstrong, diretor do Institute of African Studies da Universidade de Ibadan, armamos o nosso quartel-general. No dia seguinte, ou seja, no dia 11, nos encontramos com o irmão e amigo Pierre Verger, Oju Oba do Axé Opô Afonjá. Começamos a nos organizar com a ajuda de Verger e com o seu pequeno carro Citroën de dois cavalos, começamos a fazer viagens curtas, mantendo os primeiros contatos. No dia 21 atravessamos a fronteira e viajamos para Dahomey, ficando hospedados em Porto Novo, no Hotel des Députés. Partimos no dia 23, um dia depois do falecimento de minha mãe, acontecimento de que só vim a tomar conhecimento ao regressar a Ibadan, 11 dias depois.

Partimos para o reino de Ketu acompanhados de um intérprete, funcionário do Institute of Research for Africa and Dahomey (IRAD), a fim de continuar nossas pesquisas e fazer uma visita ao rei em meu nome e em nome dos irmãos descendentes de Ketu residentes na Bahia. Longe estava de imaginar que poderia encontrar alguma pessoa descendente daquela família real de que tanto falavam. Por mais incrível que pareça, até esse momento nenhum comentário tinha sido feito a respeito dessa possibilidade. Na passagem por Cotonu, fomos ao Monoprix e compramos um bom vinho francês para dar de presente ao rei, procurando dessa maneira seguir os costumes tradicionais. Em seguida retomamos o caminho. O Citroënzinho, guiado pelo seu dono, avançava pela bela estrada, parecendo uma besta com os freios tomados nos dentes, passando por vários povoados, entrando em cidadezinhas, espantando porquinhos, cabritos e galinhas, descendo e subindo ladeiras empinadas, cheias de curvas, nos deixando ver em alguns momentos a linda paisagem dos campos e as florestas que margeiam a estrada. Depois de correr léguas e mais léguas, começamos a percorrer um caminho de terra vermelha, a poeira tingindo de vermelho a paisagem, até chegar a entrada do reino de Ketu. Na cidade, depois de quatro horas e meia de viagem, paramos no armazém de um simpático senhor que tinha por nome Exu, nome de orixá que erradamente é sincretizado como o Diabo no Brasil, para fazer uma breve refeição com sardinhas, pão e Moka-Cola, um delicioso refrigerante feito à base de café. Meia hora depois chegamos ao palácio do rei. Como eu me sentia bem! Com todos e tudo o que eu via e ouvia, apesar de andar brigando com o meu Iorubá, que por eu não estar habituado a falar cotidianamente, ainda não podia seguir diretamente em conversação muito prolongada. Além disso, os dialetos Yoruba variam muito de lugar a lugar. Pierre Verger, a quem todos conhecem em toda a região por Babalawo Fatumbi e que já conhecia o rei, fez a nossa apresentação. Entreguei o presente. Imediatamente depois de ter agradecido, o rei mandou abrir a garrafa e servir a todos, ficando ele, como de costume, para se servir por último. Conversa vai, conversa vem, eu disse ao rei que era descendente da terra de Ketu. Ele muito espantado com o meu nago iorubá, mandou que eu desse prova do que tinha dito. Assim, cantei algumas cantigas enaltecendo a terra, o rei e a riqueza do seu povo. O rei, todos os seus ministros e as demais pessoas que lá se encontravam na ocasião ficaram surpresos e me escutavam emocionados, pois eles nunca tinham imaginado antes que, do outro lado do oceano, pudesse ainda existir uma pessoa como eles, capaz de cantar os cânticos tradicionais da terra, que eram cantados pelos nossos antepassados.

Quando terminei de cantar, o rei, bastante emocionado, passou a mostrar a coroa que estava usando, e, traduzindo umas cantigas, nos disse que não era aquela coroa a que a cantiga se referia e sim a outra coroa com a qual são consagrados os reis. Existia a maior alegria no recinto. Todos me admiravam com carinho e uma certa ternura estampava-lhes nas faces.

Enquanto isso, Juana se lembrou do caso da família real e me perguntou por que não aproveitava o momento para recitar Oriki ou Orile de minha família, o que eu chamo de brasão oral. Eu dei muito pouca atenção à pergunta. Mas, por insistência de Juana, ajudada a esta altura por Verger, fui forçado a recitar o Oriki, mesmo porque o rei observou quando Juanita falou em francês para Verger e ficou muito interessado. Tive que dizer as seguintes palavras em nagô: *Asipa Borogun Elese Kan Gongoo*. Quando terminei, só vimos o rei de repente exclamar "Ah! Asipa". Levantando-se da cadeira onde estava sentado, ele apontou para um lado do palácio dizendo: "a sua família mora ali!" Todos nós ficamos parados, era uma coisa inacreditável. Em seguida o rei chamou uma das pessoas mais velhas, a Iya Nana, e mandou nos levar a casa dos Asipa.

Quando chegamos ao lugar, descobrimos que era todo um bairro em vez de uma casa. Fomos levados à casa principal. Por ser um dia de semana, a maior parte dos homens estava trabalhando na roça da família denominada "Kosiku" — "não há morte". Mesmo assim, fui apresentado a todos os que estavam presentes. Quando recitei o Orile foi uma alegria geral, todos a baterem palmas, vieram apertar minha mão, queriam entabular conversa comigo, e eu estava tão emocionado que cheguei a ficar fora de mim, não entendia e nem sabia de nada. Só via alegria, alegria no semblante de todos que se acercavam para me cumprimentar. Logo nos levaram ao Ojubo Ode, lugar de adoração a Oxóssi, nos mostrando onde estava "assentado", enterrado o Axe da casa, e foram chamar uma das pessoas mais velhas do bairro, pertencente à família, a fim de nos fornecer as informações precisas.

E assim foi que ficamos sabendo que tudo o que minha mãe e as pessoas mais velhas falavam na Bahia era verdade. Independente da linhagem real, a nossa família foi uma das sete principais famílias que fundaram o reino de Ketu. Naquela época não existia exército. Os caçadores eram os soldados e batedores que saíam na frente procurando lugares apropriados para o estabelecimento dos povoados. Asipa era o chefe desse corpo de caçadores. O nosso Orile, brasão oral, conforme eu denominei, Asipa Borogun Elese Kan Gongoo, significa "Asipa é tão sutil, mas tão sutil que anda com os dois pés como se tivesse um".

Já estava ficando tarde, e o tempo para nós na África era muito precioso, pois era curto demais o prazo para a apresentação do resultado final do nosso trabalho. Nos despedimos de todo o pessoal, ficando de voltar no domingo seguinte, a fim de conhecer o resto da família que não se encontrava na vila. O contentamento foi tão grande que só depois de termos saído do reino de Ketu nos lembramos de não termos cumprimentado o rei. Não tinha mais jeito, a não ser quando voltássemos.

Rumamos para Porto Novo, onde fomos convidados por Verger a jantar, por sua conta, em um restaurante perto do I.R.A.D., para festejarmos o reencontro da família Asipa e a alegria que minha mãe ia ter quando soubesse que ainda existiam descendentes de sua bisavó Marcelina da Silva, a que trouxera o Orile dos Asipa do reino de Ketu. Depois fomos para o hotel e retomamos as nossas atividades até o domingo seguinte. No dia 29 voltamos a Ketu para conhecer o resto da família, levando conosco, desta vez, um bom garrafão de vinho para festejarmos.

Chegamos em Ketu às 11 horas e passamos pelo armazém do senhor Exu, desta feita somente para saborear o delicioso refrigerante Moka-Cola. Nos dirigimos em seguida para a vila dos Asipa, onde todos já nos esperavam. Foi uma verdadeira festa, de todos os lados aparecia gente. Não só os membros da família como também pessoas amigas que desejavam nos conhecer. Depois de terem tomado conhecimento de que não tínhamos ainda almoçado, providenciaram um ligeiro xinxim de galinha com bastante azeite e pimenta, acompanhado de arroz, pão com cerveja e Moka-Cola. O vinho ficou para ser servido na roça Kosiku, onde residiam as pessoas mais velhas da família. Em seguida tiramos algumas fotografias e, guiados pelo primo Joachim, fomos para Kosiku.

De novo a terra e poeira vermelha a colorir as árvores e matos. Em dado momento o caminho chegou a ser tão estreito que o Citroënzinho parecia um tanque abrindo trilha na floresta.

Quando chegamos a Kosiku foi outra festa. Os homens se reuniram e uma multidão nos rodeou. Tive que repetir várias vezes o nosso Orile. As perguntas eram muitas e sempre me pediam para recitar e cantar os textos tradicionais. Todos estavam muito compenetrados aprovando, consultando-se e respondendo pausadamente, respeitando a hierarquia da família.

Terminada a mesa-redonda na casa principal da roça, casa grande, fizemos a entrega do garrafão de vinho nas mãos da pessoa mais idosa. Em seguida, com louvores de agradecimento aos orixás pela minha presença e pela continuidade da nossa vida, foi servido o vinho. Depois fomos convidados a percorrer toda a aldeia e visitarmos a casa onde estava "assentado" o Axé da família, que era o mesmo da vila em Ketu. Quando acabamos, nos reunimos em frente ao lugar de preceito para os orixás deuses de casa e foi organizado pelo primo Adjibode um pequeno xire, que é festa, com toques e danças. Quando terminou a brincadeira houve uma outra reunião na casa principal.

Todos diziam terem me recebido com os braços abertos, juntamente com as pessoas que me acompanhavam, nos dando o presente de dois patos, o que significa boa-vinda e bom regresso. Com a nossa pressa habitual e comovidos com aquele gesto tão simpático, nos despedimos de todos. Voltamos a Ketu para deixar Joachim e nos despedimos dos Asipa da cidade que ali residia.

Fomos solicitados várias vezes para construir a nossa casa em Ketu e nos unirmos para morarmos todos juntos.

Por ser muito tarde, saímos novamente do reino de Ketu sem cumprimentar o rei. Porém, para mim nada disso tinha importância, eu me sentia naturalmente como se tivesse nascido naquele lugar, voltaria outra hora para saudar o rei.

Durante a viagem eu pensava em como é bom viajar, como é bom estar longe, longe de tudo que aborrece, conhecer gente nossa, gente que nos alegra, nos encanta e nos faz esquecer todos os sofrimentos, e que depois de um bate-papo nos faz sentir como se tivéssemos tomado um banho de limpeza, ficando com disposição para trabalhar, produzir, ajudar a enriquecer o que está pobre e dar andamento ao que está parado.

Não tive a alegria de contar essa história para minha mãe, ela que com tanto esforço e dignidade defendeu e preservou a tradição Ketu na Bahia. E assim termino, certo de que a minha Mãe Senhora está no Ilê Orun, terra do outro mundo, junto às Iya ati Imole, as ancestrais mães pretas, e a todas as outras descendentes do grande Ketu que nos deixaram a rica herança da nossa cultura.

Oxun Muiwa foi o nome que Mãe Senhora obteve quando foi iniciada no culto da religião dos nossos ancestrais.

OXUN MUIWA, KA SUN RÉ Ô.

OXUN MUIWA, descanse em paz!

Zózimo Bubul

Ator e cineasta

"Quando cheguei em Nova York disse:
'Eu sou um preto brasileiro.'"

Ninguém me entendeu, nem minha família nem meus amigos, quando eu decidi entrar para a Escola Nacional de Belas Artes, mas eu fui. Peguei as apostilas, estudei em casa, fiz a prova e passei. Gostei do ambiente onde se discutia tudo, cinema, teatro, música, pintura e escultura, evidentemente. Os professores eram pessoas que não tinham pose nenhuma, eram simples, mas muito competentes e afinados com as questões do momento. Foi o que me fez afirmar para mim mesmo: "Estou no lugar certo. É por aqui."

Levado por uns colegas, fui à sede da União Nacional dos Estudantes (UNE), na Praia do Flamengo, local que ficou histórico depois da invasão e depredação feitas pelos militares no golpe de 1964. Mas quando fiz meu primeiro contato ainda era 1959. Fui chegando e entrando num grupo teatral que estava ensaiando uma peça, o Centro Popular de Cultura, que estava plantando as bases para um trabalho coletivo baseado na maneira brasileira de ser. Estávamos vivendo um momento de plenitude democrática e questionando os prós e contras da nossa sociedade.

Menos de um ano depois me aproximei de um grupo que estava voltado para o cinema, arte que sempre me atraiu. Lá estavam Leon Hirszman, Cacá Diegues, Arnaldo Jabor, Joaquim Pedro de Andrade, todos discutindo a feitura de um filme. Eu entrei no bolo de maneira apaixonada, querendo aprender tudo, e de repente estava no elenco do filme *Cinco vezes favela*, composto de cinco histórias dirigidas por cinco diretores, que é um marco do Cinema Novo. A revolução foi na temática e na forma que já haviam sido apontadas por Nelson Pereira dos Santos em *Rio 40 graus*. Eu me metia em tudo, queria saber como era a bolação do figurino, o porquê do enquadramento das câmeras etc. Participei do episódio "Pedreira de São Diogo", que teve argumento de Flávio Migliaccio e direção do Leon Hirszman. A ideia era contrapor ao Orfeu do Carnaval que os franceses tinham feito, glamourizando a favela, folclorizando tudo, mostrando apenas o lado lúdico, sem abordar, nem de leve, nenhum dos problemas reais. Queríamos o oposto, então fomos vivenciar o dia a dia da favela, conversar com os moradores, saber das suas carências, angústias e expectativas. Estávamos buscando uma forma de mostrar o Brasil através da favela, do povo de verdade. Isso pra mim foi fascinante. A convivência com o pessoal de cinema me levou a ser convidado pelo Cacá para participar do seu primeiro longa-metragem, *Ganga Zumba*, cujo foco da discussão era a escravidão negra no Brasil. Tínhamos todos 20, 22 anos e uma gana tremenda de rever certos aspectos da nossa história. Foi uma visão nova que eu tive da minha própria cultura, com aspectos que eu ignorava completamente. Claro que esse processo me deu um novo posicionamento e me abriu janelas definitivas.

O teatro continuou na minha mira, tanto que fiz um teste para a peça de Nelson Rodrigues *Bonitinha, mas ordinária*, e fui aprovado. Isso foi em 1962. Era um elenco jovem do qual faziam parte, entre outros, Carlos Vereza e Maria Gladys. Lembro que o Nelson ia assistir a todos os ensaios e eu tremia mais que vara verde.

Em 1964 caiu tudo por terra, nosso idealismo, nossas convicções, a vontade incontrolável de transformar o Brasil. Os militares chegaram e cortaram o nosso barato. A barra realmente pesou. Muita perseguição, morte, tortura, desarticulou toda a juventude. E ainda teve o lamentável episódio da aniquilação da UNE, ato de revanchismo, porque a organização havia se oposto frontalmente ao golpe. Foi terrível mesmo.

Eu quero dizer que isso tudo também foi um passado que me deu muita força para ir em frente. Depois de 1964, 1970 foi o ano que abalou, de verdade. Foi nossa vitória na Copa do Mundo, quando o Brasil foi tricampeão, e eu fiquei muito decepcionado. O Brasil tricampeão no futebol e eu chorando no meio da rua, porque percebi que os milicos haviam faturado aquela emoção e conseguido dobrar o povo. A partir dali fiquei um tempão sem saber o que fazer da minha vida, mas uma coisa eu botei na cabeça: "A Copa de 74 eu não quero ver." Me autoexilei, não sem antes perder vários amigos com quem eu tomava um chope em Ipanema num dia e no outro, quando perguntava por eles, diziam que tinham sido presos. Aí eu pensei: "Qualquer dia acontece comigo."

Consegui uma passagem para Nova York e viajei. Essa foi uma das melhores coisas que fiz na minha vida. Quando eu cheguei lá, tive contato com os pretos americanos. Muitos tinham voltado do Vietnã, e quando me perguntavam "quem é você?", eu respondia: "Sou um preto brasileiro". Fui muito bem recebido, trocamos muitas informações, conheci alguns Panteras Negras e compreendi a luta deles.

Na bagagem levei um filme que eu mesmo tinha feito, escrito e produzido. A duração é de 14 minutos e se chama *Alma no olho*. Aqui no Rio a censura proibiu, era eu e uma corrente, que na última cena eu arrebento. Acharam que era uma simbologia muito forte, mas eu driblei a polícia e consegui sair com ele. Foi o meu passaporte para os Estados Unidos. Até em algumas escolas do Harlem eu exibi.

Fui para Paris, encontrei o Glauber Rocha, o Fernando Gabeira e muitos outros brasileiros que estavam por lá. Graças a esses contatos mostrei meu filme na Escola de Cinema. O pessoal vibrou e ficava me perguntando sobre as condições do negro no Brasil. A referência deles era o filme do Marcel Camus, o *Orfeu*, e eu não menti.

Em 1978, quando se deu a abertura política, eu já estava de volta, engajado na militância. Formei um grupo de teatro no clube Renascença e chegamos a montar algumas peças. Nesse meio-tempo chegou o Ola Balogun, cineasta africano, e juntos fizemos o filme *A deusa negra*, que teve enorme sucesso em vários países africanos. Depois foi para os Estados Unidos, passou no Festival da Califórnia e em muitas cidades americanas, sempre despertando muita curiosidade da crítica e do público.

Ainda no mesmo ano eu me aproximei da escola de samba Quilombo, fundada por Candeia. Eu gostava da visão dele, que era a de um grupo voltado para as nossas raízes e o conhecimento do folclore afro-brasileiro. Era no bairro de Acari. Fui para lá, morei lá dentro; era um lugar que respirava, era mais que uma escola de samba, era um grêmio cultural, de briga, de luta. No desfile não tinha esse negócio de peito, bunda de fora, era uma coisa de resistência. Enquanto as outras escolas investiam na grandiosidade, no luxo, embranquecidas, aquela era de garra, de transformação, de descoberta da cultura afro-carioca antes de tudo. Candeia era uma pessoa fantástica. Além de compositor de enorme talento, era uma cabeça muito forte, mas, como todo grande líder, tinha seus defeitos, era muito centralizador. A escola era dele, não tinha uma diretoria, era ele. Morreu, e com ele a ideia. O sistema pegou, aproveitou a morte dele e acabou, dizimou, não só a escola mas também aquele pensamento, aquela ideia.

Nenhuma outra escola de samba veio, nenhum outro grupo veio com aquele mesmo pensamento, o que para mim é uma decepção. Até hoje não fomos capazes de reabilitar o trabalho de Candeia, e isso estou falando coletivamente. Os compositores perderam a coragem, os compositores pretos de escolas de samba perderam a coragem, entraram no oba-oba que o branco montou na Riotur nesse Carnaval internacional de peito, bunda e vedetes de televisão. Nós perdemos realmente esse espaço que era nosso, desde a primeira escola fundada no Estácio, que foi a Deixa Falar, até a Quilombo. E era isso que o Candeia não queria. Não é desilusão, não, mas é difícil compartilhar disso que está aí. Estou decepcionado.

Mas não estou falando em desistência, a briga continua. Por outros meios, mas continua. Um deles é o recém-formado Centro Afro-carioca de Cinema, ao qual estou me dedicando em tempo integral. Meus encontros com os pretos americanos e depois com os africanos na Europa é que me puseram os pés no chão. Quando saí daqui eu achava que não tinha história, eu não sabia direito que eu era preto. Quando encontrei os americanos e eles me diziam "Eu sou preto, *black, black power*", aí senti a força da palavra *black*. Quando encontrei Candeia, ele era *black*; a escola de samba era *black*. E ainda teve aquele movimento Black Rio, que parecia ser alguma coisa americanizada, mas não foi. O *black* do Candeia era *black* brasileiro, de guerra, de luta, que buscava nossas raízes mesmo.

Esse passado morreu e eu estou vivo, quero continuar fazendo meus filmes, não importa com que dificuldades. Estou acostumado. Levei dez anos fazendo uma pesquisa sobre a abolição da escravatura no Brasil. Sentei a bunda na biblioteca, conversei com amigos, reuni material daqui e dali, e olhe que eu comecei em 1978. Por quê? Porque eu sabia que em 1988, centenário da abolição, não ia acontecer nada. Como não aconteceu. Não houve nada. Nenhuma discussão, nenhum movimento para avaliar a Lei Áurea, mas meu filme ficou pronto. Foi premiado em Brasília e fui convidado pela delegação cubana que estava no festival para apresentá-lo no Festival de Havana. Fui, e ganhei outro prêmio. Neste festival, o Harry Belafonte e o filho dele estavam lá e me convidaram para apresentar o filme no Festival Latino-Americano de Cinema em Nova York em 1990. E o que aconteceu? Ganhei um prêmio de melhor curta-metragem e menção honrosa.

Voltei para o Brasil e o que aconteceu? Nada. O filme não passa no Brasil. Tem uma cópia em Paris, tem uma cópia em Berlim, onde também ganhei um prêmio, tem na Suíça e em Londres. Fui ao Festival Pan-Americano de Cinema em Uagadugu, capital de Burkina Faso, que foi o maior susto da minha vida. Cheguei ao festival e fui recebido como celebridade, com todas as deferências imagináveis. Era um estádio de futebol com pelo menos 35 mil pessoas. Meu filme foi a abertura e eu ganhei mais um prêmio. Até hoje choro, como agora, quando me lembro. Trinta e cinco mil pessoas gritando e aplaudindo a delegação do Brasil, que era eu, Zózimo Bubul.

IVANIR DOS SANTOS

Professor e presidente do Centro de Articulação das Populações Marginalizadas

> "É muito comum você entrar em alguns lugares e dar de cara com o olhar desconfiado do porteiro."

Quando minha mãe morreu eu nem soube. Estava internado na FUNABEM (Fundação do Bem-Estar do Menor), instituição que veio substituir o SAM (Serviço de Assistência a Menores), de triste memória, que tantas e tantas vezes apareceu no noticiário policial, relatando fuga dos internos ou a descoberta dos maus-tratos infligidos por professores e inspetores. Na FUNABEM a barra era um pouco mais leve, mas de vez em quando baixavam por lá os métodos do SAM. Entrei no sistema com oito anos de idade e saí um pouco antes de completar 19. Lá aprendi música, o que foi muito bom, porque me despertou um grande interesse e me estimulava muito.

Tive um professor, Elpídio, que foi um cara muito importante na minha formação. Ele usava um discurso conservador, mas era interessante. Dizia que todos nós tínhamos que estudar para sermos os melhores, porque a cor não ajudava. Dentro da banda tinha uma divisão: a maioria era negra e tinha um mestre que protegia os negros, e tinha a minoria branca que era protegida por outro mestre. No quadro geral a maioria da população dos alunos era negra, eu diria uns 98%, mas nem por isso havia hegemonia. Os conceitos eram brancos e sexistas; um menino homossexual, pelo menos o único que se autodeclarava, era discriminado e vivia à parte. A FUNABEM não estava imune à reprodução das relações raciais na sociedade brasileira, e isso também não me deixou imune. Passei a ter a compreensão de que as coisas não seriam fáceis quando viesse a enfrentar a vida aqui fora.

Estudei clarineta, mas por causa de um problema pulmonar passei para percussão e até regi a banda do Educandário Gonçalves de Araújo. Fiz o curso de pedagogia na faculdade Notre Dame, em Ipanema, e o impacto foi muito grande. Eu estava penetrando em outro universo e passei a entender melhor os dois mundos que existem na sociedade brasileira. O curso era noturno e me matriculei usando o crédito educativo; estudei a crédito e paguei tudo. Quando eu entrava no elevador antes de outras pessoas, quem ia entrando ia me dizendo o andar, achando que eu era o ascensorista: terceiro, quinto, sexto. A única resposta que eu dava era que eles fossem para o deles, que eu ia para o meu.

Essa é a face branda do racismo.

É muito comum você entrar em alguns lugares e dar de cara com o olhar desconfiado do porteiro, de algumas pessoas ao redor, do garçom num restaurante. O fato de no Brasil nunca ter tido uma lei de segregação escrita não quer dizer que culturalmente ela não exista. Não é à toa que a polícia, quando nos aborda, pede documento e livra um branco, às vezes com status inferior ao meu. Em geral, as pessoas não negras não se dão conta disso. Veja um shopping da zona sul, a expressiva maioria de trabalhadores é branca, se houver negro é na faxina ou na segurança, e nas lojas tem que procurar muito para achar. E ainda há quem diga que o preconceito é social e não racial. Todos nós, negros, sem exceção, alguma vez já fomos vítimas de discriminação, velada ou não. Os valores da nossa sociedade são eurocêntricos, muito bem delineados, muito bem definidos como a estética da beleza, o valor do bom, valor do que é honesto, do que é digno, em contraste com uma população que é estratificada como negativa, coisa ruim, desprovida de inteligência, com sua religião demonizada por muitos.

No meu caso particular, ser ex-aluno da FUNABEM era um estigma, e ser negro carregava na tinta do estigma. Enquanto eu estava na faculdade voltei para a instituição como técnico e, depois, professor. Dei aula nas escolas Padre Severino, Stella Maris, João XXIII e em Quintino.Com um ex-colega, o Togo, e outros que tinham a mesma percepção fundamos em 1979 a Associação dos Ex-alunos, que teve um papel importante no sentido de dar apoio e conscientizar muitos que ainda não haviam atinado para a necessidade de enfrentarmos a adversidade, que era uma imposição do sistema e não uma determinação histórica. Com o Instituto de Pesquisas da Cultura Negra (IPCN), fizemos muitas ações que tiveram bastante visibilidade, a marcha de 1984, a marcha de 1988, as de Brasília de 1995 a 2005. Nós tínhamos também um projeto chamado Da Lei do Ventre Livre ao Menor Abandonado, que nós ligávamos o resultado daquela lei à situação dos meninos de rua, que ofende a qualquer pessoa que tenha um mínimo de consciência.

Chegou um momento em que consideramos que deveríamos ter um outro instrumento, em que viabilizasse as nossas demandas. Foi aí que criamos, em 1989, o Centro de Articulação das Populações Marginalizadas (CEAP), que adquiriu notoriedade quando processamos a companhia de discos Sony, por causa de uma música gravada, porque era uma ofensa à mulher e, em especial, à mulher negra. O CEAP era, e ainda é, integrado por militantes do movimento negro. No início tinha um setor muito pequeno de classe média de esquerda, como o André e a Ludmila Pappe, o Coelho, o Rubinho, a Liginha, que é antropóloga, todos integrados na luta contra a pobreza e a discriminação. De lá para cá passamos a trabalhar intensamente nesses temas, tanto que nesse período saiu o primeiro relatório que denunciou o extermínio de crianças e adolescentes, majoritariamente negros, no Brasil. Trabalhamos com organizações como o grupo Cidade Negra, blocos afros, conjuntos de hip hop, cantores de rap etc.

Com recursos próprios, o CEAP promoveu um encontro de entidades negras. Foi uma atividade autônoma do movimento negro, porque achamos que a autonomia é fundamental. Entramos na campanha contra o tráfico de mulheres, dentro e fora do país, discutimos a questão do trabalho infantil, tivemos uma posição de vanguarda no combate a vários problemas que afligem o povo brasileiro, sem distinção. Embora tenha havido uma distorção no que diz respeito a direitos humanos — durante algum tempo era uma bandeira da classe média contra as violações perpetradas pela ditadura militar —, nós introduzimos os pobres e negros no contexto, e aí surgiram as Mães de Acari, cuja luta nós encampamos e passou a ser um símbolo. Na questão das cotas, por exemplo, fomos os primeiros a escancarar o assunto, o que foi feito em uma entrevista que o jornalista Elio Gaspari fez comigo em 2001. Era o ano das conferências de Dunham; eu era do comitê internacional e do comitê nacional e, numa audiência com o presidente Fernando Henrique, eu falei da importância das cotas. A bem da verdade, o Carlos Alberto Medeiros, que é um batalhador, tinha falado antes sobre o assunto, mas não repercutiu. Naquele momento nem nós mesmos compreendíamos o alcance do tema, tanto que de cara eu fui contra, pois, como tantos outros, achava que era paternalismo, cooptação. Depois, com o tempo, fui vendo que não.

O CEAP é uma ONG negra. Alguns ficam muito nervosos quando ouvem isso, ela é uma organização negra, não é uma organização de pessoas brancas. Claro que tem brancos, como vários já citados, mas a sua missão é o combate à discriminação, ao preconceito, e a promoção de ação afirmativas para a comunidade negra. Em cima disso, uma grande contribuição que o CEAP deu foi em 1998, quando, como resultado do nosso trabalho, nasceu a concepção da Secretaria Estadual de Direitos Humanos, no governo Brizola, e que nunca mais saiu do cronograma dos governos posteriores. Atualmente o perfil mudou um pouco, mas na sua instalação o secretário foi o ex-senador Abdias do Nascimento, por nossa sugestão.

Fui presidente do Conselho Estadual da Criança e do Adolescente, quando tive a oportunidade de pôr em prática algumas ações que achava pertinentes. Esta é uma das nossas funções programáticas, trabalhar no âmbito do poder público, sugerindo coisas, buscando parcerias, mas também com a sociedade, o fortalecimento da sociedade civil negra. Eu estou convencido de que este é o caminho. A ordem da Camélia é um exemplo: instituímos uma premiação para as pessoas ou entidades que colaboram para o progresso do negro brasileiro, e é um sucesso.

Resistência vai haver sempre, nunca vai faltar quem fale em preconceito ao contrário, ruptura do *establishment*, incitação a um racismo às avessas. Quando você quer um espaço e alguém não quer ceder, há resistência, engana-se quem pensa que é uma luta fácil. Mesmo as conquistas que nós já alcançamos estão sendo muito difíceis de ser implementadas. A reação contra as cotas, para voltar ao assunto, é um exemplo típico, existe nas universidades públicas. É uma luta árdua. Resistência vai ter, mas nós temos que continuar trabalhando e impulsionando.

Outra conquista importante é a Lei 10.639, de 9 de janeiro de 2003, porque ela mexe com a visão da sociedade em relação à comunidade e à África. Isso mexe com o *status quo* dominante até hoje na sociedade brasileira. É uma lei que tem que ser implementada no ensino fundamental e médio, porque daqui a 10, 15 anos quem sair da escola não vai ter a visão que ainda predomina de que nós só prestamos como escravos, não tínhamos cultura alguma e que temos deficiências congênitas para exercer algumas profissões e até alguns esportes. Vão saber que nós somos o berço da humanidade.

Do ponto de vista ideológico, esse é o maior embate que nós temos. Não é à toa que há resistência, inclusive em alguns setores evangélicos, porque você não trabalha a cultura negra sem compreender o símbolo dessa cultura, que tem a ver com a sua religiosidade e identidade. Eu acho que nada vem de graça, você tem que continuar mobilizando, trabalhando, produzindo materiais para poder tornar público para a sociedade. É indispensável fazer a comunidade negra avançar nos seus direitos e reconhecer que as suas oportunidades não são um benefício ao negro brasileiro, mas à sociedade. Veja que as cotas beneficiaram os indígenas, até então excluídos, e a lei que determina a história da África foi legal, porque levou à entrada da cultura indígena nas escolas. Quer dizer, tudo que melhora para o negro, vai melhorar também para outros segmentos.

Que fique claro que nós não queremos ser superiores a ninguém, nós queremos, isso sim, oportunidades iguais para todos. Somos um país que teve mais de 350 anos de escravidão, nossos antepassados deram uma contribuição efetiva para a construção desta nação, e essa é a questão central. Não é justo que não tenhamos participação nos bens gerados por eles. Esse é o grande debate.

Surgiu aí uma novidade: nós, negros, teríamos 80% de sangue sueco. Eu acho ao contrário, os suecos é que têm genes negros, as pessoas pegam uma formulação extremamente errada. Por que os suecos, os chineses, os asiáticos, por que os nórdicos, vamos dizer os anglossaxões, vão ter? Ora, meu Deus, hoje está comprovado onde o homem nasceu, foi na África. Então são eles que têm genes negros. Eu acho que eles deviam ter orgulho de sua origem, dos seus antepassados, e não deveriam nos discriminar nunca. A origem do homem não é branca, logo, quem tem genes mestiços são eles e não nós. É mais um motivo para valorizar ainda mais nossas tradições, nossa cultura, nossa identidade e nos dar respeito e igualdade de oportunidade.

Mas há um grande problema de autoconhecimento. Grande parte da nossa população negra não sabe de sua história, de suas origens. Os negros cristãos, por exemplo, eles sabem que de Abraão a Moisés eram todos africanos? Claro que não, porque a imagem cinematográfica construída sobre essas figuras, inclusive a de Jesus Cristo, determinou que eles eram brancos. Abraão era o patriarca, todos eram nômades naquela região norte da África, então as religiões que eles professavam eram de matriz africana.

A partir desta geração que aí está e das próximas, a tarefa é clara: forçar a entrada no mercado de trabalho e tornar a sociedade melhor para todos. Se eles vão conseguir ou não, vai depender da sua capacidade e tenacidade. Nós estamos cumprindo o nosso papel. Já conseguimos arrancar do Estado uma coisa concreta, que muita gente tentou antes e não conseguiu. Em torno de 1870, Luís Gama insistia em que o Brasil tinha que ensinar a história da África, e nós conseguimos isso em 2003.

Toda luta social vem de um acúmulo, não de um grande iluminado. Ela vem de milhares de pessoas que lutam por dias melhores e não é fácil você entrar nessa luta como negro consciente, como negro independente. Nem os partidos políticos entendem a nossa luta. Por isso, temos que construir uma agenda suprapartidária em que os partidos entrem e deem a sua contribuição.

Eu acho que tenho aprendido muito como adepto da religião dos nossos ancestrais, como sacerdote, que nem tudo é como a gente quer, mas como o Ifá (jogo de búzios) indica. Às vezes as pessoas tentam nos sufocar, destruir, mas nós continuamos vivos, porque somos herdeiros de uma herança milenar, onde nasceu o mundo, então ninguém consegue matar a origem, a gente vai continuar existindo e trabalhando para que todos entendam que o criador nos fez para sermos felizes, não para sermos escravos, nem ter desrespeitada a nossa dignidade.

Muniz Sodré

Presidente da Fundação Biblioteca Nacional

"... me declaro ideologicamente negro nagô..."

Eu sou brasileiríssimo. Descendo por parte de mãe dos últimos índios do recôncavo da Bahia, tupinambás, da tribo dos abatirás — de lá vieram meus avós. Tive também uma bisavó cigana. Por parte de pai, meu avô não conheci, mas minha avó era negra nagô. Não a conheci também, mas sei que era negra tu, como se diz na Bahia, negra tuturututu. Era a vó Joana. Essa é a minha ascendência étnica, sou mestiço de cigano, negro e índio, mas me declaro ideologicamente negro nagô com aliança simbólica com os índios tupinambás.

Eu acho que negro, no Brasil, não se define pela cor da pele. Quer dizer, se for pela cor da pele eu sou mulato. Quando morei em Paris, muitas vezes fui confundido com argelino, marroquino, e lá esse pessoal é discriminado. Achavam que eu era árabe, malgaxe, por causa disso andei dando porrada nuns franceses. Uma vez, na entrada do metrô, naquele empurra-empurra, me valendo do fato de lutar karatê e tendo sido bom na capoeira, dei um chega prá lá na costela de um gringo grande que ele saiu do vagão todo se retorcendo.

O que eu sou é essa figura, misto de baiano, crioulo baiano, do santo, obá de Xangô do Axé Opô Afonjá, que é uma das três casas matrizes do candomblé da Bahia, hoje presidido e governada por Mãe Estela de Oxóssi. Eu sou muito ligado à casa, à seita e ao culto, embora more no Rio. Quando o Dalai Lama esteve em Brasília, foi recebido por um rabino, um cara dos árabes, tinha índios, padres, e quem representou o candomblé fui eu. Falei em nome do Axé Opô Afonjá.

Em 1977 eu fui designado obá (ministro) de Xangô. Essa é uma data muito importante para mim, porque eu acho que os terreiros das grandes casas de candomblé são uma espécie de acrópole de agora, como os gregos diziam da acrópole grega. No candomblé há essa multiplicidade de deuses, esse investimento do povo negro comprometido com as raízes africanas. Eu me juntei ao terreiro por uma espécie de adesão cultural, mística também. Sou iniciado em Xangô, cumpro com as obrigações do culto, mas não me considero uma pessoa religiosa, o candomblé para mim é uma coisa maior. É uma continuidade de um modo de vida, um investimento na atmosfera mítica. Eu não sou o que se pode chamar de uma pessoa que fica cultuando Deus, mas nos orixás eu tenho uma experiência mística. O candomblé é assim, o culto afro-brasileiro para mim é uma coisa extremamente importante e minha maior honra e glória é ser obá do Axé Opô Afonjá. Eu tenho doutorado, pós-doutorado, sou professor titular da UFRJ, mas eu diria que o que mais me dá orgulho é ser obá de Xangô. No dia da festa da minha iniciação eu entrei no terreiro de costas, como manda o ritual, de braços dados com Jorge Amado e Dorival Caymmi, ambos obás também.

Esse é o meu pertencimento. O negro não se define por cor apenas, mas também pelo lugar, pela posição que ele ocupa, não um lugar físico, mas um lugar matemático, topológico, um tópos, uma posição que ele ocupa no entrecruzamento das relações sociais. Isso quer dizer que você pode ter a pele clara e ser negro. Por exemplo, o Paulo Vanzolini, autor do samba-canção "Ronda" e um conhecido cientista, para mim ele é negro, pela maneira como ele compõe, se expressa. Eu conheço muito negro que se comporta como se fosse branco, não gosta das coisas da cultura negra, tem o olhar voltado para a Europa, tem o nariz em pé, torcido.

Tem uma história muito interessante e significativa que o Mário Filho escreveu no seu livro O *negro no futebol brasileiro*: o Robson, que era um bom jogador do Fluminense e fez uma bela carreira, ganhando muito prestígio e dinheiro, um dia estava no carro do presidente do clube e, num cruzamento, quase atropelou um rapaz negro. Na hora ele gritou: "Crioulo, filho da puta!" Aí ele lembrou que estava com o Robson e pediu desculpa, diante do quê o jogador respondeu: "O que é isso, doutor? Deixa isso pra lá, eu já fui negro e sei como é que é!" Ou seja, ele não se achava mais negro, estava cheio de grana. Saiu do lugar.

O meu eu, comecei a construir em Feira de Santana, na Bahia, onde há pouco recebi uma homenagem da Câmara local: cidadão feirense. Na verdade eu nasci em São Gonçalo dos Campos, mas cedo a família se mudou para Feira e lá fiz meus estudos até ir, por determinação dos meus pais, Antonio Leopoldo Cabral e Elza Araújo das Virgens, para Salvador, fazer o curso clássico ou científico. Só que eu tinha que me manter, e para isso consegui um emprego de contínuo no Banco do Comércio e Indústria de Minas Gerais, onde eu servia cafezinho, mas sempre muito orgulhoso. Eu tinha 14 anos nesta época.

Desde criança sempre tive fascínio por línguas. Dava para arranhar um pouco de inglês, francês, italiano, e isso me valeu quando me arrumaram um emprego de mensageiro e depois intérprete na prefeitura, na área de turismo. Depois passei a estudar todas essas línguas e ainda aprendi árabe. Fui autodidata em latim, cheguei a ser até professor. Eu me virava.

Mais ou menos com uns 15 anos eu entrei para o *Jornal da Bahia*, fundado por um comunista, João Falcão, e que era um dos grandes jornais do estado. Só tinha gente boa, João Ubaldo Ribeiro, Glauber Rocha, Ariovaldo Matos, José Borender e o João Carlos Teixeira Gomes. O João Carlos há pouco escreveu um livro contra o Antonio Carlos Magalhães, que durante anos perseguiu o jornal. Cortava anúncios, ameaçava, fazia de tudo. Até a ABI foi em nosso socorro. O jornal era de esquerda, mas não era órgão do partido.

Até os 22 anos trabalhei simultaneamente na prefeitura e no jornal. Tinha uma coluna de cultura internacional e militava na esquerda na escola e na universidade, o que me deu problemas. Eu andava com gringos, e principalmente gringas, pra cima e pra baixo, falando inglês ou francês e até alemão. Fiquei muito conhecido em Salvador por causa disso. Ganhei até o apelido de americano nas rodas de capoeira, na época em que fui aluno de Mestre Bimba.

Pouco tempo depois tive que me mandar para o Rio. Por decreto, Antonio Carlos Magalhães me botou pra fora da prefeitura. Se eu quisesse, hoje poderia pedir reintegração e ganhar dinheiro, como umas pessoas estão fazendo por aí. Eu sei a data exata em que fui demitido, em 1967. Mas não acho que o povo tenha que pagar pela escolha ideológica de ninguém, e nem eu preciso disso. Sou professor da UFRJ.

O ambiente em Salvador estava péssimo, corria que eu era comunista. Mentira. Nunca fui do partido. Aliás, não gosto de partidos. A situação estava insuportável, aí eu saí do jornal e vim para o Rio. Já estava formado em direito e tinha feito a metade de um curso de economia política na SUDENE. Trouxe uma carta para o Alberto Dines, disse que falava várias línguas e aí me puseram na pesquisa, que era o núcleo de elite do *Jornal do Brasil*. Fiquei no lugar do Fernando Gabeira, que tinha saído para entrar na guerrilha, coisa que só vim a saber tempos depois.

Logo depois fui para a Bloch Editores, para ser repórter da revista *Manchete*. Por causa do meu francês, que era bom, ganhei uma bolsa para fazer mestrado. Na volta ocupei várias funções na Bloch, chegando até a chefe de redação da revista *Ele e Ela*.

Voltei à França em 1979, já casado e com duas filhas, Melissa e Maricia. Lá fiz o pós-doutorado em antropologia, sociologia e linguística. De retorno ao Brasil, comecei a minha produção de livros. Já havia lançado um em 1973 chamado *A comunicação do grotesco*, que estava vendendo bem. Foi publicado então *Ficção do tempo*, sobre *science fiction*, e passei a ser conhecido como autor de comunicação, realizando conferências pelo Brasil afora e por diversos países da América Latina, como Peru, Bolívia e Uruguai. Dei e ainda dou aula como professor visitante no Chile, na França, no Canadá e nos Estados Unidos. Tenho cinco livros de ficção, alguns já foram aproveitados como libreto para balé, letra para composição e roteiro de filmes. Hoje tenho cerca de trinta, 32 livros publicados, que vão da cultura negra à teoria da comunicação.

Grandes problemas com cor, de raça, eu nunca tive. Tenho que ser franco, honesto, explícito, claro que já vi pessoas amigas minhas terem. Eu sempre vi os meios-tons. Lembro que uma vez, na Bloch, chegou para fazer uma visita o presidente da Volkswagen e o intérprete não apareceu. Alguém lembrou que eu falava alemão e foram me chamar. Depois de olhar bem minha roupa, um diretor me perguntou: "Você gosta de roupa de operário?" Claro que a roupa não era de operário. Era uma camisa azul, bonita, que eu tinha ganhado de presente, mas parecia de operário. Senti que não queriam me apresentar para o alemão. Foi uma questão de raça? Se alguém me perguntasse, eu diria que não. É que eu não estava de terno e gravata, como todos os outros. Mas eu sei que era...

Vou dizer qual é o único lugar no Brasil onde nunca vi e não vejo possibilidade de preconceito racial. Mais do que tratado de sociologia, antropologia e de filosofia de aceitação, é no Axé Opô Afonjá e nas outras casas de candomblé. Ninguém está preocupado se você é mais claro ou mais escuro. Eu conheço gente que é louro de olhos azuis e fica P da vida se você disser que ele é branco. Ele quer ser preto, é o ideal de vida dele. Fora isso, eu acho que o preconceito existe, da parte do negro e do branco, sendo que este vitimiza o outro por meio da exclusão, porque o negro saiu da abolição como cidadão de segunda classe.

Na minha opinião, o cerne da questão é a visibilidade. O segundo vestibular mais disputado na UFRJ é para comunicação. O primeiro é medicina. Os meninos que passam ali passaram bem, fizeram boa escola. Agora, procura um professor preto? O que tinha foi transferido e o outro sou eu, que não me consideram muito negro. Essa situação eu vejo na universidade, nas conversas: tem gente que não me conhece direito e acha que eu sou branco.

Essas coisas acontecem no Brasil o tempo todo. Saber lidar com isso sem hipocrisia não é fácil. Eu acho que os caminhos do negro aqui em nosso país ainda estão para ser encontrados. Nos Estados Unidos é mais fácil ver, pode ser que a luta tenha sido mais dura, mas é mais fácil. A nossa dificuldade é a necessidade de você visibilizar. O negro aqui é invisível, ninguém sabe direito onde ele está. Por isso sou a favor das cotas, sou radicalmente a favor das cotas para negros. Não é porque ele vai fazer universidade que vai conseguir emprego, vai ter mais dinheiro, não é isso, a universidade não dá esse emprego e nem o salário esperado. Mas ela visibiliza o sujeito que tem o título. É preciso que ele seja mais visível socialmente, porque você só fala como sujeito político quando tem uma visibilidade pública. A política é a fala do cidadão, e você só sabe que o sujeito é cidadão quando olha e reconhece que ele está ali, que ele existe. E nos lugares da fala da cidadania não tem negro.

No jornalismo, nos meios de comunicação, tem pouco negro para o meu gosto, é mostrado pouco negro para o meu gosto, considerando a proporção e a participação que o negro tem na sociedade brasileira.

Falemos do negro no teatro: eu não vejo, não sei por quê. Se tem um papel de presidente da república, no teatro ou no cinema, por que não pode ser negro, tem que ser branco? Aí dizem que é porque nunca tivemos um presidente negro. E daí, não é ficção? Naquele seriado *24 horas*, o presidente dos Estados Unidos é negro. O ator Morgan Freeman já fez o papel de presidente diversas vezes, e lá nunca teve presidente negro. Pode ser que tenha agora. Aqui já tivemos: Nilo Peçanha, filho de mestiços, mas era negro, só que retocavam o retrato. E Rui Barbosa, não é o que chamamos de mulato escuro? Eu acho que a comunicação no Brasil é excludente de cor. A TV Globo tem um aqui outro ali, mas pinçado a dedo. Acho que essa visibilidade tem que se dar nas escolas, nas universidades. Sou a favor das cotas como recurso provisório, depois elas têm que acabar, mas até determinado tempo será uma boa coisa, colorizar as escolas.

Como teórico de comunicação, estudei com franceses, ingleses, mas eu tenho que pensar o território; alguns dos meus livros estão centrados aqui, que é o território nacional. E o meu comprometimento com a questão do negro, com a questão da identidade, não se deve a nenhum problema pessoal, eu não sou um ressentido. Estou certo que é uma questão política importante para o Brasil, país onde a acumulação primitiva do capital se fez com o trabalho negro. Antes da abolição, os grandes intelectuais do império eram negros e mulatos. Quantos grandes músicos tivemos? E tudo foi esquecido e veio um racismo de dominação em que o negro foi afastado da superfície social, seja na comunicação, seja na teoria do Brasil. O negro para mim é o símbolo ontológico do cidadão excluído no Brasil. Tem branco pobre, é certo. Mas o negro tem um acréscimo, tem um detalhe a mais, ele traz na cor da pele essa desvantagem patrimonial num país patrimonialista como o nosso, que reserva os melhores lugares para as peles mais claras.

Isso atravessa o pensamento nacional, isso atravessa o pensamento do Brasil. A minha teoria da comunicação, minha teoria de cultura está sempre partindo do negro, mesmo que eu não fale.

DA GAMA

Músico do conjunto Cidade Negra

> "Bicho, e aí? Tem que pedir a você pra carregar a mala?"

Nasci no Bairro Preto, no Lins, ao lado da Cachoeirinha, e fui batizado com o nome de Paulo da Gama. Saí do morro, do Lins, com quatro anos de idade e fui para a Baixada Fluminense. A separação dos meus pais foi o motivo principal desta mudança, fato que infelizmente é muito comum nas famílias pobres e negras. A dificuldade do dia a dia força o desentendimento, a desestruturação, esfacela o grupo familiar. Tive a sorte de ter tios maravilhosos, que seguraram a onda e nos deram guarida, com carinho e dignidade. Minha mãe, Sebastiana Constância da Rocha Gama, trabalhava fora, era doméstica. Meu pai, pedreiro, pegava legal um violão e um cavaquinho também. E tem mais, era canhoto. Negão, mas tinha nome de português, Joaquim Gama.

Em Belfort Roxo fomos morar num quintal, herança do nosso avô, que comprou um terreno para todas as filhas. Só depois de três anos é que conseguimos construir a nossa própria casa. Durante esse período, ficávamos um tempo na casa de um tio, mais tarde na casa de outro tio, mas não nos faltava nada. A família era inteiramente solidária.

Com sete anos de idade entrei para a escola municipal Herculano de Mattos, onde fiz o primário, e com 11 anos comecei a trabalhar para ajudar nas despesas de casa. Minha primeira ocupação foi fazer frete na feira, carregar bolsa das madames, como a gente dizia. Nunca deixei de estudar, ficava na escola até 11 horas e ia para a feira fazer meus fretes. Mas chegou um momento em que senti que a coisa estava ficando um pouco pesada, aí comecei a vender bolinho, picolé, porque aí eu podia controlar o horário, e conseguia ganhar uma graninha melhor.

Paralelo a isso, estava começando a aparecer a *soul music*, e passei a me interessar. Eu tinha dois irmãos que iam para os bailes. Eram dois, eu era o caçula. Um infelizmente faleceu há quatro anos. Ele era um superdançarino, ganhou vários concursos de danças de salão, não perdia um baile onde tocavam Os Devaneios, Copa 7, Commanders e outros que dominavam na época. O José Luís era o rei dos salões. De minha parte, eu adorava a música e também o figurino, aí juntei uma grana e mandei fazer calças boca de sino, sapato plataforma com três andares, entrei na onda do momento. Ouvia Jorge Ben, que ainda não era Ben Jor, Wando, Gerson King que eram o maior sucesso.

Descobri a capoeira, o maculelê, a dança afro, lá em Belfort Roxo, com o Mestre Nilo, pai de santo e líder da comunidade. O centro espírita dele fazia ações sociais e divulgava a cultura negra. Com 15 anos passei a me ligar na importância da herança dos nossos ancestrais e isso foi muito importante para a minha formação. Pude exercitar um pouco da consciência negra ao me aproximar da minha referência cultural, minha referência africana, mas sem o discurso técnico, que só viria mais tarde. A iniciação com o Mestre Nilo foi o fundamento para a compreensão de muitas coisas.

Nesse processo de autoconhecimento iniciei o estudo do violão e me enturmei com uma galera que fazia música e teatro. Aliás, sou amarrado em teatro, quando dá, faço um curso aqui e ali, para não perder o gosto. Estava montando um grupo musical quando o Exército me chamou, e eu fui. Servi no pelotão de paraquedista e foi um aprendizado importante, em termos de resistência de vida, de superação, desenvolvimento do lado psicológico, da parte física, foi ótimo. O esporte me deu um senso de disciplina, de equilíbrio, muito grande. Sou filho de uma doméstica, mas graças a Deus tive todas as oportunidades, essa é a verdade. Até na qualidade do ensino na época. A escola pública era como se fosse particular. Estou falando de 1977, 1978. Era um luxo.

Na saída do Exército voltei para o grupo musical e para a turma do Jovens Unidos a Cristo (JUC), que era ligada ao teatro. Com Lazão, meu colega da escola que tocava bateria, e o Bino, meu vizinho, comecei a formar uma banda que se chamou Lumiar. Depois de seis meses entrou o Bernardo, que foi o nosso primeiro cantor, e gravamos dois discos: *Lute para Viver* e *Negro no Poder*. Este último foi polêmico à beça. Muita gente achou que nós estávamos muito radicais e eu ficava explicando que não era nada disso. Era um protesto para denunciar e mostrar que o Brasil é um país majoritariamente formado por negros e índios, mas, no poder, os que tomam as decisões são uma pequena parcela, não estamos representados equitativamente.

Essa minha visão crítica era o resultado do que eu vinha acumulando no contato com o Instituto de Pesquisa da Cultura Negra (IPCN) e o bloco afro Agbara Dudu. Teve um curso dado pelo coronel da PM Jorge Silva, o SOS Racismo, que foi de uma importância incalculável. A cabeça da gente foi-se abrindo cada vez mais. Eu estava saindo da Baixada, da periferia, onde o pessoal batalha muito, vive naquela cidade-dormitório, mas não tinha consciência política como a galera do IPC e do Agbara, formada por advogados, políticos, atores, gente muito esclarecida. Eu comecei a me municiar de informações e opiniões, e fui levando para o grupo Lumiar, que depois virou Cidade Negra. E foi quando a gente compôs músicas falando em Martin Luther King, Zumbi, Steve Biko, Luiza Main, enfim, o negro no poder.

Durante essa fermentação sociocultural e política, eu ficava me lembrando dos tempos de escola. Por que os pretinhos nunca tinham a responsabilidade de tomar conta da turma? Era muito comum as professoras, para exercitar a liderança, deixarem um aluno ser o responsável, só que nunca era um neguinho. Na cabeça dela, de dominada, uma criança negra não estaria pronta para liderar a turma, ter responsabilidade. Isso acontecia muito, mas eu só fui perceber tempos depois. Essa coisa de receber uma atenção a mais, uma atenção a menos. Meu olhar em relação à vida mudou, comecei a ver as coisas por um outro ângulo, sem essa ingenuidade de que somos todos seres humanos. Não é bem assim, tem diferença. Infelizmente essa diferença existe.

O Cidade Negra vem nessa trilha e se funde com a minha vida. Tivemos grandes resultados assumindo a negritude, a nossa origem na Baixada, virou até moda. Diversos conjuntos e cantores que surgiram na mesma época da gente se batizaram com nome americano. Atriz ou ator, cantores que vinham da periferia ou do morro, dificilmente assumiam sua identidade, porque pegava mal. Muitas vezes eram orientados por pessoas de classe média, que estavam dando oportunidade, e diziam: "Não é legal, não pega bem, muda." Ainda bem que o nosso primeiro produtor foi o Nelson Meireles, um cara branco, que incentivou: "Vocês vêm da Baixada e a parada é essa mesmo. Falem do preconceito que existe, sustenta mesmo, esse é que vai ser o grande lance, o grande fato."

Graças a Deus a gente veio de uma geração que iniciou essa revolução, mostrou que a Baixada é uma referência. A juventude hoje, não importa a cor, se orgulha muito da Baixada, porque a gente levou o lado positivo para o mundo. Houve uma época em que a ONU considerou a Baixada o lugar mais perigoso do mundo, e aí a gente conseguiu reverter esse quadro, mostrando que tem cultura, pessoas bacanas, pessoas que batalham por uma vida melhor e mais digna, uma riqueza cultural, ecológica, fantástica. O nosso trabalho deu supercerto no mundo da música, no mercado da cultura, da arte, e impulsionou essa nova geração no sentido de assumir suas raízes, sua história e estimular os que estão chegando agora.

No início de nossa carreira tivemos alguns dissabores. É aquele velho costume brasileiro do racismo disfarçado, com maquiagem. Quantas vezes chegamos num hotel, já com os primeiros sucessos despontando, e os funcionários faziam corpo mole para não levar nossas malas para os quartos. Eles viam aquela cambada de neguinhos, cabelo rastafári, colorido, e fingiam que estavam ocupados com outra coisa. Aí a gente tinha que peitar: "Bicho, e aí? Tem que pedir a você pra carregar a mala?" Aí eles se tocavam.

Por causa desse jogo psicológico, muitos negros entram de cabeça baixa em ambientes onde a maioria é de brancos. Tem muito negro que finge não perceber que está sendo desrespeitado, não toma nenhuma atitude para não se incomodar, acha melhor "deixar isso pra lá". Está errado, a gente tem que reagir quando se sentir menosprezado. Sabe o que eu faço quando entro no elevador e as pessoas me olham de cima a baixo? Eu faço o mesmo, encaro e olho de cima a baixo. E é isso que eu digo para os meus filhos, sem pregar ódio, que não é o caso, com paz e amor no coração: temos que mostrar que a gente faz parte da mesma riqueza e temos que vivenciá-la.

Até os anos 1980 a cabeça do pessoal das gravadoras era de que negro não vendia, excetuando Milton Nascimento, Djavan, Gil e alguns poucos. O Cidade Negra provou ao mercado que somos um bom produto, que vendemos, e o nosso povo nos consome. Fizemos isso através do rap, do reggae, do funk da favela. Quando a TV Globo compreendeu isso e a Xuxa passou a botar uns negões no programa dela, o mercado acordou e viu que podia abrir um novo viés comercial. Hoje está aí, conjuntos e cantores negros, urbanos ou da periferia, pagodeiros ou funkeiros, todos estão presentes no mercado.

O que eu digo para meus filhos é que eles estão pegando o resultado de um trabalho muito benfeito pela geração passada, mas ao mesmo tempo não devem se acomodar, porque, por mais que tenha havido conquistas, não dá para achar que o jogo está ganho. Tivemos um lastro plantado por Léa Garcia, Abdias Nascimento, Milton Gonçalves, a galera do Teatro Experimental do Negro, que começaram o trabalho de valorização do negro dentro do mundo da arte. Hoje estamos eu, Toni Garrido, Taís Araújo, Lázaro Ramos, toda uma geração de atores, músicos e cantores, que agradecemos aos que desbravaram o caminho. Minha filha Nandiala tem 15 anos e já começa a viver uma outra realidade, que é a revolução educacional através das cotas. O ideal, claro, conscientemente falando, seria não precisar de cotas, mas temos que admitir também que se não tiver cota, nada acontece. Nos Estados Unidos foi a mesma coisa com a luta pelos direitos civis nos anos 1960: se não tivesse a política de cotas, hoje não teria os grandes empresários negros que ascenderam porque tiveram a possibilidade da educação e, com isso, se tornaram profissionais qualificados, com salário alto e oportunidade de encaminhar seus filhos na vida.

Essa geração tem que entender que eles estão muito bem na fita, que têm que aproveitar, valorizar o que está sendo ganho, mas ter a consciência de que ainda há muito trabalho pela frente, muitas conquistas a serem feitas, e não se acomodar.

Eliane Batista

Cirurgiã-dentista

"Na cadeira dela eu não sento de jeito nenhum..."

Na verdade minha família foi-se acabando antes que eu tivesse a percepção de tudo. Minha mãe, Elenita, era faxineira e meu pai, Silvino, porteiro, mas fui criada com muita dedicação, só que com muita pobreza também. Morávamos num barraco de madeira e éramos quatro irmãos ao todo. Eu mal tinha completado sete anos e meu irmão mais velho faleceu, e sete anos depois um outro irmão faleceu, ficamos só dois. A partir daí minha mãe ficou muito doente e faleceu também. Sobramos eu, o último irmão e meu pai.

Eu sempre estudei em colégio público. Minha mãe, embora tivesse um nível educacional muito baixo, não tivesse nem o primeiro grau, era de uma força, uma determinação impressionantes, e muito inteligente. Queria que os filhos progredissem na vida, e ela sabia que só estudando. Na minha época, colégio público era de muita qualidade. Meu pai trabalhava dia e noite lavando carro, e eu tinha a possibilidade de frequentar um curso de inglês. Eu via como eles se sacrificavam e esse era o meu estímulo, sentia como uma obrigação estudar, estudar, estudar muito.

Quando minha mãe faleceu eu estava com 17 anos e tinha entrado para a faculdade, só que com uma certa deficiência, porque estudar em colégio público e passar para uma faculdade de odontologia particular, na Universidade Gama Filho, é meio complicado. Quando meu pai arranjou um emprego de porteiro num prédio da Tijuca, a gente saiu do barraco de Vila Isabel. Demos uma melhorada. Com a sua simpatia e eficiência, ele conquistou logo os moradores. Todos gostavam muito da gente e muitos observavam como eu me dedicava aos estudos, porque em vez de ficar zanzando pela rua eu estava na maior parte do tempo agarrada com meus livros e cadernos. Uma senhora maravilhosa, dona Laura, moradora do prédio, propôs à família dela ser minha fiadora se eu conseguisse o crédito educativo. Corri atrás e eles pagaram a minha matrícula, que era muito cara. Eu não tinha noção de valores, só queria estudar. Meu pai ganhava um salário mínimo e meio. Quando eu estava no segundo período e levei a lista de material na casa especializada, somando 3 mil reais, levei um susto. Saí cabisbaixa da loja, sentindo que não teria a menor chance, não tinha jeito de conseguir aquela montanha de dinheiro. Mas Deus é grande. O gerente me viu saindo de fininho, me chamou e perguntou por que eu estava indo embora. Meio sem graça, fiz até uma brincadeirinha, disse que não era nada pessoal, não tinha nada a ver com a loja dele, mas é que eu não tinha noção e valores e aquilo era muito alto para mim, não dava. "Mas como?" — disse ele —, "todo mundo que estuda na Gama Filho tem condições." Aí eu respondi que comigo era diferente, meu pai simplesmente não poderia pagar. Nem que fosse dividido em seis meses, como ele chegou a propor. Contei tudo: disse que ele trabalhava como porteiro, que eu tinha entrado na faculdade por causa do crédito educativo e que, graças a Deus, eu tinha dado muita sorte e tinha conseguido desde o primeiro período, o que é muito difícil, porque geralmente o aluno só consegue depois que entra. "Você é boa aluna?", me perguntou o gerente. E eu respondi que sim. "Qual é a sua média?", ele insistiu. Eu disse que era 93. Nesta altura ele me propôs: "Traz o seu boletim amanhã. Se você estiver falando a verdade a gente vai dar um jeito nisso." No dia seguinte, quando a loja abriu, eu já estava lá, de boletim em punho. Ele olhou e disse: "É, como é verdade, vamos dar um jeito."

Não foi em um ou dois anos. Em toda a extensão do curso era assim, o que era muito caro ele me emprestava. O que eu podia comprar, comprava. Acho que uma das melhores coisas que me aconteceram foi ter conseguido o crédito educativo para entrar numa faculdade particular, porque lá não tinha esse negócio de coitadinha, nada disso. Os amigos viam que eu queria estudar, ajudavam. Tem uma pessoa que fez o curso comigo que hoje é uma das minhas melhores amigas. A mãe dela me deu muitos livros, um professor me deu um jaleco, um outro me deu uma calça comprida, todo mundo solidário, mas isso porque era uma faculdade particular, o pessoal tinha condições. Eu não pedia nada, as pessoas faziam pelo prazer. Foi muito bom mesmo. Amei ter feito a minha faculdade, os amigos que eu fiz mantenho até hoje, tenho contato com eles e isso me dá uma grande alegria. É muito legal.

Quando terminei o curso recebi uma placa de honra ao mérito, por ter sido a melhor aluna. Isso me ajudou muito, porque entrei para o curso de pós-graduação com mais facilidade, mas também com muita dificuldade, porque em termos financeiros não tinha nenhum retorno, só gastos. Consegui passar no curso de acadêmica bolsista e ali recebi meu primeiro salário. Acho que eram dois salários mínimos, o que para mim já parecia bastante dinheiro. Comecei a pagar o crédito, e quitei. Passei a trabalhar num consultório, que é o mesmo onde estou hoje, graças a uma pessoa espetacular. Deus sempre colocou no meu caminho pessoas maravilhosas. Salvo uma ou outra de quem não guardo rancor. Quando eu ainda tinha 13 anos fui na casa de uma amiga e o porteiro me mandou para a entrada de serviço. Eu disse que não ia. Minha amiga desceu, a família veio atrás, eles enquadraram o porteiro, mas o sinal da discriminação ficou.

No curso de pós-graduação, no Fundão, um porteiro não queria deixar eu subir para fazer a inscrição. Eu burlei a entrada, saí correndo e entrei. Depois a pessoa responsável foi falar com o porteiro, mas ficou por isso mesmo. No consultório já teve gente que veio para a primeira consulta, naturalmente indicado por algum cliente, e quando meu viu disse a célebre frase: "Ah, é você?". Dava meia-volta e ia embora. Mas foram pouquíssimos, tanto que eu nem sinto, isso não me causa nenhum problema. Acontece um caso ou outro, mas não me atinge, eu não esquento a cabeça. Obviamente somos todos iguais, então para mim essas pessoas é que são diferentes.

Em 1998 eu entrei para o Exército, onde fiquei sete anos. Constatei que são poucos os oficiais negros, o que tem mais são praças, soldados e sargentos. Eu entrei como aspirante e depois fui a tenente. É difícil renovar, continuar, mas graças a Deus permaneci esse tempo todo. Tratei de pessoas de todas as graduações, de recrutas a generais, e civis também. Nunca fui discriminada pela cor, éramos duas mulheres negras, as únicas dentistas. De médicos negros tinha um anestesista e um cardiologista, ambos muito respeitados.

Quando saí do Exército, voltei para o consultório. Meus pacientes são amigos, não são pacientes. Independentemente de ser negra, de não ser negra, eu tenho esse meu jeito, porque gosto do que faço. Desde pequenininha eu dizia que queria ser dentista, era a profissão dos meus sonhos, e hoje é a minha realização. Não estou rica, não tenho um alto poder aquisitivo, ainda estou tentando, fazendo a minha escalada, mas a minha grande preocupação é exercer meu trabalho com total entrega e dedicação. Claro que não quero passar necessidade por causa disso, sei que para atingir um patamar mais alto, profissionalmente falando, é necessário algum recurso para fazer investimento. Quem sabe eu chego lá?

O fato de ser negra já me ajudou numa ocasião. Depois de uma primeira triagem para ocupar a vaga de dentista em certa empresa, quatro mulheres foram selecionadas e a escolhida fui eu. Depois de passado algum tempo, uma pessoa veio e me contou que tinha sido ela quem pediu ao chefe do setor para me contratar, porque eu sendo negra tinha que ser muito boa para ter aquele currículo. Está vendo só? Foi discriminação ao contrário.

Se eu avaliar os prejuízos e benefícios que tive em relação à cor, acho que tive mais benefícios. Ainda no tempo em que eu estava no Exército, uma vez a esposa de um general tinha que fazer uma prótese e foi aconselhada por uma amiga. Quando ela soube que era eu, perguntou: "Essa Eliana é aquela moreninha?" Quando a amiga confirmou ela se recusou imediatamente: "Na cadeira dela eu não sento de jeito nenhum!" Pouco tempo mais tarde foi atendida por mim numa emergência. Adiantou alguma coisa aquela recusa? Nada como um dia depois do outro.

Não tenho problema nenhum, amo a minha cor. Mas tem coisas que eu acho errado, por exemplo o sistema de cotas. Não sei se estou falando besteira ou não, mas minha mente não acompanha isso. A meu ver, o que tem de ser dado para os pobres de um modo geral é um embasamento estrutural para estudar na escola pública, numa escola de base, para poder acompanhar quando chegar lá no final e ter condições para disputar de igual para igual. Mas na verdade o que acontece é que a pessoa fala mal, escreve mal, está totalmente sem condições e está lá por causa das cotas. Eu acho isso, no fundo, uma discriminação. O brasileiro quer imitar coisas que vêm de fora e faz errado. Cadê a estrutura? Quer ajudar o negro? Então ajuda com educação melhor para as crianças, desde baixo. Há quem diga: "Mas assim fica mais fácil de poder formar as pessoas e depois se vê." Mas não tem "depois se vê", tem que ser agora, porque se as crianças crescerem com uma condição melhor é óbvio que, futuramente, vão ser melhores. Quantas amigas minhas se tornaram manicures porque os pais não as orientaram como os meus fizeram? Com 12 anos eu fazia cursinho de inglês, cursos de férias, e sem ter nada. Morava num barraco sem nenhuma condição. A gente tem que ter força de vontade, sim. Independentemente de ser negro, branco, amarelo, as pessoas têm que querer realmente. Se hoje eu sou endodontista, que é uma especialização adquirida num curso de pós-graduação, é resultado da minha determinação.

Não há dúvida de que a coisa é muito disfarçada. As pessoas dizem que não existe discriminação, mas existe sim. Aparece de várias formas, algumas sutis, outras nem tanto. Eu acho que o negro já foi maravilhoso, dando a volta por cima em 120 anos. Sair da lama, da condição escravizada, para hoje encontrarmos tantos bem-sucedidos. É lógico que a grande maioria tem condição inferior, mas por quê? Há pouco mais de cem anos, estávamos aí violentados pelo regime escravista, mas nunca deixamos de lutar. Somos um povo guerreiro, muito bacana.

Hoje quem manda é o fator social, o fator financeiro, mais que o fato de ser negro ou branco. Se você estiver no melhor colégio que existe, for negro mas tiver dinheiro, você está bem. Mas se você estiver ali e não tiver dinheiro, vai ser discriminado. Por isso acho que quem está ditando as regras hoje não é o fato de ser negro ou branco não, eu acho que na verdade é o fator financeiro, porque o neguinho bem pretinho, de cabelo duro, se está com a bola, está com dinheiro, não é discriminado.

Tem outro assunto a que, aliás, um dia desses, numa entrevista, o Agnaldo Timóteo se referiu, ele estava metendo o malho nos jogadores de futebol, porque eles só querem ter mulheres louras e não valorizam as mulheres negras. Têm dinheiro, vão logo arranjar uma loura, por quê? Com raríssimas exceções é verdade. Muitos fazem isso para "melhorar a raça", como dizem alguns imbecis. Meus dois filhos, o Luis Felipe, que tem dez anos, 65 quilos e 1,63 metro, é negão mesmo, e a Karina, que fez 23 anos, na verdade minha prima, porque a mãe dela morreu e ela ficou comigo, são os meus tesouros. Ela é jogadora de basquete em Americana, São Paulo. Em breve vai ser mais uma estrela negra.

Tenho certeza de que os negros vão abalar, eu acho que essa questão vai continuar melhorando cada vez mais. Agora, é óbvio que tem que ter uma ajuda, porque não é fácil. Para quem descendeu dos portugueses, quem veio de lá com a corte real, é muito mais tranquilo. Mas para a gente, que veio nos navios negreiros e de dentro das senzalas, aí é complicado. Temos que ir à luta e não baixar a cabeça.

Antonio Pitanga
Ator

> "Na condução, se tivesse branco em pé,
> a gente tinha que se levantar..."

Baiano não nasce, estreia. E eu estreei no dia 6 de junho, às seis horas da manhã de 1939, no Pelourinho. Meu batismo, com o nome de Antonio Luiz Sampaio, foi na sacristia da Igreja dos Pretos, que estava fechada por causa de um crime que tinha acontecido lá dentro. E a liturgia determina que o templo tem que ficar cem anos fechado. Meu pai, que se chamava Antonio José, eu conheci pouco; minha mãe, Maria da Natividade, foi quem assumiu a família de quatro filhos. Era empregada doméstica, neta e bisneta de escravos, nunca viu um salário, mas tinha um amor grande não só pela família, mas também pelos outros, pela criatura humana. Foi, sem dúvida, uma das primeiras feministas. Eu acho que foi esse amor e esse carinho que determinaram de uma certa maneira a nossa conduta, nossa educação, nossa dignidade.

Muito cedo eu enxerguei a realidade da vida através da minha família, através da minha mãe. Qual será meu papel nesse universo? Pude logo perceber que seria o da pobreza, uma pobreza muito grande. Mas eu queria ser alguém e não apenas o que eu já era, o que se poderia chamar hoje de menino de rua e que na época era capitão de areia, personagem de Jorge Amado.

Minha mãe botou na cabeça uma ideia fixa: "Tenho que colocar o Antonio no colégio, senão vou perder esse menino." Na sua condição de cozinheira, lavadeira, empregada em casa de família, ela conhecia muita gente de posses, e por isso conseguiu um pistolão para me matricular no colégio

São Joaquim, na Cidade Baixa, em Salvador. Lá era um internato, onde eu aprendi a ser desde alfaiate, até sapateiro e tipógrafo. Eu era linotipista, encadernador de livros, mas não deixava de jogar uma bolinha sempre que podia. Na verdade eu me vesti de todas as oportunidades que se punham à minha frente. Aprendi tudo que pude, mas, por mais incrível que pareça, quando saí — porque ao atingir a idade de 16 anos os alunos tinham que sair — não exerci imediatamente nenhuma das profissões. Passei num concurso na Western, empresa de telegrafia, e fui admitido como entregador de telegramas, com uniforme, bicicleta e tudo.

Com o salário entrei num colégio particular, o Ipiranga, onde fui colega de uma menina chamada Maria Creuza, hoje uma esplêndida cantora, e, por curiosidade, comecei a frequentar um grupo que fazia teatro nas periferias, nas comunidades dos alagados. Quando eu voltava do trabalho para casa, passava pela porta do clube Fantoche de Euterpe, um dos clubes mais racistas da Bahia. Da calçada eu via um pessoal ensaiando uma peça, até o Geraldo del Rey, que eu conhecia de vista, estava lá. Eu ficava louco para entrar, mas como? Aí me veio uma ideia: estava perto do Carnaval e eu me apresentei para empurrar carro alegórico. Aceitaram. Eu ficava de longe espiando a turma e sonhando um dia estar entre eles. Chegou o dia do desfile e lá estava eu, empurrando o carro alegórico. Achando que estava agradando, depois de terminado o desfile, fui dançar no baile, que estava animadíssimo. Foi quando veio, discretamente, um diretor do clube e me convidou a sair. Então, eu disse para mim: "Vou entrar nesse clube". Tomei coragem e fui falar com o Walter Webb, que era um dos diretores do grupo, do qual faziam parte João Augusto, Othon Bastos, Helena Inês, além do já citado Geraldo del Rey. Estava correndo a notícia que tinha um diretor chegado da Itália que estava fazendo testes para um filme. Falei com o Walter, que me disse que conhecia o diretor, e ele me levou. O teste era para o papel de um personagem chamado Pitanga. O diretor era o Trigueirinho Neto, que tinha chegado da Itália, onde havia ganhado um prêmio na Cinecittá, e ia rodar *Bahia de todos os santos*. Quando eu disse que queria fazer o teste para o tal de Pitanga, ele a muito custo conteve o riso.

— O Pitanga que eu estou procurando é um nego de 1,90 metro, você é muito baixo, raquítico, eu quero um armário — disse ele.

Aí travou-se um diálogo meio esquisito:

— Você quer deixar eu fazer o teste?

— Você não é o tipo que eu estou procurando.

— Mas pelo menos posso fazer esse teste?

Fiz, e o Trigueirinho bateu o martelo.

— O Pitanga é teu!

Foi o filme mais revolucionário da época. Entrei num elenco de nomes consagrados como Antonio Victor e Lola Brah, que foram de São Paulo para as filmagens. Ganhei o papel na marra, na insistência, não desisti. Então, entrei numa nata, num elenco profissional sem nunca ter feito nada profissional. Essa, eu acho, é a importância de enxergar o atalho, quer dizer, a cultura me possibilitaria meu primeiro passaporte de cidadão, minha senha para a dignidade, a autoestima, a chance de ver meu nome por inteiro: Antonio Luiz Sampaio. Eu acho que essa foi a sinalização, através de uma profissão com a qual me identificava. No trabalho, a cada cena, ia sendo esculpido mais que uma personagem, nascia um ser humano. Fui rebatizado Pitanga.

O filme foi execrado, destruído pela crítica, só o Glauber Rocha entendeu que o Trigueirinho estava à frente do nosso tempo, sempre reconheceu nele um precursor do Cinema Novo. Era um filme sobre liderança sindical, um filme político, que falava em greve e desafiava o poder constituído. Aquele foi o primeiro e único longa-metragem dele, que hoje vive em Minas Gerais, é um guru respeitadíssimo que recebe gente do mundo todo.

Foi mágico como eu entrei nesse processo. Por necessidade vital de ser um homem, de ser alguém de bem. O instrumento da cultura, da arte, foi para mim a arma fundamental para minha postura, minha informação, meu conhecimento político, social, racial.

Anos mais tarde eu incluí oficialmente Pitanga no meu nome e, depois, no dos meus filhos Camila e Rocco. Eu vim no corpo dessa construção do chamado Cinema Novo liderado pelo Glauber, e no meio de tantos saberes eu era o povo, porque eles, os produtores e diretores, eram os senhores do saber, da elite. Eu era o Pitanga que interpretava o povo, seja em *Grande feira*, do Roberto Pires, fazendo o Chico Diabo; em *Tocaia no asfalto*, também do Roberto; em *Sol sobre a lama*, do Alex Viany; em *O pagador de promessas*, do Anselmo Duarte. Naquele momento o povo estava sendo redescoberto pelo cinema e pelo teatro. Em São Paulo era o Teatro Oficina, o Teatro de Arena, com Augusto Boal e Milton Gonçalves, o Centro de Cultura Popular (CCP) da UNE. Era o Brasil se descolando da colonização europeia e americana, voltando-se para seus fundamentos, seu povo, sua herança. Vianinha, Paulo Pontes, Ferreira Gullar, Antonio Carlos Fontoura, Carlinhos Lyra, Joaquim Pedro, Arnaldo Jabor, Cacá, Joel Rufino, Eduardo Coutinho, era uma coleção de pessoas ligadas umbilicalmente à cultura, na ânsia de estabelecer uma nova linguagem brasileira, um novo espírito brasileiro, uma nova alma brasileira, que estava ali, adormecida, esperando ser convidada para entrar.

Os escritores vão tendo suas obras adaptadas para o cinema e teatro, como foi o caso de Dias Gomes, Guimarães Rosa, Jorge Amado, Graciliano Ramos. A grande sacação do cinema é que a muleta foi exatamente a literatura. O Cinema Novo nasceu autêntico, mas ele precisava de um corpo para descer, baixar nele um orixá, uma entidade com todo o contorno glauberiano.

Minha passagem para o Rio se deu exatamente como resultado do acúmulo de filmes feitos na Bahia. Isso chamou a atenção dos cineastas de outros lugares. O Cacá, que era muito amigo do Glauber, queria fazer o seu primeiro longa, depois de ter feito um dos episódios do maravilhoso *Cinco vezes favela*, com Leon Hirszman, Joaquim Pedro, Marcos Farias e Miguel Borges. O tema era uma história sobre a saga negra do Ganga Zumba, que antecedeu Zumbi, e ele perguntou ao Glauber se devia me chamar. E aí o Glauber, com aquele jeito dele, foi dizendo: "Eu não sou dono do Pitanga, ele está na Bahia. Liga pra ele." Cacá ligou, e eu vim.

Fui morar na casa da Luisa Maranhão, na Penha, para onde voltava depois das filmagens, que eram em Campos. Quando o filme terminou eu disse ao Cacá que queria ficar mais um pouco no Rio, e ele foi rápido: "Fica lá em casa". Fui recebido como um filho pelo professor Manuel Diegues Junior e sua mulher dona Zaira, e passei a dormir no quarto do Cacá e do irmão, Cláudio. Não demorou muito o Sérgio Ricardo me chamou para trabalhar no *Esse mundo é meu*, que ele estava prestes a iniciar, e eu acertei um salário e hospedagem na casa dele. Aí, claro, eu fui conhecendo o pessoal do meio, atores, atrizes, câmeras, diretores e por aí afora. Na Bahia, quando eu entrei para o clã do cinema, não perdia um encontro dominical no cineclube liderado pelo crítico Walter da Silveira, e lá a gente via e discutia Alain Resnais, Fellini, De Sicca, tudo que era da *nouvelle vague*. Quer dizer, eu estava por dentro quando cheguei no Rio, e não fiz feio.

Eu acho que o Pitanga deu certo, porque fazia a mais bela lua cheia de todas as épocas, onde tudo estava florescendo, estava nascendo, brotando. É na lua cheia que essas coisas brotam. Você vem de um quarto crescente e vomita na barriga da razão as ideias. É quando o homem fica mais criativo, a mulher fica fértil e os homens, férteis de ideias. Para mim isso tudo foi muito favorável. Essa nave que eu peguei foi maravilhosa, foi uma viagem sem precisar tomar LSD, sem tomar nada, era a grande viagem, viagem do prazer e do ser, e do querer ser. Diferente deles, do Glauber, do Vinicius, do Carlos Lyra ou do Cacá, eu tinha uma necessidade muito grande de amarrar todas as amarras para estar pronto e para me apresentar para a sociedade, para a população, minhas ideias, da maneira que eu pensava a questão racial.

Sempre tive um comportamento rasgado, crítico da nossa situação. Eu venho da Bahia. Cansei de ouvir gente dizendo: "Nos Estados Unidos é diferente. Vocês nasceram num país que não sofreu o mesmo processo de lá." Mentira. Eu venho de um estado onde nós somos 90% da população. É o maior estado negro do Brasil, e é o estado mais racista. Na minha época de garoto, aos 12, 15 anos, a gente sentava no fundo do ônibus. Não era em qualquer salão que podia cortar o cabelo. Na condução, se tivesse branco em pé, a gente tinha que se levantar, e não era porque fosse uma senhora, o que seria natural, mas valia para os homens também. Por isso não sou um ator isolado no meu mundo, no meu desejo, eu sou um ator. Eu sempre quis pontuar o contexto, daí o Rio de Janeiro ter sido para mim um livro, uma fonte de sabedoria, de formação, de informação.

Vivi intensamente a agitação cultural e política que antecedeu o golpe de 1964. No dia mesmo da tomada do poder pelos militares, houve a invasão e o bombardeio do prédio da UNE, na Praia do Flamengo, e eu estava lá num grupo que não acreditava no que estava vendo. Haroldo de Oliveira foi baleado e o Milton Gonçalves foi quem conseguiu levá-lo para o hospital Miguel Couto. Os dias seguintes foram terríveis, estávamos todos meio perdidos. Eu estava sem grana e sem ter para onde ir, a minha sorte foi que, por acaso, encontrei o embaixador Mário Dias Costa, que passava de carro pela avenida Atlântica e quando me viu disse: "Acabo de chegar de Berlim, o filme *Barravento* foi o maior sucesso e só se fala em você. Vai ter um festival em Beirute, você quer ir? E desta vez tem ajuda de custo." Esse aviso foi porque um ano antes ele tinha me convidado para ir a um festival em Nova York e não tinha ajuda de custo. Eu recusei. Disse a ele que não me interessava ir a Nova York para ir do hotel para o cinema, do cinema para o hotel. Agora ele me dava a senha que me salvava, e eu estava doido para sair do país.

Só que o festival era em outubro, e nós estávamos em abril. Eu disse para o embaixador: "Eu vou, mas tem que ser agora." "Mas como? Falta muito", ele disse. "Então me manda para qualquer lugar", respondi. Ele me mandou ao Itamaraty para falar com o secretário Arnaldo Carrilho, que atendeu logo, e no dia 16 de abril eu saía do Brasil, pela porta da frente, carregando três filmes: *Barravento*, do Glauber; *Ganga Zumba*, do Cacá, e *Esse mundo é meu*, do Sérgio Ricardo. Fizemos um roteiro e eu parti para Lisboa, Roma, Paris, onde vivi algum tempo, e tudo oficialmente com 38 dólares, porque a grana firme só receberia em Roma. O amigo Nelson Pereira dos Santos foi meu avalista no Banco Nacional para eu pegar um dinheiro, fazer dois ternos e segurar algum para as despesas.

Na África deu-se o grande choque. Fui a Lagos, Accra, capital de Gana, e depois ao Daomé. Eu tinha a sensação de que me encontraria, a qualquer momento, num mercado, numa feira, numa esquina. Era uma necessidade imperiosa, eu queria saber de onde tinha vindo. No Brasil, toda busca brecava no fato de Rui Barbosa ter mandado queimar os documentos relativos ao tráfico. E eu descobri que a minha família veio do Daomé, pela altura, a comida, o tempero, o azeite, a pimenta, o berimbau que toca com a boca e a língua iorubá, que é dos terreiros dos candomblés da Bahia. Não tive mais dúvida.

Na Nigéria eu tive problemas com o embaixador Meira Pena, que era racista e dizia que não entendia como o Itamaraty tinha me dado a verba de 1.500 dólares. Ele tinha que me dar 500. O homem foi de uma má vontade inacreditável. A minha sorte foi que o Ademar Ferreira da Silva ainda estava lá como adido cultural, apesar da demissão do embaixador Raimundo Souza Dantas depois do golpe, e me deu uma ajuda total.

Estive também no Senegal, onde reencontrei Nanete Senghor, sobrinha do grande Léopold Sedar Senghor, que eu tinha conhecido na Bahia, e onde rolou um flertezinho com ela. Quando eu cheguei lá foi mordomia total, ela botou uma Ferrari à minha disposição e fomos a tudo quanto foi lugar. Uma beleza! Quando cheguei a Beirute estava revigorado pela temporada africana.

De volta ao Brasil, fui levando o barco como todo mundo. Às duras penas. Todo mundo sabe que foram anos terríveis para a criação artística e comigo não tinha por que ser diferente. Não sou artista de ficar de braços cruzados, esperando que a emissora A ou B se lembre de me chamar, eu sempre fui à luta e com dois filhos para criar.

Conheci Benedita da Silva por sugestão do Martinho da Vila e da Leci Brandão, que diziam que eu tinha que ajudá-la na campanha para deputada federal. Liguei para ela, me apresentei e fui conhecê-la no morro Chapéu Mangueira. Juntei todos os amigos que estavam disponíveis e gravamos umas chamadas de 25 segundos para a propaganda eleitoral. E ela ganhou. Quando teve eleição para a Câmara Municipal eu decidi concorrer a vereador, contrariando todos os meus amigos, que diziam: "Sai dessa, Pitanga! Você é ator, não se mete nisso." Mas eu precisava e queria uma tribuna. Até a própria Benedita a princípio foi contra, depois cedeu e eu fui eleito. Fui vereador durante oito anos, depois secretário de Ação Social, Esporte e Lazer. Levei para esses postos todo o aprendizado e a experiência que a universidade da vida me ensinou.

Meu casamento com a Benedita aconteceu com naturalidade e sem forçar a barra. Eu acho que figuras do quilate da Benedita, mulheres que têm liderança, são sempre uma referência muito forte, e é o que ela é para mim. Nós, lutadores negros, temos um certo acanhamento, distanciamento que não nos permite nos aproximar, em suma, testar a química. A nossa é uma belíssima história. E a sorte é que a química funcionou. Eu não estaria com ela se não fosse por amor. E a recíproca é verdadeira. Ela me emociona com sua autoestima contagiante, é o que nos permite ser uma fonte, onde mergulhamos sem perder a individualidade. Eu a respeito.

Eu hoje não quero ser mais político, chega! Temos um político em casa: Benedita da Silva, minha mulher.

Deusdeth Gomes do Nascimento

Cirurgião-ortopedista

> "... de vez em quando, um paciente de primeira vez se assusta quando me vê..."

Nasci num pequeno distrito de São Jorge, parte do município de Coaraci, na Bahia. A vida era calma, passava sem pressa, e nossa família era conduzida com firmeza, mas muita ternura, pelo meu pai João Batista e minha mãe Maria. Como gostava muito de estudar, depois que terminei o ginásio meu pai deu um jeito de conseguir uma pequena pensão em Ilhéus, para que eu pudesse me matricular no Instituto Municipal.

O afastamento da família não foi nada fácil, se bem que no fim de semana eu voltava para Coaraci, mas mesmo assim demorei a me acostumar. Para passar o tempo eu ajudava alguns colegas em algumas matérias, e com isso meu ciclo de amizades ia aumentando. Foi assim que eu fiquei amigo de um dos filhos do fazendeiro Afonso Alves da Silva, homem de muitas posses e conhecido na cidade inteira. Comecei a frequentar, a convite, a fazenda, que era enorme, de se perder de vista. Aos poucos fui tendo uma aproximação maior com seu Afonso, que passou a ser também um amigo. Batíamos longos papos e ele sempre se dizia grato a mim, por ter estimulado o filho dele a estudar, porque até então ele era "meio vagabundo" — palavras dele.

Passei a morar na fazenda, o que foi ótimo, porque aliviava a despesa que papai tinha com o aluguel da pensão. Graças ao seu Afonso pude ir para Salvador fazer o vestibular para medicina, que era o meu sonho e a minha meta. Ele pagou a passagem e ainda me deu uma quantia para as primeiras necessidades. Passei para a faculdade de medicina da Universidade Católica, onde encontrei alguns amigos de Ilhéus, e fui morar numa república que era mantida por um senhor chamado Bilton, funcionário aposentado do Banco Central, que gostava de ajudar a estudantada.

No segundo ano da faculdade passei a auxiliar em algumas cirurgias o dr. José Américo de Rezende, médico de grande reputação no hospital Manoel Vitorino, que era da rede do INPS. Outros médicos começaram a ver que eu tinha jeito para a coisa, tinha habilidade, e me convidaram para ser ajudante deles. De repente, a minha atividade passou a ser tão intensa que eu morava — escondido, claro — no próprio hospital. Tinha uma senhora negra, funcionária, que me facilitava as refeições e para mim foi sopa no mel, não podia ser melhor. Mas a boa vida não durou muito. Houve um acidente envolvendo uma viatura do hospital e uma jovem estagiária, que motivou uma ação da mãe dela contra o hospital. Por causa disso o diretor, professor Nilton Bastos, proibiu que qualquer estudante dormisse no hospital. Ele me chamou pessoalmente e disse que sabia que eu estava como que clandestino e que eu não podia ficar. Minha sorte é que os professores e médicos que eu ajudava intercederam a meu favor e aí a minha moradia foi oficializada.

No último ano da faculdade eu decidi fazer um estágio no hospital Getúlio Vargas, na especialidade que eu tinha decidido: ortopedia. Fiquei 15 dias de plantão contínuo para aprender a engessar e me enfronhar nos procedimentos para enfrentar qualquer emergência. À primeira vista pode parecer um exagero, mas não foi, não. Eu precisava buscar as informações indispensáveis para me habilitar ao profundo conhecimento deste ramo tão especial da medicina. E tinha consciência de que só a determinação, o empenho, a capacitação inequívoca poderiam ser meus aliados para a construção do meu futuro profissional.

Tenho que reconhecer que no meu caminho sempre apareceram pessoas vitais para o meu crescimento, foi sempre assim. Em um congresso de ortopedia realizado em Salvador, conheci o dr. Nova Monteiro, uma das figuras estelares em nosso campo, referência unânime, e pedi para fazer um estágio com ele. Efetivamente, em agosto de 1973 eu entrei no hospital Miguel Couto para me aperfeiçoar em ortopedia e traumatologia. Que experiência!

Quando terminei, voltei a Salvador para concluir o curso e receber meu diploma. De retorno ao Rio, fiz especialização em medicina do trabalho na UERJ e medicina esportiva na UFRJ, com o devido mestrado. Minha fixação foi sempre aprender tudo o que eu podia, onde fosse necessário, mas sempre de olhos voltados para a minha Bahia. Meu objetivo era ser útil ao meu povo.

Ao chegar em Salvador, nesta fase, fui trabalhar no Hospital Geral do Exército, e na condição de aspirante-médico, porque eu não tinha servido e precisava compensar isso. Fui em frente, me entusiasmei com a carreira e resolvi fazer concurso para oficial-médico. Passei e, mais uma vez, voltei ao Rio, para estudar na Escola de Saúde do Exército, onde fiquei um ano e da qual saí como primeiro tenente-médico. Estava todo animado para voltar para a Bahia, quando soube que não havia vaga. Só tinha lugar numa cidade chamada Cucuí, na fronteira tríplice Brasil, Venezuela e Colômbia, às margens do Rio Negro, em plena Amazônia: era o IV PELFRON (Pelotão da Fronteira). Tentei reverter a situação procurando um lugar em Manaus, que passaria a ser a base de onde eu sairia para atender em qualquer ponto da região. Procurei fazer contato com o general Jansen, que era o comandante do Comando Militar da Amazônia (CMA), a fim de ver se eu conseguia o que estava pretendendo.

Consegui o número do telefone dele e liguei. Atendeu a esposa dele, que me disse que ele estava em Brasília e só voltaria dois dias depois. Parecia ter passado duas semanas pela espera que foi, mas no dia, na hora que ela disse para ligar, eu liguei. Apresentei-me ao general e ele apressou-se a dizer logo que estava de férias. Eu insisti, delicadamente, mas ele cortou dizendo: "Me procura em Manaus." Preferi acreditar na melhor hipótese: se ele mandou procurar é porque vai atender o meu pedido. Segui para Manaus, como estava previsto, e logo que cheguei fui procurar o general Jansen no quartel-general. Tomei um rápido chá de cadeira, mas ele me atendeu, se bem que eu tive que usar com o sargento da recepção, o ardil de dizer que trazia um recado da esposa dele. Ele ouviu com toda a atenção e me perguntou: "O senhor gosta do Exército brasileiro?" "Sem nenhuma dúvida", respondi, "devo muito ao nosso Exército." Aí ele concluiu: "Pois então. Nós precisamos de homens como o senhor nas mais distantes fronteiras do país. O senhor será de grande utilidade em Cucuí." E lá fui eu.

Foram 19 meses num lugar ermo, inóspito, distante quilômetros do que remotamente poderíamos chamar de civilização. Os habitantes do local eram desprovidos de tudo, não tinham as mais básicas noções de higiene, não sabiam direito o que era ter e o que era não ter saúde. Foi um desafio, mas tenho certeza que valeu a pena.

Fiz mais de cem cirurgias neste período. Eu era tudo, padre, magistrado, educador, animador de festejos. No galpão que havia no acampamento, montei várias cenas teatrais para ensinar aos moradores as coisas de que eles careciam saber, e era quase tudo. Falando sério, eu me sentia um pouco o padre Anchieta. Para ir a Manaus só havia duas maneiras: dez dias de barco ou de avião, que só vinha uma vez por mês para trazer mantimentos, remédios e provisões.

Fora o aprendizado, a experiência incrível e o cabedal de conhecimentos adquiridos, a vantagem de servir em Cucuí é que, uma vez sobrevivendo, se podia escolher para onde ir. Eu quis voltar para a Bahia, para onde a viagem não foi fácil. Primeiro fui até Tefé, num trajeto acidentado, e de lá, finalmente, para Salvador, onde fui trabalhar no Hospital Geral do Exército.

Uma noite, no meu plantão, chegou na emergência um soldado baleado na barriga. Vi logo que não tinha possibilidade de cirurgia, por falta de condições. Não pensei duas vezes: chamei o chofer do comandante, levei o soldado para o hospital Getulio Vargas e fiz a operação. Na volta recebi voz de prisão por ter usado o carro do comandante como ambulância. Mas quando ele soube das circunstâncias e do motivo, mandou relaxar a prisão e fez publicar um elogio no boletim.

Meses depois entrei com a solicitação para fazer um curso de especialização em Paris. Tive a autorização publicada no *Diário Oficial*, mas com a seguinte reserva: sem ônus para o Exército brasileiro. Vendi tudo o que eu tinha e viajei. Chegando lá fui procurar o adido militar, certo de que teria uma acolhida, nem que fosse temporária, mas não havia nenhum cantinho disponível. Por indicação, fui até a *Maison du Brésil*, que ficava na Cidade Universitária. Dividi um quarto com um amigo que encontrei lá, e tudo ia muito bem até que eu fui a uma cerimônia militar na embaixada, porque na volta o pessoal me viu fardado. Era o tempo da revolução, tinha muito exilado e aí acharam que eu poderia ser dedo-duro. Longe de mim tal ideia. Mas era mais prudente conseguir outro pouso.

Fiquei um ano e meio em Paris, saindo de um sufoco para outro, mas prosseguindo no meu curso. Um coronel chamado José Gobo me deu uma ajuda fundamental, conseguiu um empréstimo na filial parisiense do Banco do Brasil, no total de 5 mil dólares, porque ele achava que, renovando o pedido e provando que eu estava fazendo o curso, o Exército concederia uma bolsa. Mas a bolsa não foi aprovada, e eu fiquei com o débito, que quitei quando voltei. Mas vim com diploma da Université Pierre et Marie Curie.

A surpresa foi a minha promoção para capitão, ao mesmo tempo em que fui trabalhar no Hospital Central do Exército, no Rio de Janeiro. Fiz uma operação difícil num paciente, amigo do general Walter Pires, então ministro da Guerra, de quem me tornei grande amigo. O objetivo de chegar e ficar na Bahia ainda estava latente, e vi que só havia um jeito: pedir baixa do Exército e ir para a vida civil. Pedi, mas não deram. O próprio ministro disse que a instituição não podia prescindir de um profissional como eu. Elogioso, mas frustrante.

Seis meses depois, veio um emissário de Brasília para saber se eu queria realmente dar baixa. Confirmei. Não demorou muito e veio a autorização, que, ao mesmo tempo, me nomeava consultor do Exército em coluna vertebral. Durante dois anos, toda sexta-feira, eu ia operar no HCE. Não me desvinculei totalmente porque as sementes que foram plantadas em Cucuí germinaram e, hoje, existe o Projeto Suporte do Ministério da Saúde para o Norte e Nordeste.

Como é hábito se dizer hoje, parti para a carreira solo. Estabeleci meu consultório e minha clínica, o Centro da Coluna Vertebral. Claro que, de vez em quando, um paciente de primeira vez se assusta quando me vê ou então me pergunta pelo doutor Deusdeth. Mas isso não me ofende nem me preocupa. O que conta para mim é que ele saia satisfeito com o atendimento recebido.

Em 1984 entrei como cirurgião para a Associação Brasileira Beneficente de Reabilitação (ABBR), com o desejo de contribuir para minorar os problemas dos deficientes físicos e das pessoas carentes. Tenho em mim essa necessidade de colocar à disposição os meus conhecimentos e com isso exercer a minha cidadania. Por isso senti como um dever cívico o atendimento ao convite do dr. Oswaldo Aranha Filho, no final de 1999, para que eu assumisse a presidência do conselho administrativo da casa. E lá continuo até hoje, na luta para a manutenção e o desenvolvimento desta instituição que é um orgulho para o Rio de Janeiro e para o Brasil. Uma casa que transforma vidas e me dá oportunidade de agradecer a Deus pelo que Ele me tem dado.

E não deixando de ter em mente que "sempre conseguimos ir além daquilo que, em princípio, julgamos ser o limite".

Júlio Tavares

Antropólogo

"O que é que esse neguinho aí vai dizer?"

Minha mãe e meu pai nunca foram à escola, mas tinham uma formação exemplar. Ela era uma mulher de caráter, de decisão, e ele foi sempre um autodidata, uma pessoa de percepção intelectual muito forte, que aos 15 anos de idade lia Shakespeare, Thomas Mann e diversos clássicos. Alfabetizou os três filhos. Ela era a grande gerente da casa, ele o estrategista. Claudino Tavares e Jovelina de Souza Tavares tinham uma história até parecida. Meu pai, fruto da intervenção de um índio em uma família de brancos, tinha o apelido de Nego, por ser o mais escuro da família. Ela vinha de uma família de negros da Paraíba do Sul e era a única mulata. Ambos se conheceram no ambiente aristocrático da casa onde trabalhavam, que era do presidente do Moinho Fluminense — ela copeira, ele motorista.

No início eu queria ser engenheiro do Exército, mas no meio do caminho desisti — embora tenha feito o Centro Preparatório dos Oficiais da Reserva (CPOR), sou segundo-tenente — e ingressei no campo das ciências sociais. Foi a minha opção, num caminho contrário ao dos outros irmãos, que preferiram uma formação mais técnica. Eu e um outro primo fomos os únicos a tomar o caminho das humanidades. Fiz o curso de história na Universidade Federal Fluminense, em 1972, e ali se abriu um novo mundo para mim, um mundo que já havia sido aberto aos 16 anos, quando entrei para o teatro.

O teatro foi a primeira grande revelação do que é uma experiência de vida libertária. Essa decisão aos vinte anos, depois do CPOR, optando pela história, foi um pouco o resultado da minha experiência com o mundo, vivenciada no campo das artes cênicas. O nosso grupo de teatro, formado por alunos do colégio Clóvis Monteiro, em Olaria, era dirigido pelo Perfeito Fortuna e congregava jovens com uma mentalidade crítica em relação à sociedade e ao mundo em que vivíamos. Eram os anos 1960, todos morávamos nos subúrbios da Leopoldina e tínhamos o apoio dos padres da região, tanto que muitas vezes os espetáculos eram apresentados nas igrejas.

Ali eu comecei a me politizar. Foi uma quebra daquela blindagem, daquela muralha, daquele constrangimento que a gente tem como negro. Éramos um grupo suburbano, de pessoas predominantemente brancas, alguns mestiços, mas preto mesmo só tinha eu e mais uns dois. A gente se desinibia muito, foi uma experiência de exposição muito grande, não só porque me deu uma capacidade de desenvolvimento da minha oratória — eu já possuía uma facilidade comunicativa muito grande —, como também porque desarmou as inibições que os constrangimentos sociais nos colocam. Além da cor da pele, o formato do nariz, os lábios, tudo isso por que você se vê diferente, no meu caso pessoal tinha mais um agravante: por causa das dificuldades financeiras saímos de Ramos e fomos morar numa favela em Manguinhos. Meu pai se aposentou por invalidez com 70% do salário mínimo e não tinha outra solução senão aquela. Foi um período muito difícil, e o teatro ajudou a reconstruir a minha autoestima, a de um adolescente que estava meio perdido, entre a decepção política de 1964 e a realidade social para a qual havia sido empurrado.

Com isso veio também uma consciência muito grande da questão racial, que começou a nascer diante da minha contemplação do movimento pelos direitos civis nos Estados Unidos. Angela Davis, de quem eu tinha um retrato emoldurado no meu quarto, os Panteras Negras, Martin Luther King Jr., esses eram os meus ídolos, onde eu encontrava minha identidade.

Aí eu percebi também duas coisas: o constrangimento racial e o social coexistem e isso nos dá uma sobrecarga. Acho que o negro que mora na favela vive um duplo dilema, o do racismo e o da exclusão social. Existe esse tipo de ressentimento da pobreza, que não pode se apartar da questão racial, ao contrário, deve se somar. Um negro de classe média conhece muito bem as questões críticas políticas, intelectuais, com relação ao racismo, vive e tem uma postura crítica, mas não vive uma outra forma de exclusão, que eu conheci muito bem, a discriminação social. As duas coexistem e criam um elevado grau de estresse emocional, uma ferida psíquica muito maior no negro que mora na favela. Eu ia para as festas com os meus amigos e fingia que morava num outro lugar. Sempre gostei da farra, da brincadeira, e fingia que morava num outro lugar, mas nunca deixei de ser focado também nos estudos. Meus pais diziam que era a única coisa que eu poderia ter e que nunca ninguém iria me tirar, o estudo, que eu me apegasse a isso porque seria a única arma para me tirar da favela. E sair da favela era o meu projeto. Todos os jovens, meus contemporâneos, muitos que até sucumbiram à vida bandida, usavam do mesmo artifício, aquele negócio de bairro sem CEP, a gente tinha que usar o do bairro ao lado.

Assim foi até entrar na universidade no curso de história. Eu diria que foi até uma tripla clandestinidade, uma tripla vida, porque quando eu entrei na universidade me filiei ao Partido Comunista Brasileiro Revolucionário (PCBR). Toda aquela indignação, mais a consciência política e uma radical perspectiva em engajar minha vida na luta pela democracia, levou-me ao vínculo com a guerrilha. Talvez eu seja um dos poucos dentro do movimento negro que teve relação direta com a guerrilha.

Eu participei ativamente da reconstrução do PCBR, isso depois de, no período secundário, ter sido simpatizante da Aliança Libertadora Nacional (ALN) e da Val-Palmares. Depois me desliguei e me filiei à Quarta Internacional e ajudei na formação da Liga Operária, que era um grupo de militantes que organizaram a montagem do primeiro grupo trotskista vinculado à Internacional. O desdobramento foi a criação do Partido Socialista dos Trabalhadores (PST) e, pouco depois, da Conversão Socialista.

Por dez anos, de 1969 a 1979, fiquei completamente devotado à causa de uma revolução democrática, que aconteceu, mas de um modo que me deixou com a pulga atrás da orelha. Achei que o caminho já não era aquele que eu pensava que tivéssemos de seguir e me desliguei de tudo em 1980. Entrei na nova década independente, ainda militante radical, e me engajei no movimento negro, do qual fui também um dos organizadores. De certa maneira eu ainda estava ligado ao grupo trotskista, que, diga-se de passagem, foi o único grupo de esquerda brasileiro que reconheceu a importância do crescimento e a massificação do movimento negro. O próprio Trotski foi o único militante da Internacional Socialista que, depois da Revolução de Outubro, reconheceu a luta dos negros nos Estados Unidos e no mundo inteiro. Reconheceu o Pan-africanismo e escreveu sobre a autonomia da luta do povo negro. Isso é histórico.

Com Hamilton Cardoso, de São Paulo, comecei a organizar o que nós chamávamos de Tendência Negra Socialista, dentro da Convergência Socialista. Tinha um pouco da clandestinidade da favela, que somava à clandestinidade política e à identidade pública de professor — já que nesta época eu já era professor de segundo grau, de cursinho pré-vestibular, agitador, militante, engajado nessa questão dupla — a luta pelas liberdades democráticas, naquele momento de forma pioneira, sem modéstia, por que não dizer corajosa? Uma luta antirracial corajosa, porque eu era um dos poucos professores que falavam em sala nas aulas de história, a história do racismo no Brasil. Disso qualquer ex-aluno meu se lembra. Eu tive mais de 10 mil alunos em cursinho pré-vestibular, no Miguel Couto, no ADN, no MV-1 e, em especial, no GPI, onde fui coordenador, escrevi livros de história.

Aquele foi também o momento em que eu, através de um olhar crítico, procurava levar o aluno a se conscientizar da questão da democracia, incluindo nela não só a luta de classes, mas também a questão racial. Então tive um papel importante no magistério, tive a coragem de revelar desde Palmares às lutas negras. Hoje isso é muito comum, mas estou falando de trinta anos atrás.

Eu era moleque, comecei a dar aula com 17 anos de idade, na favela, alfabetizando. Hoje são quase quarenta anos no trabalho de educação. Dali eu fui convidado a dar aula na universidade, ao lado do grande papa da história do Brasil, outro privilégio meu, que foi Manuel Maurício de Albuquerque, o grande professor nesta matéria e também de história da diplomacia brasileira no Itamaraty. Foi cassado pela ditadura em 1968.

Agora, veja só a ironia, eu saía da favela para dar aula para alunos de Copacabana e Ipanema.

Simultaneamente passei a compreender que a manifestação típica do racismo no Brasil, não se dá verbalmente. Ela está no olhar de desdém, nas expressões faciais típicas de dúvida em relação à capacidade profissional. "Não estou reconhecendo esse cara como professor", "O que é que esse neguinho vai falar aqui?" — essas frases eu lia na cara das pessoas. Isso eu sentia o tempo todo. O olhar de soslaio, enviesado, diagonal, quase fingindo que não te vê. Eu entrava na sala de aula com trezentos alunos, pegava o microfone, enfrentava os olhares e ia em frente. Minha passagem pelo teatro foi fundamental naquele momento, eu impostava a voz e me fazia respeitar. Claro que as pernas tremiam antes de eu entrar na sala. Era uma coisa muito difícil, mas eu tinha que ter uma força muito grande. Eu rezava, era um cara que tinha uma fé muito grande, acendia vela e tudo. Tive minha fase materialista, mas minha mãe nunca descuidou de mim, fazia todos os preceitos, minha preta velha. Acho que essas coisas todas ajudavam muito, sempre tive essa conexão metafísica para ajudar.

A minha compleição física não é a do negro típico brasileiro, eu sou mais para mulato. Naqueles anos 1970, é preciso lembrar, raramente um mulato se assumia como negro. Ele preferia se dizer moreno. Eu teria todas as condições para passar próximo e nunca atravessar a negritude, mas eu atravessava. Por isso chamava atenção profundamente quando eu tinha que discutir com um aluno em sala afirmando que eu era negro. Não era a regra geral. Hoje é diferente, está aí uma estatística do IBGE afirmando que há um crescimento cada vez maior da população negra. Na hora da autodeterminação, quando os pesquisadores perguntam sobre a cor, aumentou o número daqueles que se intitulam negros. Aumentou muito porque muitos que se diziam mulatos ou pardos, hoje se assumem negros, mas há trinta anos eu asseguro, eram raros. Briguei com muitos.

Isso eu fazia dentro da sala, para mim um lugar laboratorial, e não só nos anos 1970 que foram importantes para minha construção como ser humano. Eu construí meu ser humano diante da diferença com o outro, no *tête-à-tête* com o outro, como foi nos tempos do teatro. Nos anos 1980, a sala de aula se tornou lugar de exercício de pensamento, até se transformar, nos anos 1990, e, atualmente, tornar-se um laboratório de pesquisa. Eu antes de escrever tenho que dar uma aula sobre o tema. Primeiro eu tenho que falar sobre ele, pois é a fala que puxa o pensamento, que depois se transforma em texto. A fala para mim, como diria Maurice Merleau-Ponty, que é um dos principais pensadores, não é simplesmente um exercício de oratória e de retórica e tampouco de memória, é muito mais que isso, ela é um exercício do pensamento. É a nossa herança de *griot*.

Dirigi meu doutorado nesse sentido, e percebi por que a fala tem um lugar muito importante na minha história intelectual. A fala é, para mim, o lugar da produção do pensamento. O meu pensamento não aparece primeiro no texto. O texto já é o desenrolar, mas o desenovelamento começa na retórica, na argumentação, e a sala de aula é o meu laboratório para a argumentação, é onde as minhas ideias começam a fluir e eu vou desenrolando. É muito, digamos, intuitivo esse processo.

Se nos anos 1980 foram as discussões sobre a arte do corpo, corporeidade não verbal, nos anos 1990 eu dei uma guinada, me aprofundei nos estudos do reflexo disso no cérebro, na mente, tentei acabar um pouco com essa visão dicotômica entre corpo e mente. Eu queria ver como era a mente do afro-brasileiro, como era a coisa do corpo do negro, que era muito falado, ver, afinal como isso refletia na mente do negro. Essas questões me levaram para o doutorado de antropologia nos Estados Unidos e teve outra investida, que foi na globalização do meu trabalho. Consegui fazer conferências, palestras, abrir um caminho de reflexão próprio e, de certa maneira, original. Nos Estados Unidos adquiri a visão do que é ser um pensador, um intelectual, um professor universitário. Você tem que ser o gerente do seu projeto intelectual, entender seu pensamento como um negócio. Qual é o seu negócio? Meu negócio é o meu pensamento, então transforma teu pensamento em meio de vida. Como é que você faz marketing dele? Como é que você faz a divulgação, a disseminação? Como você multiplica os produtos, como desdobra os novos produtos? Isto é, a visão de como pensar por você, porque ninguém vai fazer isso.

Aqui nós temos o problema da redução da importância, na sua própria e no que você faz. É impressionante, e só quem vive a situação sabe, como há um esforço para não se levar em conta o que você representa como profissional. Por isso que todos nós professores negros na universidade somos muito bons, somos excelentes, porque o esforço que a gente faz para traduzir o pensamento é muito maior do que o dos professores brancos que estão lá. A elite branca não precisa fazer tanto. O racismo está aí. Aquele desdém do aluno na sala de aula você supera com o exercício de sua autoridade, mas na atividade acadêmica você tem que convencer seus pares da sua relevância.

FILÓ
Engenheiro civil

> "Negão, cadê o milhão de dólares que a CIA está botando neste movimento?"

Meu nome é Asfilófio, o do meu pai também, então Filó fica mais fácil. Minha família é de origem muito humilde. Quando nasci morávamos num cortiço em Botafogo, mas à custa do esforço e da competência profissional de papai, mecânico da polícia, fomos morar numa casa no bairro do Rocha. Estudei em escolas públicas e também particulares, tive uma vida típica de criança de subúrbio, brincando muito na rua, soltando pipa, jogando pelada.

De vez em quando tinha um certo desconforto físico, mal-estar, tonturas, mas passava logo. Aos sete anos tive um ataque de epilepsia. Para os médicos era epilepsia, mas não faltou quem afirmasse que se tratava de manifestação de mediunidade, que teria que ser cuidada. Tomei um remédio fortíssimo durante cinco anos. Aos 14 tive outra crise, e o fato de ter sido sete anos depois confirmou mais uma vez a procedência espiritual. Era um chamado ao qual não deveria faltar, e não faltei.

Na minha juventude fui bom em futebol de salão e em dança. Joguei em vários clubes dos bairros do Rocha, do Jacaré, fazia sucesso, era um atleta considerado, mas só na quadra. Para as festas e programações sociais, nunca era convidado. No clube Magnatas, toda a nossa família era sócia de lá, e eram todos sócios proprietários, mas a gente não se sentia à vontade, preferia ir à festa da Penha, piquenique em Guaratiba, Paquetá.

As famílias, geralmente de maioria negra, levavam seu farnel, rolava um pagode, a gente dançava, era ótimo.

Com 18 anos ganhei um Fusca zero, do meu pai, que àquela altura comprava e vendia automóveis, e eu o ajudei muito na administração. Com o carro tive mais oportunidade de desbravar a noite carioca. Ia aos *dancings*, aos cabarés, aos bares, ensaiava na ala Comigo Ninguém Pode, da Mangueira. De vez em quando o Ivan Meireles, pai do Ivo, também da ala, ameaçava dar uns tecos, porque eu cantava as namoradas dele, mas ficava nisso, no máximo uns tirinhos para o alto, eu era um garoto querido na escola. Eu frequentava tudo que podia, GREIP da Penha, Centro Cívico, Imperatriz Leopoldinense, Cacique de Ramos, e também as boates da moda em Copacabana, Jirau, Le Bateau, Black Horse e inferninhos vários. Onde se podia dançar, eu estava. Vivia uma vida de classe média alta pelo fato de ter carro, tinha amigos negros e brancos que me acompanhavam e eram bons dançarinos. Nós éramos os reis da noite, quando a gente chegava tomava conta da pista e chovia mulher.

Nessa época entrei para a faculdade Souza Marques, entre Cascadura e Campinho. Os proprietários eram evangélicos negros, mas tinha poucos alunos negros. Na minha turma eram só quatro comigo, três militares e eu, o único civil. Civil e louco, como diziam, porque meu cabelo era no estilo *black power*, eu calçava tamanco, a roupa era colorida, bem *hippie*, estava longe do modelito comportado que tentaram me impor. Minha atitude incomodava tanto que quando eu estava cursando o quarto ano de engenharia civil a direção me chamou e deu o ultimato: "Você não vai passar de ano, porque o seu comportamento não condiz com o de um engenheiro." Racismo puro. Eu já tinha feito mecânica em escola técnica, me formado em técnico de máquinas e motores e passado por um episódio de discriminação. Foi quando fui fazer um estágio na Varig; e, no dia da chegada da equipe campeã do mundo na Copa de 1970, eu estava lá no aeroporto, exercendo a minha função de frenador, que era o encarregado do ajuste dos parafusos após a aterrissagem. Conversando com os colegas, eu disse que queria sair dali para ser mecânico de voo. Acontece que todos eles já tinham feito prova e eu nem tinha sido comunicado. E ainda tive que ouvir comentários em surdina do tipo: "Ora, quem já viu isso? Negro mecânico de voo?"

A minha aproximação com o Movimento Negro e a consequente militância deram-se por meio do teatro Opinião, em Copacabana. O Bayer e o Jorge Coutinho eram os organizadores de uma roda de samba que ficou famosa na cidade inteira, A Fina Flor do Samba. Era às segundas-feiras, e vinha gente de outras cidades e de outros estados. Um sucesso. Eu conheci e fiquei amigo do Candeia, da Dona Ivone Lara, do Xangô da Mangueira, do Nelson Sargento, da Clementina de Jesus, de gente que não acaba mais. Sexta, sábado e domingo a gente zoava na noite, e aí aconteceu na minha vida o clube Renascença, o espaço da negritude. Era lá que os negros de classe média começavam a se identificar, porque o fato de serem "ricos", na verdade terem poder aquisitivo, não era o suficiente para frequentarem o Iate Clube Jardim Guanabara, que era o *top* na época. O clube Renascença foi fundado no Méier, mas depois mudou-se para o Andaraí, onde está hoje. Estamos falando do final dos anos 1970. O nosso grupo da ala da Mangueira se transferiu para lá e eu fui convidado para ser da diretoria. Nossa meta inicial era tirar do Renascença aquela marca de clube de mulatas, de misses, porque não faltava quem dissesse: "Vou lá pegar mulher. Lá tem cada mulatão." Isso nos incomodava como negros, pegar nossas mulheres, com todo respeito, então decidimos quebrar esse paradigma e fazer um clube social e cultural. Criamos condições para o público jovem, que queria outras opções além do samba, e o caminho foi a então chamada *black music*. Nas festas tinha muito James Brown, Barry White, Jackson Five. Criamos a Noite do Shaft, personagem que estava em alta naquela época no cinema americano, o único detetive negro, numa produção de primeira classe. Foi a época do *blackexplotation*.

A música negra americana começou a fazer sucesso entre os disc-jóqueis das boates bacanas, entre os comunicadores de rádio mais ouvidos na época, como Big Boy e Monsieur Lima, que trabalhavam na noite, assim como o Ademir do Le Bateau, que era uma autêntica fera. Nós éramos ligados também nos líderes da libertação africana, nas figuras da luta pelos direitos civis nos Estados Unidos e no movimento *Black is Beautiful*. Agostinho Neto, Samora Machel, Patrice Lumumba, Steve Biko, Nelson Mandela, Martin Luther King Jr., Angela Davis, os Panteras Negras, Malcom X, esses eram nossas referências naquele instante, e suas figuras, a decoração das nossas festas.

Era curioso observar que no Rio de Janeiro era mais na faixa dos direitos civis, e na Bahia, pela religiosidade, pela sua essência afro, pelo lado da libertação africana, o que se pôde constatar alguns anos depois nos blocos afros, que ainda hoje são um dos pontos altos do Carnaval baiano. O Movimento Negro, por sua vez, não era favorável à tendência do Rio, politicamente falando. Preferia a baiana. Respeitavam a nossa linha, porque nos fins de semana estavam dançando conosco e notavam o crescimento do nível de autoestima entre os jovens negros. Mas, no fundo, achavam que a gente estava copiando os americanos, quando na realidade estávamos era usando aquelas armas para contra-atacar o oponente. Quem era o oponente? O mesmo deles. A ditadura que estava mandando no país. A mesma que várias vezes mandou seus agentes me perseguirem quando eu saía do clube, que me abordavam ameaçadoramente e me perguntavam: "Negão, cadê o milhão de dólares que a CIA está botando neste movimento? Você está com esse dinheiro para fazer uma revolução. Você está juntando 15 mil pessoas num baile, e isso pra quê?" A minha resposta era a mesma sempre: que o nosso negócio era festa, dança, lazer, não tinha arma, não tinha droga. Eles até infiltraram algumas pessoas para tentar quebrar nossa regra, nosso comportamento, mas não encontraram nada.

A geração do movimento *black* foi fundamental no campo da autoestima. O exemplo mais perto que eu tenho é na minha própria casa. Meu pai, que usava aquele corte de cabelo conhecido como príncipe Danilo, pouco a pouco foi adotando um visual mais de acordo com a gente, e minha mãe e minha irmã deixaram de alisar o cabelo, quer dizer, a família mudou no âmbito do comportamento.

Outro momento importante foi a criação do Soul Grand Prix, também nos anos 1970, que a gente iniciou lá no Renascença, ao lado de várias outras atividades mais voltadas para o lado artístico, como a montagem da peça *Orfeu da Conceição*, de Vinicius de Moraes, que o saudoso Haroldo Oliveira dirigiu, tendo o Zózimo Bubul no papel principal. O Soul Grand Prix foi um tremendo sucesso, chegamos até a fazer um LP de música *soul* pela gravadora Top Tape. Foi o primeiro no Brasil. Além do mais, foi o primeiro a bater o Roberto Carlos em vendas. Já imaginou? O produtor foi o Ademir, jovem negro, disc-jóquei das boates de sucesso no Rio de Janeiro que tinha talento e percepção musical enormes. A nossa relação foi superboa, comercial, mas com visão étnica, clara, definida do Soul Grand Prix. Era o único que falava na questão racial, este sempre foi o meu ponto de honra.

Quando a WEA, Warner Brothers, instalou-se no Brasil o Mazola, respeitado produtor, que foi meu contemporâneo na época do The Pops, no clube Magnata, me apresentou ao André Midani, presidente da gravadora, e ambos me deram carta branca para tocar o projeto que eu quisesse, chamei o Oberdan Magalhães, excelente saxofonista, o Barrozinho, o Cláudio Steveson, enfim, o que havia de melhor naquele momento, e assim nasceu a Hot Stuff Band, embrião do que seria logo depois a inesquecível Banda Black Rio, um dos marcos na história musical da nossa cidade. O sucesso da banda perdura. Em 2000 eu estive na Inglaterra, e, passeando por uma grande feira musical, com barracas vendendo músicas, CDs, de repente, numa barraca, um cara pôs um disco da Banda, porque ouviu que a gente estava falando português. Fiquei emocionado. Ele disse que o disco, uma versão em CD, estava sendo vendido por 300 euros. E pensar que quando a Banda foi lançada e ajudou a mudar o comportamento e a estética pessoal dos jovens negros, os principais jornais da cidade, em linhas gerais, diziam: "Os negros, em vez de estarem dançando samba, estão imitando os americanos." Desqualificando o esforço geral de todos, que era conscientizar a juventude das suas possibilidades e perspectivas.

Diversifiquei muito a minha atuação. Fiz a Escola Superior de Propaganda e Marketing, criei uma produtora chamada Cor da Pele, com a qual gravamos vários programas de um minuto no ano do centenário da abolição que foram veiculados pela TV Educativa. Fizemos quatro vídeos com o Pelé, com quem mais tarde trabalhei no Ministério dos Esportes, de onde tive uma saída traumática, e gravei um documentário com o Gilberto Gil em solo africano, no Senegal. Por intermediação do Nelson Motta, que conhecia as nossas noitadas de música *black* no Renascença, o Walter Clark, que dirigia a TV Record, aqui no Rio, me convidou para fazer um programa e aí surgiu o *Radial Filó*, que ia ao ar todas as tardes, das cinco às sete horas. Sem dúvida foi um programa pioneiro, em que a comunidade negra se fazia presente — e não era no noticiário policial.

O programa terminou, mas duas vertentes que já prestigiávamos estão aí, hoje em dia, como duas realidades musicais no Rio de Janeiro: a galera do *funk* e a galera do *hip hop*. Uma é filha diretamente do *soul*, que é a galera consciente, a galera aberta que está ligada diretamente à causa racial. São os transgressores, os contestadores, a galera do *hip hop*, que será a grande maioria daqui para a frente. Não quer dizer que o *funk* vai acabar. Enquanto tiverem interesse ele vai se manter, mas na hora em que eles quiserem acabar, eles vão acabar, eles acabam como acabaram com o *soul*. Só que para eles está tudo dominado, o *funk* tem controle, então isso vai continuar. Já o *hop* não tem controle, daí eles não dominarem. É onde a gente tem que investir, porque é a cabeça pensante. O restante é a massa, que, infelizmente, vai só no embalo. A massa do *hip hop*, que é a galera consciente, é a galera da cultura urbana, é a galera que está produzindo, que está ouvindo, que está lendo. É nessa galera que eu invisto hoje.

Minha paixão agora é a Liga Urbana de Basquete, a LUB, que trabalhou inicialmente com o basquete de rua, que conheci em uma das visitas a Nova York, e que agora ampliou o espectro entrando no âmbito da capoeira, do judô, das artes marciais e, breve, na moda. Breve estaremos em Marechal Hermes. São 10 mil metros, espaço onde pretendo realizar o meu sonho de usar o esporte como fator de autoestima e cidadania.

Eu quero é realizar, construir, porque daqui a pouco terei sessenta anos, daqui a pouco estou fora desse mundo e quero minha geração falando a mesma língua. Minha filha Nátila está na faculdade, estudando geografia na UERJ, meu filho Pedro Henrique é jornalista formado, trabalha na área de edição na televisão, quer dizer, estão encaminhados, prontos para darem sua contribuição.

Eu vou continuar dando a minha.

Humberto Adami Santos Junior
Advogado

"Negro ou branco você tem que ser uma pessoa de bem."

Sou carioca de nascença, mas vivi em Brasília dos dois aos 23 anos. Lá me formei como advogado e bacharel em direito. De 1983 a 1986 morei na Bahia e desde 1986 estou no Rio. Minha formação foi em colégios católicos, primeiro no Dom Bosco e depois no Colégio Marista.

Na verdade, nunca percebi discriminação racial, só bem mais tarde é que, analisando alguns fatos que se passaram, admiti que poderiam ser consequência de algum ato discriminatório. Não é segredo para ninguém que em nosso país existe uma discriminação sorrateira, negada, quase invisível, e que esse filtro racial sustenta uma sociedade hierarquizada, marcada pela escolha das pessoas de acordo com a sua aparência ou a cor de sua pele. Esse é o maior entrave para o progresso e a firmação de uma pessoa. Quantas vezes a gente mesmo se diz ou diz para alguém que com muito esforço se chega lá? Mas não é sempre assim.

Minha avó sempre me dizia para que tomasse cuidado, para não ter decepção. Quando se é muito moço, muitas vezes não nos damos conta que estamos sendo vítima de preconceito ou de discriminação, e tudo por autodefesa. Tenho um amigo, Wilson Prudente, procurador do Ministério do Trabalho, que me disse que só veio detectar atos de discriminação quando passou a ocupar esse cargo. Antes, quando era oficial de Justiça, não percebia. Porque ali ele obedecia ordens, e quando foi promovido e passou a dar ordem, aí o quadro mudou completamente.

Certa vez eu estava na piscina do Country Club, com uns amigos de uma tia minha que era sócia, quando o salva-vidas veio me perguntar quem eu era, por que estava ali, e ficou me olhando firmemente, mas não perguntou nada aos outros. Aí a ficha caiu.

Não são poucos os que têm história para contar. Um colega meu que é promotor me contou que quando ele passava pelo Teatro Municipal de São Paulo gostava de correr pelas escadarias. O pai dele repreendia severamente e dizia que ali não era um lugar para negros. Imagina o que ele sentiu no dia em que foi receber o troféu Raça Negra, no primeiro ano em que a Afrobras instituiu o prêmio, e no palco do Teatro Municipal?

Eu sempre fui apaixonado pela advocacia. Nunca quis fazer outra coisa na vida. Sem bem que hoje em dia é muito difícil você conseguir resultados com advocacia séria, cuidadosa, no mais das vezes é mal remunerado. Mas a gente vai em frente. Estou completando 27 anos como advogado do Banco do Brasil, onde forjei a minha forma de trabalhar. Entrei como estagiário, depois fiz concurso e passei. O Banco foi, e ainda é, uma escola, não sei se não tivesse sido admitido se eu continuaria na profissão. Tinha 21 anos quando me formei e com 24 já era advogado do Banco. Fui para o interior da Bahia e lá conheci uma nova e diferente realidade, que me abriu perspectivas até então desconhecidas. Hoje você abre o jornal e vê todos os bancos preocupados com a questão ambiental, mas nós começamos há muito tempo, e eu estava neste embrião, advogando a questão ambiental no meio das estruturas financeiras.

Outra coisa que procuro fazer é usar a advocacia como ferramenta para fazer a política da ação afirmativa chegar onde ela tem que chegar. É dar água a quem precisa beber água. Esse assunto das cotas suscita uma grande discussão, tanto que muitas vezes têm que ser acionados os meios legais, e foi aí que eu entrei com minha experiência. Começamos fazendo mandados de segurança individuais e passamos logo depois para os de caráter coletivo, entrando no Supremo Tribunal Federal, primeiro com oito entidades do Movimento Negro — hoje já são 16.

Depois da constatação, em várias pesquisas, da desigualdade racial no mercado de trabalho, resolvemos provocar o Ministério Público utilizando a figura da Federação Nacional dos Advogados e do Instituto de Advocacia Racial e Ambiental (IARA). Fizemos 27 provocações, que tecnicamente são chamadas de denúncias, e as denúncias, chamadas de representação aos procuradores do Ministério do Trabalho. Em vez de fazer só para o procurador do Rio de Janeiro, fizemos para os 27 procuradores em todos os estados e no Distrito Federal, e com isso desencadeamos a maior celeuma para fazê-los acordar para os resultados das pesquisas. A consequência imediata foi que o Ministério Público organizou um programa de combate à discriminação racial no mercado de trabalho e foram instalados inquéritos civis públicos nos cinco maiores bancos privados do país. Além do quê, foram ajuizadas ações civis públicas, porque instituições com 70 mil funcionários tinham apenas 2% de afrodescendentes. O setor bancário reconheceu o despropósito e foi buscar os meios para reverter a esdrúxula situação. Hoje, março de 2008, são quatrocentos estagiários, especialmente da universidade Zumbi dos Palmares, que formou há pouco a primeira turma em administração, colocados em dez dos maiores bancos sediados em São Paulo. No entanto, como afirmou o ex-presidente José Sarney, criador da Fundação Cultural Palmares, vinte ou trinta estagiários por banco não é o suficiente. Bom mesmo vai ser quando todos os bancos de todas as cidades tiverem um número expressivo de negros nos seus quadros de funcionários. Em outra oportunidade, Sarney foi enfático:

> Eu acho que com todas as incompreensões que podem ter, devemos começar a exigir o programa de cotas. Não podemos ficar nesta inércia de vermos o país balançar entre os mais pobres, e os mais pobres são os negros, os quais têm mais demandas na saúde e no emprego. Entre os analfabetos, os de maior número são da raça negra. Não podemos ficar nesta função de nos conformarmos e devemos para sempre romper com tudo isto. Temos que ter ações afirmativas.

O ex-ministro Saulo Ramos, advogado do Bradesco, declarou: "Vocês fazem isso com os bancos privados, quero ver fazer isso com o Exército, o Itamarati, a Igreja Católica, porque hoje temos no máximo trezentos generais, trezentos embaixadores, trezentos bispos." A declaração funcionou como uma senha. Fizemos uma nova representação ao procurador geral da República pedindo que ele, com base no depoimento do dr. Saulo, abrisse uma investigação. Ainda não tivemos resultados práticos.

Em um seminário realizado na Câmara dos Deputados registrou-se que existem apenas cinco generais negros em nosso Exército. Por ocasião da visita do papa Bento XV revelou-se que a Igreja Católica no Brasil tem apenas 2,5% de bispos negros. A revista *IstoÉ* publicou numa reportagem que em cerca de 1.200 diplomatas servindo nos vários países onde temos representação, existem só cinco ou seis negros, e em postos menores.

O Ministério Público deve encarar esse problema e investigar por que a Constituição não é obedecida. Vejamos este caso, a Lei 10.639, promulgada em 9 de janeiro de 2003, que determina os estudos da história da África e da cultura afro-brasileira nos estabelecimentos de ensino fundamental e médio, oficiais e particulares — pouca gente sabe que ela existe. Torna obrigatório o ensino de um assunto que interessa a todos os brasileiros, para que saibamos as nossas origens e da diáspora africana. Abrimos 92 inquéritos civis públicos intimando todos os diretores de escolas públicas e privadas para que informem aos secretários estaduais, secretários municipais, porque não implementaram o que determina a lei. Dos 5.563 municípios que constituem o país, raro é aquele que está obedecendo a determinação legal.

Nosso escritório tem dado assistência e atuado em diversos casos de racismo explícito. Quando o comediante Tiririca lançou aquela música "Clementina", que fazia alusões depreciativas à mulher negra, entramos com uma ação contra a gravadora Sony em nome da ONG chamada Criola, que existe desde 1992. Houve uma mobilização das entidades congêneres de todo o país e ganhamos.

Não descansamos, estamos sempre empenhados em denunciar e corrigir as impropriedades e injustiças em relação à população negra. Na luta pelo reconhecimento das áreas quilombolas estamos presentes. No Sacopã, em Campinho, na Marambaia, as ações estão acontecendo.

O decreto presidencial 4.228, que prevê o estabelecimento de metas percentuais de inclusão de afrodescendentes na esfera da administração pública federal, nos preenchimentos dos DAS, nas licitações públicas federais e nas terceirizações, foi feito no governo Fernando Henrique Cardoso. O presidente Lula criou a Secretaria Especial da Promoção e Igualdade Racial (SEPIR), confirmou, ratificou o seu compromisso pessoal e do governo para combater o racismo e a discriminação racial, em obediência aos tratados internacionais que foram firmados. Mas o que acontece é que quem está desobedecendo são os ministros, que podem ser denunciados por improbidade administrativa. Esse crime não diz respeito apenas ao mau uso do dinheiro público, mas também ao ato de descumprir a legislação que lhes cabe cumprir.

Acho que a nossa missão é esta. Como cidadão brasileiro, você tem de fazer as coisas que têm de ser feitas. Negro ou branco, você tem de ser uma pessoa de bem. Essa exclusão que o Brasil vem praticando contra os seus cidadãos que são afrodescendentes é um problema da sociedade brasileira. Estão excluindo uma considerável parcela da população que poderia estar contribuindo efetivamente com soluções para um país melhor. Além de estarem excluídos dos bens de consumo, eles podiam estar contribuindo para um país melhor, como é o caso do ministro Joaquim Barbosa. Quantos Joaquins Barbosas não estarão perdidos por aí?

Eu sou formado em direito e urbanismo pela Universidade do Estado do Rio de Janeiro, presidente do IARA, diretor da Associação Brasileira de Advogados Ambientalistas, diretor da Associação Brasileira de Advogados do Banco do Brasil, diretor do Sindicato dos Advogados do Estado do Rio de Janeiro, diretor da Federação Nacional de Advogados e membro da Academia Maçônica de Artes.

Paulo Cerqueira
Funcionário público

"Eu acho que com a arte há uma eliminação do racismo, porque você está mostrando arte, e arte não tem cor, é incolor."

Sou líder comunitário na Vila da Penha, no conjunto Quitungo, e também funcionário público da Universidade do Rio de Janeiro (UERJ), e já passei por vários tropeços por causa de discriminação, tanto na universidade quanto fora dela. Na universidade, quando entrei lá, no tempo da ditadura dos generais, ainda guri, ninguém me dava bom dia, boa tarde ou boa noite, todos me olhavam com desdém ou nem me olhavam. Aquilo me fazia um mal terrível, eu chorava às escondidas e muito. Minha esperança era que um dia, pelo menos, todos me cumprimentassem. O que só veio a acontecer muito tempo depois.

Eu cresci na Vila da Penha e na Cidade de Deus. Na verdade primeiro fomos morar na Triagem, na Cidade de Deus. A barra era pesada. Meu pai, Paulo Saul Miguel da Costa, se separou da minha mãe e nossa vida foi decaindo, decaindo... Passamos um sufoco, o mesmo de tantas famílias negras. Saíamos eu e meus sete irmãos para pedir esmola, comida, pedir leite para o caçula etc. Para se ter uma ideia, só aprendi a assinar meu nome, Paulo Roberto Cerqueira da Costa, quando tinha 14 anos.

Depois de muita luta e alguma sorte conseguimos um apartamento no conjunto do Quitungo, que o governador Chagas Freitas inaugurou. Tínhamos um teto, é verdade, mas faltava tudo. Minha mãe, Maria Damiana Cerqueira da Costa, baiana, lavadeira, analfabeta, era uma guerreira. Mas o racismo era forte, por causa da nossa condição social. Era o pessoal que fechava o vidro do carro quando a gente passava perto, eram as meninas que não queriam papo, era um sofrimento. Ainda bem que tinha uma de nossa idade, mais ou menos, que com pena da gente dava escondido do pai, que trabalhava no jornal *O Dia*, parte da mesada dela para a gente comprar alguma coisa para comer.

Nós fazíamos carreto na feira, com carrinhos de madeira feitos em casa. Era também a oportunidade de catar xepa, o resto que os feirantes deixavam, frutas amassadas, moídas, que serviriam depois para a alimentação de todos nós. Dali é que vinha o nosso sustento. A gente sabia todos os lugares onde tinha feira nas vizinhanças e nos tornamos conhecidos. Garotos de outras famílias também iam, e eu passei a ser o líder da turma, talvez por ser mais safo e mais velho. Nunca tivemos dinheiro para ir à feira, como tanta gente fazia e faz. Não me lembro de ter comprado alguma vez uma dúzia de banana, uma dúzia de laranja, um pé de alface, uma maçã; naquele momento não tínhamos a menor ideia do que era isso.

O que nos salvou mais tarde foi que entramos para a escola pública. E confesso que a gente batalhou para conseguir as vagas, mas o nosso objetivo era a merenda. Íamos literalmente à escola para comer merenda, que, aliás, era muito boa. Tinha macarrão, salsicha, verdura, que nos alimentavam e ainda dava para levar uma marmitinha para a mamãe.

Mais tarde fui estudar no colégio Agrolongo, que era longe da nossa casa. Tinha que pegar ônibus, e por falta do dinheiro da passagem eu faltava pra caramba e perdia a merenda. Não sei a razão, mas houve um momento em que os alunos foram divididos em dois colégios e eu fui parar no colégio São Paulo, em Brás de Pina. Lá eu tive vários colegas que, com o tempo, e por causa da discriminação sofrida, do sufoco do dia a dia, a falta de horizonte, sucumbiram ao tráfico. Muitos estão mortos. Vários me convidaram, mas eu nunca participei de nada que desabonasse a minha conduta, mesmo porque minha mãe criou a gente com essa condição e, por ser o irmão mais velho de oito, eu não podia ir para o caminho errado para dar sustento à minha família. Porque se eu embarcasse naquela vida eles iriam me seguir, já que eu era o líder. Se eu aceitasse os convites que me foram feitos na época pelos meus colegas, meus irmãos hoje estariam mortos ou presos, e eu também. Por isso nunca quis participar de nada que não fosse legal. Confesso, no entanto, que a tentação é grande, a sedução é quase irresistível, as facilidades são imensas. Não é fácil dizer não.

Tive que largar o colégio porque minha mãe não tinha condições para bancar meus estudos e os dos outros. Concluí o fundamental e fiquei sem estudar. Tinha que trabalhar e não dava para estudar e trabalhar. Um amigo me arranjou um emprego numa loja que vendia rolamentos e acessórios. Comecei como mensageiro e depois me puseram para tomar conta do estoque. Como eu estava progredindo muito na empresa, a discriminação reapareceu. Eu tinha um cargo de chefia. O primo do dono queria colocar o filho lá, e ficava no meu pé, não dava folga. Meu horário de entrada era às oito horas da manhã, e quando eu me atrasava, na maioria das vezes por causa da condução, o cara me xingava de tudo quanto era nome. Um dia perdi a esportiva, ele me xingou de filho da mãe e eu parti pra cima. Desci-lhe o braço. Posso ter sido agressivo, mas não dava para segurar. Conclusão: fui mandado embora.

Depois de muitos anos me reaproximei do meu pai e pedi para ele me arranjar um outro emprego. Eu estava tentando ser jogador de futebol, mas era tão magro que não conseguia correr muito. No meio dos exercícios minhas pernas tremiam sem parar, e como é que eu ia continuar?

Felizmente meu pai conseguiu me colocar para trabalhar no estacionamento da UFRJ. Tive um episódio com o professor Wilson Chueri, na época reitor da universidade, porque barrei um diretor que não queria se identificar. Daí em diante ganhei mais espaço, o racismo foi caindo e eu fui conseguindo me equilibrar na vida. Fiz vários concursos internos e cheguei à condição em que estou hoje, superintendente em exercício e técnico administrativo da Universidade do Estado do Rio de Janeiro.

Aquela menina, nossa vizinha, que dava uma parte da mesada para matar nossa fome, naquela época, foi também minha namorada e hoje é minha esposa. O nome dela é Heloisa dos Santos Cerqueira. Temos uma filha, Taiane, com 13 anos, e um filho, Ian, com seis anos. Uma certeza eu tenho: meus filhos jamais vão passar pelo que eu passei. Estou construindo um centro cultural, com o nome de Centro Cultural do Quitungo, porque na minha visão a educação e a cultura são tudo na vida de um ser humano. Temos que proporcionar possibilidades para que as pessoas estudem e conheçam cultura de verdade. Por isso minha luta agora é dizer o que é a cultura, como se faz cultura. Preciso que as pessoas me ajudem a aprender mais sobre a cultura no seu todo, para poder ensinar àquelas crianças o caminho certo, para que elas não se desviem e caiam na malha da criminalidade, aquela da qual eu e meus irmãos conseguimos escapar e por isso ainda estamos aqui. A sociedade brasileira precisa olhar para esse lado.

O prédio do centro cultural ainda não está terminado, estamos construindo devagar, com nossos próprios recursos e nossas mãos. A nossa ideia é que lá tenha um teatro, curso de teatro, curso de violão, curso de música em geral e de dança. Balé é uma coisa muito bonita. Quero criar também um coral na comunidade. Quem não gosta de cantar? Sem esquecer que vamos ter um curso de pré-vestibular, que é indispensável para a nossa comunidade. Temos que batalhar porque, como lá só tem preto e pobre, ninguém chega para dar uma mão. Quero evitar o que aconteceu comigo, quando consegui a duras penas concluir o segundo grau no colégio Gama e Souza, em Olaria, quando eu já tinha uns vinte anos. Tentei o vestibular para universidade pública mas não passei, o estudo que eu tinha não era suficiente, não tinha feito cursinho.

No momento estou empenhado em fazer o curso de direito, e sabe por quê? Porque vai ser mais um trunfo em defesa da comunidade. Por exemplo, a polícia chega batendo, fazendo e acontecendo, mas se sabe que ali reside um advogado, um publicitário, sabe que existem pessoas com essa formação, esse gabarito, mas morando no mesmo lugar, então o local passa a ser muito mais respeitado e a gente vai colocando a ordem, que é uma ordem social.

Outra área que não pode ser descuidada é a do samba. É um instrumento de luta. Houve uma época em que eu estava muito ligado ao Leandro de Menor, que fazia a segunda voz para o Neguinho da Beija-Flor, no desfile da Sapucaí. Por insistência dele comecei a escrever umas letras, até que um dia chegou às minhas mãos uma sinopse que falava de Orfeu, e eu achei muito interessante falar sobre essa lenda, embora nas escolas nunca ninguém tinha me dito quem era Orfeu. Começamos a fazer a pesquisa e eu me encantei com o tema, porque Orfeu foi um negro que lutou, foi um guerreiro. Ficamos em segundo lugar, mas o samba foi badalado pela TV Globo e teve um dia em que eu cantei, forçado pelo Leandro, para mais de 20 mil pessoas. Foi como um sonho. Dali em diante viajamos a convite para São Paulo, escrevemos um samba para a Vai-Vai com uma compositora local chamada Rose e, outra vez, ficamos em segundo lugar, mas valeu a experiência.

Uma das metas do nosso centro cultural é abrir a possibilidade para que apareçam músicos e poetas, e sei que existem muitos. Estamos no caminho de fundar uma escola de samba para canalizar todos esses talentos que estão lá, acanhados, escondidos por falta de oportunidade. Sei que vamos dar um salto de qualidade na educação, na cultura e no lazer.

Eu acho que com a arte há uma eliminação do racismo, porque você está mostrando arte, e arte não tem cor, é incolor. Eu acho que as pessoas não vão olhar para a cor, elas vão olhar para a arte, a arte pela arte. E isso é muito interessante.

Giba Giba
Músico e agitador cultural

"Até bem pouco tempo, muita gente ignorava que havia negro, e mais, cultura negra do Rio Grande do Sul."

Num certo domingo, quando eu tinha uns seis anos, mais ou menos, estava com meu pai, Juvêncio, passeando pelas ruas de Pelotas, e ele chamava a atenção para as calçadas, os prédios históricos, a arquitetura colonial portuguesa, o casario. Era tudo tão grandioso e impressionante, que quase me fazia perder o fôlego. Impossível não notar o orgulho com que ele descrevia cada detalhe. Culminou dizendo que havíamos sido nós, os negros, que tínhamos construído tudo aquilo. Nunca tinha me passado pela cabeça, eu não fazia a menor ideia. Mas como? Ele me explicou: nossos ancestrais foram os pedreiros, marceneiros, eletricistas, sapateiros, alfaiates, doceiros, charqueiros, tudo enfim, tudo que fazia com que a cidade existisse. "Então a gente é legal", eu disse. E seu Juvêncio concordou: "É, a gente é legal!" Essa conversa foi definitiva para a formação do meu caráter, e é por isso que ela vem sempre à minha memória, com todos os detalhes. Foi a parti dali que eu passei a encarar todo mundo como igual, nem mais, nem menos, com a vantagem de perdoar os que não sabem a nossa história, na esperança de que os desavisados, quando tomarem conhecimento, mudem seu discurso.

Estudei no grupo escolar João Afonso, na praça Julio de Castilhos, lá em Pelotas, e depois no Pedro Osório. Nossa família morava na rua Senador Mendonça, última quadra antes da chácara do seu Ferico Costa, aliás uma excelente pessoa, grande coração, que faleceu num desastre de avião enlutando a nossa quadra que era conhecida como a mais alegre do bairro. A maioria era negra, todos eram amigos. Meu pai era brigadiano e lutou nas revoluções de 1930 e 1932. Ele exigia que eu e meus irmãos estudássemos com afinco e fôssemos os melhores da turma em que estivéssemos. Volta e meia nos pegava de surpresa e fazia uma sabatina, e até que a gente gostava e vibrava com a satisfação que ele tinha com as nossas respostas certas.

Acontecia muita coisa em Pelotas, naquela época. Teatro, música, futebol, procissões como a do Senhor dos Navegantes, Festa do Divino e, claro, o Carnaval. Era a época das sociedades e dos blocos. Os mais famosos eram Depois da Chuva, Chove e Não Molha, títulos que, por si só, explicam tudo, e ainda Futurista, Quem Ri de Nós tem Paixão, a centenária Banda Democráticos. Na cidade vizinha de Rio Grande tinha Braço é Braço, que foi fundada por marinheiros cariocas e que originou a primeira escola de samba do Rio Grande do Sul, a General Vitorino.

A primeira escola de samba de Pelotas nasceu em 1948 e foi batizada com o nome de Estrela do Oriente. Ainda não havia o hábito do enredo e o samba que fez mais sucesso na época dizia:

> Vem, meu amor,
> é demais, minha dor.
> Tu deixaste o nosso lar
> tão de repente,
> eu sei que foi veneno
> desta gente.
> Essa gente, que só pensa
> em trazer desarmonia
> para o nosso lar.

Quem puxava o ritmo da bateria era o sopapo, tambor que é uma das marcas da negritude no Sul. Havia grandes gênios do instrumento, como o Banha, o Bucha, o Pássaro Azul, o Pandorga, o Valcredo, o Vassourinha e o pai de todos, que foi João Carlos Farias, o Boto. Da meninada, eu era o único que podia botar a mão no instrumento, e por isso, aos 17 anos, ele me elegeu seu herdeiro.

Posso dizer que eu já nasci no samba. O Carnaval é o maior encontro cultural do planeta Terra. Uma celebração. Uma alegria. Um contraste à tristeza. Você pode não gostar, tudo bem, mas não pode perder tempo e nem desperdiçar energia para proibir um ato de confraternização de um país. Viva a festa! Viva a vida! Acontecimento tipicamente tupiniquim. E neste contexto Pelotas e Rio Grande foram os pioneiros, por terem em sua origem a africanidade, transformadora, aglutinadora e, acima de tudo, responsável pelo alto grau de tolerância e alegria que são algumas das marcas fundamentais da nossa fundação.

Privilegiadas foram essas cidades, que nos brindaram com esse pioneirismo, que nos deram o primeiro clube de futebol do Brasil, a primeira escola de samba do Rio Grande do Sul e o primeiro e mais animado Carnaval. Isso faz dessa região, na nossa perspectiva, o ponto mais profundo de raízes brasileiras, consagra a nossa metade do Sul como a grande identidade cultural genuinamente brasileira e nos proporciona o status de centro cultural do Brasil, em conexão direta e afetiva com o resto do país. Somos brasileiros, plantados sobre uma raiz de 508 anos, e a autoestima regional está sendo resgatada através da memória do seu jeito de ser. E o Cabobu, do qual falarei daqui a pouco, é o pretexto.

Completei o primário no colégio Luciana de Abreu, em Porto Alegre. Aliás, a nossa chegada na capital foi para mim um momento muito importante. Foi no dia 21 de junho de 1949, às seis horas da manhã, e fazia um frio de rachar. Desembarcamos do navio Itapuí debaixo de 7 graus e uma neblina cerrada. Ainda hoje ouço a voz da minha mãe Maria Lucidia, dizendo: "Gilberto, cuidado, não vai pra longe que você se perde." E era de se perder mesmo, o burburinho era enorme, gente que não acabava mais, carregadores de mala que surgiam e corriam como se estivessem apostando corrida. Era um novo mundo.

Não demorei muito a me adaptar em Porto Alegre e observei que não havia muitos cuidados com a nossa herança. A bem da verdade, o Rio Grande do Sul nunca investiu marcadamente no resgate cultural de suas origens africanas, a não ser em uma ou outra ação pontual e transitória. Quando os tambores do Sul receberem os tambores do mundo, o estado estará recebendo e apresentando, redimensionando e criando condições para o estabelecimento de novos parâmetros crítico-criativos para os artistas e estudiosos interessados na pesquisa acerca da cultura afro no Rio Grande do Sul e no Brasil.

Minha atividade permanente e persistente é a reabilitação do sopapo, como o instrumento base das manifestações culturais gaúchas de ascendência africana. Até bem pouco tempo, muita gente ignorava que havia negro, e mais, cultura negra aqui no Rio Grande do Sul. Todos os aspectos culturais estavam voltados para os CTGs, ou seja, os Centros de Tradição Gaúcha, que são, sem dúvida, muito importantes na preservação da nossa cultura regional. Mas não é só isso. A presença e a contribuição do negro na história gaúcha tem uma profundidade insuspeitável para muitos. A economia do nosso estado está plantada na charqueada, trabalho escravo que consistia em retalhar e salgar a carne bovina que saía daqui para outras partes do Brasil. O trabalho era insalubre e ceifador de vidas humanas.

Fora a lenda do Negrinho do Pastoreio, há muito mais de presença das matrizes africanas em nosso folclore e na música popular. Na questão rítmica, o sopapo é a referência definitiva. A sua forma é cilíndrica e longa, afunilando e encourado, com couro de cavalo, apenas em um lado, untado com azeite de dendê, e tocado com as mãos, sem baquetas. O som é grave, como prenunciando um aviso. Uma das formas de fazer o renascimento do sopapo e apresentá-lo às novas gerações tem sido o Cabobu, a festa dos tambores — a primeira foi em 2002 —, que tenho realizado a duras penas em Pelotas, quando consigo sensibilizar as autoridades culturais da cidade e do estado. A palavra reúne as primeiras sílabas dos apelidos CAcaio (João Carlos Leal), BOto (João Carlos Farias) e BUcha (Rui). Tenho conseguido trazer músicos importantes como Paulo Moura, Djalma Correia, Naná Vasconcelos e artistas do eixo Rio—São Paulo.

Tenho a convicção de que Pelotas vai voltar a ser o centro cultural do Rio Grande do Sul, como um dia já foi. Eu sinto isso nas pessoas da cidade, que, pouco a pouco, vão restabelecendo os laços ancestrais que dão o fundamento da nossa própria existência.

No libreto de um espetáculo intitulado *No toque do tambor, Ogum mandou Giba Giba aqui*, que tem cinco partes, Claudia Berardi e Pompílio Freitas escreveram um texto para a última parte que, sem modéstia, me define:

> Ser secular, eternizado. O sopapo faz parte do teu corpo, assim como tu fazes parte dele. Ele é a tua história e tu és a história dele.
>
> Negro, orgulhoso do teu povo, da tua terra. Ao longo de tua existência trouxeste a importância do Saber Ser. Enfrentaste lutas desiguais, mas não perdeste a memória.
>
> Tantos foram os amigos que te acompanharam na busca deste ideal, de preservar o jeito de ser, mantendo viva a cultura afro-gaúcha. A luta não foi em vão.
>
> Canta, dança e toca, tu e teu sopapo. Vem com a Unidos do Fragata mostrar a beleza da cultura negra. Faz tua terra estremecer ao toque do tambor. Desperta a princesa adormecida.

Luis Antonio Feliciano Marcondes
(Neguinho da Beija-Flor)

Cantor e compositor

"Sai dessa, Neguinho, isso é pra gente bonita..."

Era para eu ser aviador. Quando terminei o curso ginasial na escola Cornélio Ribeiro de Melo Franco, em Nova Iguaçu, e tinha 17 anos, não pensava em outra coisa, por isso minha mãe, Benedita, não sossegou enquanto não falou com o patrão dela, o brigadeiro Geraldo Labarte Levis. O papo foi curto, segundo ela mesma me contou: "O Luís Antônio, meu filho, está indo para o Exército. Leva ele pra Aeronáutica." Em menos de uma semana já estava lá, onde fiquei quatro anos e 28 dias. Eu era bombeiro. Não tinha muito negro na corporação, especialmente no grupo de oficiais. Na verdade eu queria seguir carreira, mas corria a história de um cadete negro que havia passado em primeiro lugar e alegaram que ele tinha deficiência visual, tinha que usar óculos e não poderia ser aviador. Consta que ele, desgostoso, deu baixa e fez um curso de piloto e instrutor, sendo contratado pelo governo de Angola. E nunca usou óculos.

Quando eu saí da Aeronáutica fui trabalhar numa fábrica de molas e, sem mais nem por quê, comecei a compor uns sambinhas. Eu venho de família de músico, meu pai, Benedito, queria que eu aprendesse a tocar pistom, que era o instrumento dele, e cheguei mesmo a ler um pouco e dar uns soprinhos de vez em quando. Mas minha mãe era radical: "Meu filho não vai ser isso não, meu filho não vai ser pistonista, pra ficar com essa marca feia nos lábios. Ele é muito bonito, eu quero ele com muitas namoradas." A briga foi feia, ela me mandou para a casa de uma tia, até que o "seu" Benedito desistiu: "Tá bom. Ele não vai ser músico."

Mas aí eu acho que já era tarde. O samba rondava a minha cabeça. A primeira escola em que eu saí foi a Acadêmicos de Miguel Couto, num bairro próximo de onde nós morávamos, em Nova Iguaçu. Depois passei a frequentar a Leão de Iguaçu, tentando compor alguma coisa. Fiz um samba de quadra, que era muito comum na época, e, cheio de vergonha, mostrei para o presidente da ala de compositores, que, meio desconfiado, perguntou: "Esse samba é teu mesmo?" Eu confirmei e então ele disse: "Eu vou botar você na ala, mas é o seguinte, está vendo aquela mulata ali? O nome dela é Diná. Aquele criulinho mais adiante é o Sabará, nosso mestre de bateria. Eu sou o Alkir, o presidente, esse é o Aluisio, vice-presidente. Faz um samba falando da gente e me traz aqui na próxima segunda-feira."

Fui pra casa com a cabeça fervendo e fiz o samba de encomenda:

> Noite quente, noite de incrementação,
> noite de muita euforia é no samba do Leão.
> Venha assistir à rapaziada sambar,
> à mulata rebolar, venha para confirmar
> que o nosso samba não é mole de aturar.
> Aluisio e Alkir e os demais da diretoria
> me recebem com muita alegria,
> mesmo que de samba estejas por fora,
> porque amizade no Leão se faz na hora.
> Tem menina joinha para você paquerar,
> e o rebolado especial da mulata Diná,
> tem partido-alto, tem gafieira
> tem o Neguinho da Vala, comandando a capoeira,
> e o Leão do som do apito do nosso querido Sabará,
> que faz o ritmo quente, que mexe com a gente
> que nos faz vibrar.

A resposta do Alkir foi imediata: "Tá legal! Você tá na ala." E eu entrei. O Neguinho da Vala, citado no samba, sou eu mesmo. Eu tinha esse apelido porque vivia pegando rã, sapo que come muçum, lá em Nova Iguaçu, onde tinha muita vala.

Fiquei no Leão de 1971 a 1975, quando faleceu, assassinado, o grande Bira Fininho, que era o intérprete da Beija-Flor de Nilópolis. Teve um ano em que na hora do desfile o cantor do Leão passou mal e alguém teve a ideia de me chamar para assumir o boca de ferro, como chamamos o microfone. Garoto novo, com a voz tinindo, cheguei e dei o recado. A escola passou bem e eu me tornei o cantor oficial.

O Bira foi assassinado por um tal de Carlinhos Papaleo, um cara racista, que a toda hora dizia que não gostava de negro, e cismava com o Bira toda vez que eles se encontravam no Bar do Desvio, que era frequentado por muita gente que saía na Beija-Flor. Era só o Papaleo ver o Bira que já ia pra cima: "O que é que esse negro está fazendo aqui? Isso não é pra ele, não. É só pra branco!" Um dia o Bira, que tinha 1,90 metro, se encheu e deu um empurrão no Papaleo, que foi pra casa, voltou com um revólver e apagou o Bira.

Conclusão: com a morte do Bira, o Anísio, que já sabia que eu estava indo muito bem no Leão, mandou me convidar: "Tem um tal de Neguinho da Vala, dizem que o garoto é bom, canta bem e ainda faz umas músicas bonitas. Traz ele na próxima reunião." E lá fui eu, levado pelo saudoso Cabana, grande compositor, que disse: "O Anísio quer te conhecer." Aí eu falei: "Não estou acreditando. Será que eu fiz alguma coisa?" "Que nada, rapaz, ele quer falar contigo."

Na manhã de uma segunda-feira, me encontrei com o Cabana num botequim em Nilópolis e logo depois o Anísio chegou: "E então, Neguinho da Vala, que ir pra Beija-Flor?" Imagina só o que eu respondi: "Vou sim, senhor." Ele deu um tapa no meu ombro e mandou que eu procurasse o Joãozinho Trinta na quadra. Como a sinopse do enredo já tinha sido distribuída para a ala de compositores, ele disse: "Diz que mandei te dar uma."

Era o primeiro Carnaval do Joãozinho, ele tinha saído do Salgueiro bicampeão, e o enredo com que ele ia estrear era "Sonhar com rei dá leão". Quando me apresentei a ele, não era novidade, o Anísio já tinha falado a meu respeito. Secamente ele me disse que os sambas seriam apresentados em 15 dias, e foi o que aconteceu. Eram quarenta sambas. No sorteio me coube o número vinte e tal. Era domingo, e o Anísio deu uma feijoada na quadra. Cada compositor, acompanhado por um cavaco que ele mesmo levava, cantava o seu samba. O Joãozinho fazia dois montes. Eu fiquei prestando atenção, todo samba que eu achava bonito ele colocava num monte e os muito ruins, no outro. Quando chegou a minha vez eu comecei:

> Sonhar com anjo é borboleta
> Sem contemplação
> Sonhar com rei dá leão
> Mas nesta festa de real valor
> Não erre não,
> O palpite certo é Beija-Flor...

Todo mundo cantava o samba duas vezes e ele acompanhava a letra. Quando eu terminei, ele levantou a cabeça e perguntou: "Esse samba é teu, garoto?" Eu respondi: "Só meu." Mandou que eu cantasse de novo. Cantei. No fim ele chamou o número seguinte, mas antes me pôs no monte dos bons. Tinha uma moça que trabalhava como o João, era a Marli, minha amiga, filha da dona Aparecida. Cheguei na cara de pau e perguntei se eu estava bem na parada. Ela disse que tudo que estava à direita ele tinha guardado e o resto tinha sido rasgado. "E a que ele botou no bolso?" Fiquei perturbando a Marli. Como eu não tinha telefone, todo dia "fazia uma visita". Até que um dia ela me disse: "Tem um que fala assim: 'Sonhar com anjo é borboleta, sem contemplação.'" "É o meu", gritei.

O Laila, que também tinha saído do Salgueiro, não estava oficialmente na Beija-Flor, mas dava uma ajuda ao João nos bastidores, coisa que eu nem sabia. Eu cantava na roda de samba do Cordão do Bola Preta, onde ele dirigia a bateria, mas não tínhamos intimidade. Uma noite ele me chamou: "Ô garoto, quando terminar o samba não vai embora que eu quero falar contigo." Eu disse que sim, mas dei uma fugida para defender um troco em outra roda de samba, fui ao bloco Cara de Boi, no Maracanã. Quando voltei ao Bola o show já tinha terminado e eu pensei: "O homem foi-se embora." Engano meu, o Laila estava descendo, me pegou e disse: "O teu samba vai ganhar, nós estamos só dando uma mexida nele." Será que esse cara conhece mesmo o João?, pensei. Na verdade ganhei, e foi o meu primeiro campeonato na Beija-Flor, e o da escola também. Dali não parei mais.

Ao ser anunciado na quadra "samba de Neguinho da Vala", um cara conhecido como Mirinho Boca de Bucha, fiscal de renda aposentado, ligou para o Anísio e reclamou: "Ô Anísio, que sacanagem, não deixa o rapaz ser chamado de Neguinho da Vala, tira isso e bota Beija-Flor." E o Anísio acatou a sugestão e então fui rebatizado Neguinho da Beija-Flor, isto em 1975.

O Laila era o produtor do disco de samba-enredo da Top Tape. Foi ele quem botou na cabeça do Zezinho Rozemblitz para ampliar o catálogo e gravar outro repertório. E deu certo. Primeiro foi o Michel Sullivan cantando em inglês, depois veio o Aroldo Santos com "Batida de Limão", que estourou. Aí o Laila sugeriu que eu gravasse alguma coisa que não fosse samba-enredo. O Rozemblitz encrencou com o nome. Isso não vende disco, vamos botar Luiz da Beija-Flor. Aí o Anísio foi taxativo: "Se quiser gravar com o garoto tem que ser como Neguinho. Ficou então resolvido que seria feito um compacto comigo de um lado e o Rico Medeiros, que era do Salgueiro, do outro. Ele gravou a "Nega Tanajura" e eu, um samba de minha autoria que diz:

> Domingo, eu vou no Maracanã,
> vou torcer para o time que sou fã,
> vou levar foguetes e bandeiras
> não vai ser de brincadeira,
> ele vai ser campeão.
> Não quero cadeira numerada,
> vou ficar na arquibancada,
> para sentir mais emoção,
> porque meu time bota para ferver
> e o nome dele são vocês que vão dizer.

Olha, foram vendidas mais de 1 milhão de cópias. Foi um recorde. Comprei um barquinho e comprei meu primeiro Fusca, até hoje lembro a placa: FA 2858. De vez em quando eu jogo no bicho, mas nunca deu. Há quase quarenta anos que eu jogo, e nada. A minha carreira realmente deslanchou, gravei LPs, tive músicas gravadas por outros cantores, como o Bezerra da Silva, que fez um tremendo sucesso com "Malandro é malandro, mané é mané".

Quando fui para a CBS foi um estouro atrás do outro. "Bem Melhor que Você", "Problema Social", "Nega Ângela", que eu digo sempre que é a música da minha vida. Muita gente pensa que foi feita em homenagem a uma de minhas filhas, mas na verdade ela assim se chama por causa da música. Quando ela nasceu eu já tinha decidido que ela se chamaria Ângela. Minha então esposa, agora ex-esposa, a primeira ex-esposa, queria que fosse Carolina. Eu insisti, disse que o nome me dava sorte, então ficou Ângela Carolina.

No início da minha carreira como cantor muita gente me desestimulava: "Sai dessa, Neguinho, isso é pra gente bonita, negão feio igual a você não vai ser artista." Quando eu cantava na noite tinha gente que me dizia: "Para com isso, Neguinho. Está vendo esse cara louro, de olhos azuis, tocando piano, cantando em inglês? Um dia ele vai estourar, você nunca."

Difícil achar quem já tenha passado por alguma coisa semelhante. Ainda há muitos preconceitos a serem vencidos. Por isso sou a favor das cotas, é o que teremos como ajuda efetiva para alcançarmos degraus mais altos no saber. Quem é contra, na minha concepção, é porque quer que o negro continue subjugado.

Um dia eu li que o homem mais inteligente do país na sua época, Rui Barbosa, queimou toda a nossa história, uma fogueira que ardeu a noite inteira transformou em cinzas os documentos da nossa ancestralidade. Até os avós todos os negros sabem de sua família, mas daí para trás é difícil, praticamente impossível.

Agora, veja só, um dia me aparece no escritório um cara vindo da Inglaterra, dizendo que está fazendo uma grande pesquisa sobre o negro, e me convence a fazer um teste, tirando saliva da minha bochecha, para saber de onde eu vinha. Passa um tempo, o camarada volta e diz que, pelo meu DNA, eu sou 67,1% europeu. Pode? Aí a equipe disse que queria fazer mais um teste, mas eu me recusei a ceder meu sangue. Encheram tanto minha paciência que eu concordei que fizessem um furinho no meu dedo. Quinze dias depois voltaram e confirmaram: "Não tem jeito, você é 67,1% europeu, e da Dinamarca." Logo eu, filho do seu Benedito e da dona Benedita?

Não faz muito tempo eu estava almoçando em Copacabana quando entrou um cara de pasta, cabelo branco, já meio calvo, e me abordou: "Lembra de mim?" "Sinceramente, não, meu chapa". "Nós cantávamos num bar no centro da cidade, eu era o cara que cantava em inglês e tocava piano."

José Junior

Animador cultural

"O sucesso obtido pela banda Afro Reggae foi muito estimulante..."

A área em que eu vivia na adolescência, no chamado Centro Antigo do Rio de Janeiro, era de residência de pessoas pobres ou empobrecidas pelas circunstâncias. É no entorno da praça Cruz Vermelha, uma região que fica entre a Lapa e a Praça Onze, bairros emblemáticos na vida da nossa cidade. O que não falta é tradição e relato de acontecimentos importantes. Mesmo sendo muito menino, eu tomava conhecimento de tudo que se passava por ali e sentia as dificuldades dos meus pais em lidar com tudo aquilo. Percebi então que para mudar as expectativas, contrariar o que parecia ser um estigma, um destino imutável, era necessário investir num trajeto em que o conhecimento cultural e o desenvolvimento social caminhassem juntos.

Corria o ano de 1992 quando eu comecei a dar os primeiros passos no trabalho de organização de festas voltadas para a comunidade, mas não tinha a menor ideia do que aquilo representaria para uma mudança de comportamento que chegaria a influenciar no âmbito geral da própria cidade. O primeiro Rasta Reggae Dancing foi também o nosso primeiro sucesso. A rapaziada ficou entusiasmada com os resultados que a gente ia conseguindo, porque estava faltando no Rio uma ação de festa e lazer que contemplasse a juventude negra. E os nossos agitos preenchiam essa lacuna. Resolvemos, então, aproveitando que o reggae estava dominando, fundar um jornal que desse informações de cultura e lazer para os nossos jovens, e aí nasceu o *Afro Reggae Notícias*, que alcançou excelentes tiragens e foi um marco no gênero.

Daí para constituirmos uma organização sociocultural, que contribuísse para dar uma nova visão das favelas e das comunidades carentes, foi um passo que tinha que ser dado. Devolver a autoestima para as pessoas residentes naqueles lugares era o objetivo maior, a meta que tínhamos que atingir. Assim, em agosto de 1993 foi fundado o Grupo Cultural Afro Reggae, um mês depois que o Brasil e o mundo assistiram perplexos ao massacre de 21 moradores de Vigário Geral, por policiais militares, em represália pelo assassinato de quatro policiais por traficantes da favela. Começamos com a ajuda da associação dos moradores, oferecendo oficinas de percussão, reciclagem de lixo, capoeira e dança afro para os jovens da comunidade. Em 1994 estava montado o núcleo de Vigário Geral.

Minha maior preocupação era obter a confiança e o apoio de empresários, organizações civis, artistas e intelectuais para o trabalho que pretendíamos desenvolver. Todos nós sabemos como é difícil quebrar o tabu, a resistência que muitos têm em relação a entidades populares e majoritariamente integradas por afrodescendentes. O descaso das autoridades governamentais, na sua grande maioria, era um fator que inibia a criação de saídas sociais alternativas. De um lado se acusava o governo de manter uma política de paliativos, do outro lidávamos com indiferença, desconfiança e preconceito. O aparecimento do Afro Reggae foi o divisor de águas, pois a partir do nosso aparecimento pouco a pouco o panorama foi mudando. E ainda está em transformação.

Conseguimos reunir diversos apoios e parceiros que têm viabilizado muitas ações nossas e materializado vários projetos. Nesses 15 anos tenho sido o coordenador executivo do grupo. Em 1997 acumulei a tarefa de produção da banda Afro Reggae, criando, compondo músicas e dirigindo o espetáculo *Nova Cara*, que representou um importante salto de qualidade. Fizemos várias temporadas em palcos cariocas, excursionamos duas vezes pela Europa e estivemos também no Canadá. Em 2001 lançamos o CD pela Universal Music. Tudo isso fez com que a banda atingisse um grau de excelência maravilhoso e um estágio profissional de grande qualidade. Os jovens que há dois, três anos, não viam nenhuma oportunidade no horizonte, achavam que não teriam como "se dar bem na vida" por meios lícitos, hoje estão contratados por uma multinacional do disco e tendo o reconhecimento do público. E isso foi atestado com o segundo CD, *Nenhum motivo explica a guerra*, lançado pela Geleia Geral/Warner, e que já foi transformado em documentário sob a direção de Cacá Diegues e Rafael Dragaud.

Quando o grupo completou dez anos de atividades eu escrevi o livro *Da favela para o mundo*, contando a nossa caminhada com todos os altos e baixos e revivendo em detalhes uma experiência de mediação de conflitos — uma das nossas principais estratégias — que colocou integrantes do grupo numa situação de risco pessoal, mas que contribuiu para abrir caminhos no sentido de estabelecer medidas reais, realizáveis, de mediação em áreas marcadas pela guerra do narcotráfico.

A minha vida pessoal se confunde com a vida do Afro Reggae, por isso tenho recebido inúmeros prêmios como a medalha Pedro Ernesto, dada pela Câmara Municipal do Rio de Janeiro, por proposta da vereadora Aspásia Camargo; o prêmio Mérito Carioca de Assistência Social, dado pela Prefeitura; o prêmio Ashoka Empreendedor Social pela UBS, na categoria participação cidadã, além de ter sido nomeado pelo Fórum Econômico Mundial de Davos como um dos 2009 jovens líderes para o futuro mundial, e eleito pelo jornal *O Globo* um dos brasileiros geniais em atividade pelo trabalho de inclusão social à frente do Grupo Cultural Afro Reggae.

Atualmente, o Afro Reggae se estabelece em cinco comunidades: Vigário Geral, Parada de Lucas, Cantagalo-Pavão-Pavãozinho, Nova Era (Nova Iguaçu) e Complexo do Alemão. Além disso, desenvolve projetos em parceria com mais três: Morro do Estado, em parceria com o SESC-Rio de Janeiro, Honório Gurgel e Paciência, em parceria com o SESI.

Em Vigário Geral são desenvolvidas oficinas de percussão, capoeira, dança, teatro e tai chi chuan (para a terceira idade). Temos o Criança Legal, um programa de preparação de crianças para a educação formal e também o Núcleo Afro Hip Hop (NAH), que vem desenvolvendo oficinas baseadas nos elementos da cultura hip hop. Em que pese toda a diversidade de linguagens, em Vigário Geral a música tem sido o melhor instrumento para atrair os jovens. O sucesso obtido pela banda Afro Reggae foi muito estimulante, foram criados mais oito grupos musicais — aos quais denominamos subgrupos —, e isso sem falar da Trupe de Teatro Afro Reggae. O desenvolvimento dessas atividades está distribuído em diferentes espaços na comunidade, uma vez que o espaço próprio está em obras, para ser inaugurado como Centro Cultural Wally Salomão.

Em Parada de Lucas, favela vizinha a Vigário Geral e que mantém com esta uma guerra que remonta ao início da década de 1980, estabelecemos um centro de cultura e informática ao qual denominamos Centro de Inteligência Coletiva Lorenzo Zanneti. Além das oficinas ligadas à informática, realizamos oficinas de alfabetização de adultos em parceria com o Centro de Estudos e Ações Solidárias da Maré (CESAM), história em quadrinhos, teatro, violino e teoria musical, num projeto intitulado Acorda, Lucas.

No Cantagalo-Pavão-Pavãozinho, situado entre Copacabana e Ipanema, desde 1996 estabelecemos um projeto de circo que tem dois subgrupos: o Afro Circo, integrado pelos circenses mais experientes, e a Trupe do Levantando a Lona.

A partir do segundo semestre de 2005 começamos a desenvolver um projeto no Complexo do Alemão. É o desdobramento de um projeto iniciado em 2003, em parceria com o SESC. São realizadas oficinas de circo, dança, percussão e teatro. Pretendemos, naturalmente, reproduzir nesta base de ação o êxito que obtivemos nas outras comunidades, onde desenvolvemos nossos projetos.

Já no núcleo Nova Era, uma parceria entre o Afro Reggae com o Centro de Integração Social Amigos da Nova Era (CISANE), são desenvolvidas atividades de percussão, teatro, grafite, dança e circo.

Não posso deixar de mencionar o Conexão Urbanas. Através desse projeto o Afro Reggae, em parceria com a Secretaria Especial de Eventos da Prefeitura da cidade do Rio de Janeiro, tem levado espetáculos, entretenimento, cidadania e informação para inúmeras favelas.

Outro projeto muito importante, sob todos os aspectos, é o Juventude e Polícia. O projeto é coordenado pelo nosso grupo e pelo Centro de

Estudos de Segurança e Cidadania (CESeC), em parceria com a Polícia Militar de Minas Gerais, e o programa Fica Vivo, através da Secretaria de Defesa Social de Minas. O objetivo é diminuir as barreiras de estigma e preconceito que envolvem a relação entre a juventude das favelas e a corporação policial.

Em 2005 foi realizado por Jeff Zimbalist e Matt Mochary o documentário *Favela Rising*, que focalizou a história da vida de Anderson Sá, vocalista da banda Afro Reggae, que já fez turnês pelas dez principais capitais brasileiras e mais, Colômbia, Índia, China, Inglaterra e Estados Unidos.

Os prêmios e o reconhecimento público ao nosso trabalho continuam, Recebemos em agosto de 2008 a medalha Tiradentes da Assembleia Legislativa do Estado do Rio de Janeiro, numa bela cerimônia. Dois meses antes, no dia 25 de junho, vivemos um dos mais emocionantes momentos de nossas vidas. Foi a comemoração dos 15 anos do grupo. A festa foi realizada no palco do Teatro Municipal, o palco mais importante do Rio e do Brasil. Duas mil pessoas lotaram as dependências da casa que uma expressiva maioria era composta pelos habitantes dos locais onde as ações são desenvolvidas, que jamais tinham entrado naquele teatro. A reação ia da euforia à admiração. Nos seus quase cem anos de existência, nunca o Municipal havia tido uma plateia como aquela. Era a própria cara do Rio de Janeiro, na sua expressão mais legítima e representativa.

No palco tivemos a oportunidade de exercer o nosso sentido de gratidão e retribuição, homenageando todos os nossos parceiros e amigos. Pessoas físicas e jurídicas, governos e instituições, empresários e artistas que nos deram a mão e percorreram conosco estes primeiros 15 anos. Cantamos, dançamos, festejamos nossa própria existência, brindamos à vida, à solidariedade, à pessoa humana, na certeza de que no dia seguinte iríamos retomar nosso caminho, pavimentar nossa estrada para os 15 anos seguintes.

Martinho da Vila

Cantor e compositor

> "... quando uma mulher branca tem um homem negro, ela não empretece?"

Meu primeiro sucesso, "Casa de Bamba", é o retrato de uma família negra. Nós morávamos em Pilares, em uma casa grande que tinha muita gente. E sabe como é, família muito grande tem reunião aos domingos. Tem comedoria, tem samba, tem ladainha, tem tudo. Eu fiz aquela música um pouco meio de gozação com o meu pessoal. Minha mãe não gostou muito, porque eu falava que na minha casa todo mundo xinga, todo mundo briga, e ela falava: "Aqui em casa ninguém xinga, ninguém fala palavrão ". E era verdade. Falei "macumba lá na minha casa, tem galinha preta e azeite de dendê", e minha mãe foi em cima: "Aqui não tem macumba". Mas com o tempo ela foi se acostumando, foi vendo que era brincadeira, que eu tinha feito o samba para implicar com todo mundo, e terminou gostando. Uma coisa, porém, era absolutamente verdade: na minha casa todo mundo cantava e não precisava ser domingo. E o Brasil inteiro cantou.

Angola foi um divisor de águas na minha vida. Minha consciência aflorou. Se bem que em 1960 tive uma sacudida quando o Salgueiro desfilou com o enredo sobre Zumbi dos Palmares. Ninguém falava em Zumbi, na escola ninguém aprendia nada sobre ele, livros sobre o assunto eram poucos. Quem botou o Zumbi em evidência foi o Salgueiro. A partir dali surgiram teses, filmes, músicas etc. Entrei em sintonia, mas não sentia necessidade de desenvolver uma ação. Em Angola a ficha caiu.

Na minha primeira visita a independência já tinha acontecido, mas a guerra civil estava firme, e com isso muitas atividades estavam suspensas, inclusive o Carnaval. Pouco a pouco o governo de Agostinho Neto implementava algumas ações culturais. Foi quando houve o convite e o produtor Fernando Faro pediu para o Chico Buarque e para mim uma relação de artistas. Indiquei o João Nogueira, o conjunto Nosso Samba, Dona Ivone Lara, João do Vale e alguns músicos.

Chegando lá, vi que ninguém sabia nada sobre o Brasil, aliás, a recíproca era verdadeira, ninguém sabia nada sobre Angola. Foi quando tive a ideia de fazer um evento musical com o título de Canto Livre de Angola, com diversos artistas e grupos angolanos. O passo seguinte foi organizar a primeira Kizomba, que quer dizer festa de confraternização e não é exclusiva de negros, nome sugerido pelos angolanos. É uma reunião festiva, de integração. Deu um trabalho enorme, mas um resultado legal. Todos os artistas daqui que eu convidei aceitaram, e da parte de Angola eles mandaram o que havia de melhor. Foi um grande sucesso de público, uma coisa importante, do ponto de vista de ser criada uma ponte entre nossos países, e me orgulho de ter feito. Até hoje os resultados estão aparecendo, são muitos os festivais que existem neste gênero pelo Brasil afora.

Começaram a me chamar de embaixador informal de Angola no Brasil, mas era exagero e também nunca tive essa pretensão. Como a representação diplomática ainda era precária e eu fui adquirindo popularidade, as autoridades de lá sempre que tinham alguma dificuldade por aqui pediam a minha ajuda, e eu fazia com prazer. Eles já me consideravam angolano.

Outro trabalho em que eu me envolvi e que foi uma coisa pioneira foi o Concerto Negro. Falar do negro na nossa música popular era, como ainda é, um fato notório, mas eu me ressentia de não ver nada no campo da música erudita. Depois que eu encontrei o maestro Leonardo Bruno, no ano que eu levei o Kizomba ao Espírito Santo, ele me convidou para participar de um concerto com orquestra sinfônica e, entre um papo e outro, me falou da importância e da presença do negro na música erudita, fazendo referência ao padre José Mauricio Nunes Garcia, de quem jamais ouvira falar. Quando D. João VI e a corte portuguesa chegaram ao Rio encontraram esse gênio que foi o padre, autor de tantas sinfonias, missas e concertos, por todos os méritos o fundador da nossa música. Esse foi o incentivo para todas as edições do Concerto Negro, que chegamos a realizar até no Teatro Municipal do Rio de Janeiro, com a casa inteiramente lotada. Na mesma trilha tivemos O Canto das Lavadeiras e a apresentação da família Alcântara, cantores fabulosos que nunca tinham vindo ao Rio.

No ano de 1988, em que se comemorou o centenário da abolição da escravatura, aconteceram dois fatos verdadeiramente marcantes com os quais eu tive tudo a ver. O primeiro foi o enredo Kizomba, com o qual a minha escola Unidos de Vila Isabel foi campeã. Eu disse à direção de Carnaval que nós precisávamos fazer uma coisa marcante, mostrar um enredo sobre a negritude. Eu não queria que tivesse uma cara oficial, quer dizer, um enredo simplesmente histórico. Seria o caso de aproveitar o desfile da escola de samba, que é o momento mais importante do Carnaval, para falar da negritude. Da negritude universal, dos expoentes da nossa cultura em qualquer parte e da luta pela libertação. Por isso o nosso desfile fechava com as imagens de Martin Luther King, Samora Machel, Agostinho Neto, Patrick Lumumba e Nelson Mandela, claro. Foi simplesmente fantástico. Quem viu não esqueceu. Não me esqueço da ajuda que Milton Gonçalves, Jacira Silva e Jorge Coutinho deram para a realização do enredo.

O segundo grande momento foi a mensagem de Natal da TV Globo naquele ano. Tradicionalmente é usada a composição de Nelson Motta e Ronaldo Bôscoli com a saudação de todo o *cast* da emissora, mas naquele ano alguém sugeriu que houvesse uma mudança, isso sem nenhuma alusão ao centenário, aí o Milton Gonçalves, que estava na tal reunião — ele sempre foi meio da cúpula, infiltrado —, deu uma sugestão: que me chamassem para eu fazer um samba. Dito e feito, lá fui a uma das reuniões e eles queriam que eu fizesse um samba mesmo. Para contrariar eu fiz um jongo, cuja palavra-chave era axé, todo mundo cantaria e dava sua mensagem. Acharam a ideia simplesmente maravilhosa, mas alguns dias depois vieram com o papo de que deveria ser outra música, outro ritmo, coisa e tal, aí eu levantei e disse: "Ou vocês fazem o que eu apresentei ou estou fora. Para fazer outra música não precisa me chamar, o que eu quero botar na televisão é a cara negra." Eu tinha visto um programa americano, onde só tinha negão, e achei lindo. Aliás, eram negros e mulatos, eu até falei que poderíamos botar também o doutor Roberto Marinho. Achei que tinha chutado o balde com muita força e o pessoal ia desistir mesmo. Qual não foi minha surpresa quando, passada uma semana, me chamaram e me entregaram o projeto: "Ô Martinho, vamos fazer, só que a responsabilidade vai ser toda sua, não vai ser do núcleo de produção da Globo, vai ser do núcleo Kizomba." Eles criaram todas as condições, mas a gente fez tudo e foi um momento marcante para a televisão brasileira, a própria Globo considera assim. Dezenas de atores, cantores e músicos, majoritariamente negros, cantaram com orgulho: "Para todo mundo, axé!"

No meu livro *Kizombas, andanças e festanças*, fiz um relato sobre aquelas coisas que aconteceram em 1988 e que sedimentaram minha compreensão sobre o que é ser negro, além de terem me aberto o caminho da literatura. Num outro livro, *Ópera negra*, eu focalizei a favela. Morei na favela, conheço bem, domino bem esse assunto, que se fala muito por aí. Cada um fala de um jeito, que favela é isso, que favela é aquilo. Então eu falei: Vou contar a história como ela começou, que foi por causa da abolição da escravatura. Os negros ficaram sem ter para onde ir, tiveram que arranjar seus cantos, subiram os morros que eram praticamente abandonados. Contar como elas foram se formando, se transformando, se organizando, até chegar nos dias de hoje, quando as drogas subiram para os morros. Primeiro a droga era embaixo, e como o morro era um lugar aonde a polícia não ia, o pessoal levou lá para cima. Mas a culpa não é nossa, não temos nada com isso. O forte é a turma que tem avião, navio, são os traficantes e distribuidores. Mas aí eu pensei: "Tenho que arranjar uma forma literária para isso." E um concerto foi a saída, um formato de ópera. Romanceei um pouco, dei início com o ato da abolição num teatro dirigido por personagens fictícios, mas que eram nossos ancestrais. No dia seguinte, com os negros na rua, a história então começa a se desenvolver, a favela vai crescendo e os habitantes não são só negros, são retirantes nordestinos e do interior do estado do Rio e de outras localidades do país. É o êxodo rural, como aconteceu com minha família.

Eu venho relatando isso e criei uma história romanceada que termina dramaticamente, como todas as óperas, mas nada que se compare à vida real. Como é o caso dos meus casamentos. Houve um período em que alguns segmentos do Movimento Negro patrulhavam o negro que casava com branca, mas eu não fui dos mais cobrados. Dá para explicar, o negro que sobe na escala social, para não casar com uma mulher branca, tem que ter muita sorte de conhecer logo uma negra, se apaixonar e casar. Ou senão, se for racista, e essa não é nossa cultura, não gostar de branca de jeito nenhum.

Na escola pública onde estudei, como era uma escola padrão, havia poucos negros. As minhas primeiras namoradinhas eram brancas, e isso, naturalmente, porque a maioria das alunas era branca. Não tinha quase neguinha, e também a gente não estava preocupado com isso. Mas isso vai pela vida afora, quando um jovem negro vai para a faculdade, geralmente ele é o único da classe. Quando ele arranja um bom emprego, o ciclo de vivência é de brancos; se vai ao teatro, a plateia é quase toda branca. Negro, em geral, não tem dinheiro para ir ao teatro e nem tem o hábito de fazer um sacrifício para ir ao teatro, que é uma coisa que nós precisamos fazer. O que acontece é que o amor é uma coisa que independe de qualquer coisa, de idade, de tudo; então o cara naturalmente se apaixona por uma branca, uma branca se apaixona por ele, e ele dificilmente deixará de corresponder. E o padrão de mulher que nós recebemos a vida inteira foi o padrão branco, era o grande sonho de todo mundo. Comigo foi acontecendo de forma natural. A minha primeira mulher eu conheci através dos irmãos dela, eram todos filhos de um general médico. Fui à casa dela, ela gostou de mim, daqui a pouco a gente estava namorando, quase sem perceber.

Fala-se muito em embranquecimento do negro, quando ele se relaciona com uma branca. E quando uma mulher branca tem um homem negro, ela não empretece? Tem mais mulheres brancas casadas com negros, porque elas são mais decisivas, quando elas querem uma coisa acabou-se, é assim. Os homens brancos são mais racistas que a mulher branca. Ousam menos, alguns namoram escondido e têm sempre objetivos práticos.

Não se pode menosprezar o fato de que nós, negros, sempre sofremos uma cultura de embranquecimento, é preciso entender isso.

A família da minha atual mulher é gaúcha, de São Borja. Por parte de pai é mais índio, mas por parte de mãe é tudo branco mesmo, tipo alemão, alto e de olhos azuis. Quando a Cléo me levou para apresentar ao pessoal, eu fui lá meio de pé atrás, preparando minha cabeça no caso de haver alguma rejeição. E eu dizia pra mim mesmo: "Meu barato é a *mina*, eu não vou transar com a família dela." Mas minha surpresa foi total. Eles me trataram maravilhosamente bem, me chamaram logo de parente, alguns de sobrinho, deu tudo certo. Quando nasceu o nosso primeiro filho eu batizei com o nome de Preto, mas achei que a família ia chiar. Essa eles não vão engolir, pensei. Minha mulher achou legal, aliás o apelido dela quando criança era Pretinha, porque apesar de ser branca, branca, era a mais moreninha de todos. E todo mundo gostou.

Já na minha família a reação foi diferente. Quando souberam que a criança estava para nascer foi aquela chuva de sugestões: Manuel, Joaquim, Pedro, Francisco, Washington. Quando eu disse que ia ser Preto, teve gente que quase desmaiou. Minha irmã mais velha disse logo que era um absurdo, que jamais chamaria o sobrinho por aquele nome. Depois mudou, virou o xodó de todo mundo. Mas é explicável, meu pessoal havia muito que estava condicionado de que "preto" era xingamento.

Minha outra filha desse casamento se chama Alegria. Para quem achava estranho eu argumentava: não tem Socorro, Das Dores, Piedade, Dolores? Por que não Alegria?

Tenho oito filhos, todos muito conscientes e integrados no mundo contemporâneo. São a minha Kizomba.

Um livro brasileiro*

Jorge Amado

Tive o privilégio de ler ainda em originais um livro extremamente importante, e é com a maior satisfação que junto estas palavras que aqui se seguem à massa de depoimentos contidos em *Fala, Crioulo*, volume organizado por Haroldo Costa, um dos crioulos mais populares do país, com o que desejo dizer que se trata de um dos brasileiros mais conhecidos, saudado como um grande nome de nossa cultura popular, fiel às raízes mais autênticas, aquela que nasceu da mistura — cultura crioula. Porque crioulo e brasileiro são, a meu ver, vocábulos sinônimos. Não há oposição entre o que eles significam, e se existem — certamente existe — quem mantenha arraigados preconceitos antigos ou quem deseje criar, por inconfessáveis interesses, novos preconceitos, essa gente não reflete o que há de maior e mais profundo em nosso povo. Falo em povo, não falo em falsas elites nem numa classe média enredada em sua própria mediocridade, em sua extrema incapacidade de grandeza. Grande no Brasil é o povo, tudo nasce dele e nele reside nossa esperança.

Ora, quem é povo no Brasil tem sangue negro nas veias, em maior ou menor dose. Ninguém contribuiu mais do que o negro para nossa fisionomia nacional, para nossa verdade, nossa capacidade de resistência e para

---
*Texto publicado como prefácio à 1ª edição.

a emoção de nossa arte, para nossa originalidade cultural, para nos dar estatuto de nação. Já disse por várias vezes e aqui repito: três matrizes fundamentais estão na base de nossa nacionalidade: a indígena, a negra e a branca, mas nosso umbigo é a África.

Haroldo Costa ouviu, num vasto inquérito nacional, representantes de mestiçagem com predominância de sangue negro, dos crioulos. É vasto o leque, como condição social e cultural, dos entrevistados: nomes nacionais (e mesmo exponenciais) e gente simples, pessoas de profissões as mais diversas — empregada doméstica e cantora lírica, vendedor de amendoim e ex-miss Brasil, engraxate, percussionista, universitário, bombeiro, deputado federal, advogada, dona de casa, ator, delegado de polícia, manequim, mecânico, arcebispo, embaixador, escritor, gari etc. Assim o leitor pode ter uma ideia precisa da complexidade e da imensidade dos problemas colocados pelo problema maior da identidade dos descendentes do negro no Brasil — que são, ao mesmo tempo, descendentes de outras etnias, brancas e indígenas, fato que não pode ser esquecido nem posto de lado, pois se o fizéssemos poderíamos facilmente falsear os dados do problema e chegar a conclusões tolas, quando não artificiais, fabricadas.

Vejo na Bahia, principal território negro do Brasil no sentido da composição do sangue, da cor da pele e da influência cultural, crescer e se afirmar o interesse dos crioulos, ou seja dos mestiços que somos nós todos, pelas origens, pela história, pelas lutas, pela identidade dos descendentes negros — reflete-se esse debate em livros, conferências, seminários, composições, em grupos musicais, no renascimento dos afoxés, que agora não são apenas parte do Carnaval e, sim, elemento importante da vida artística. Esse simples quadro dá ideia de quanto é positivo todo movimento que busque resgatar e ampliar a presença do negro em nossa formação e levar o combate aos racistas — e como existem racistas em todas as partes do Brasil — às últimas consequências.

Várias pessoas temem que um surto de racismo negro nasça desses movimentos, e o próprio Haroldo Costa se refere ao assunto no prefácio de *Fala, Crioulo*. Quanto a mim, não tenho esse receio. Concordo com Haroldo em que o detalhe é menor, não deve servir para nos opormos à bela e poderosa retomada da consciência negra a que assistimos desenrolar-se no Brasil de hoje. Existem, sem dúvida, racistas e vigaristas aproveitando-se desses movimentos — onde não eles, os politiqueiros da confusão e o ressentimento. Vigaristas, sejam eles brancos, negros, amarelos, em todas as partes do mundo, buscam sempre o pior: o ódio, a guerra.

A consciência dos crioulos brasileiros é a própria consciência dos brasileiros. Muito tratei em minha obra de romancista do problema racial do Brasil e muito lutei em minha vida de cidadão contra o racismo, contra o preconceito mais monstruoso de todos: o preconceito de sangue e de cor. Aprendi na dura experiência que existe apenas uma solução para o problema de raças, uma só e não duas: a mistura dos sangues. Nenhuma outra existe, somente essa que nasce do amor. Todas as demais conduzem ao racismo e ao ódio, são o contrário do humanismo.

Essa convicção se mantém e se reforça com a leitura deste livro que Haroldo Costa nos oferece. Não é outra a lição que extraímos dos depoimentos reunidos por alguém cuja vida não é apenas um exemplo de vitorioso trabalho artístico, é exemplo também de inflexível luta contra o racismo.

Este livro foi composto na tipologia Minion,
em corpo 11,5/16, e impresso em
papel off-white 80g/m² no Sistema Cameron da
Divisão Gráfica da Distribuidora Record.

Seja um Leitor Preferencial Record
e receba informações sobre nossos lançamentos.
Escreva para
RP Record
Caixa Postal 23.052
Rio de Janeiro, RJ – CEP 20922-970
dando seu nome e endereço
e tenha acesso a nossas ofertas especiais.

Válido somente no Brasil.

Ou visite a nossa *home page*:
http://www.record.com.br